2024

宁夏文化蓝皮书

《宁夏文化蓝皮书：宁夏文化发展报告（2024）》

主　　编　牛学智

宁夏蓝皮书系列丛书

宁夏文化蓝皮书

宁夏文化发展报告

（2024）

宁夏社会科学院 编

牛学智 / 主编

黄河出版传媒集团
宁夏人民出版社

图书在版编目(CIP)数据

宁夏文化蓝皮书：宁夏文化发展报告. 2024 / 牛学智主编. -- 银川：宁夏人民出版社，2023.12
(宁夏蓝皮书系列丛书)
ISBN 978-7-227-07964-4

Ⅰ. ①宁… Ⅱ. ①牛… Ⅲ. ①文化发展－研究报告－宁夏－2024 Ⅳ. ①G127.743

中国国家版本馆 CIP 数据核字(2023)第 255514 号

宁夏蓝皮书系列丛书 宁夏社会科学院 编
宁夏文化蓝皮书:宁夏文化发展报告(2024) 牛学智 主编

责任编辑 管世献 陈 晶
责任校对 杨敏媛
封面设计 张 宁
责任印制 侯 俊

黄河出版传媒集团 宁夏人民出版社 出版发行

出 版 人 薛文斌
地 址 宁夏银川市北京东路 139 号出版大厦(750001)
网 址 http://www.yrpubm.com
网上书店 http://www.hh-book.com
电子信箱 nxrmcbs@126.com
邮购电话 0951-5052104 5052106
经 销 全国新华书店
印刷装订 宁夏银报智能印刷科技有限公司
印刷委托书号 (宁)0028542

开本 720 mm × 1000 mm 1/16
印张 19.5
字数 300 千字
版次 2023 年 12 月第 1 版
印次 2023 年 12 月第 1 次印刷
书号 ISBN 978-7-227-07964-4
定价 50.00 元

目　录

总报告

综合战略篇

文化传承篇

新时代农村文化篇

媒体文化篇

文学艺术篇

区域文化篇

附　录

总报告

ZONG BAOGAO

2023年宁夏文化发展报告

牛学智　徐　哲

习近平文化思想在新时代的理论与实践的结合与创新中形成，深刻回答了为什么要建设文化强国、怎样建设中国特色的文化强国，为什么要建设中华民族现代文明、怎样建设中华民族现代文明等一系列重大的时代课题。习近平文化思想既有理论观点上的创新和突破，又有工作布局上的部署要求，具有很强的政治性、思想性和指导性，这标志着我们党对中国特色社会主义文化建设的认识达到了新高度，也意味着我们的社会主义文化建设走向新阶段。这些新思想新观点新论断，是新时代党领导文化建设实践经验的理论总结，是我们做好新时代宣传思想文化工作的思想指南。

现在我们从党的理论学习、城乡精神文明建设、文学艺术创作、文旅融合发展等方面，对2023年宁夏文化发展情况做一简要总结报告。

一、认真学习贯彻习近平新时代中国特色社会主义思想、习近平文化思想，不断推进党的创新理论入脑入心

（一）高举思想旗帜，筑牢理论根基

深入开展学习贯彻习近平新时代中国特色社会主义思想主题教育、习

作者简介　牛学智，宁夏社会科学院文化研究所所长，研究员；徐哲，宁夏社会科学院科研组织处副处长，副研究员。

近平文化思想，各市以市委理论学习中心组学习会、专题辅导报告，示范带动各级党委（党组）开展理论学习，深入机关、企业、社区、农村、学校等广泛开展宣传宣讲，并组织申报哲学社会科学规划项目，将理论学习推向深入。

银川市落实理论学习“第一议题”制度和“双随机”学习交流机制，采取“集中领学+专题辅导+交流研讨”等方式，召开市委理论学习中心组学习会 9 次、专题辅导报告 3 次，示范带动各级党委（党组）开展理论学习 3100 余场次。以“感恩总书记　奋进新征程”为主题，扎实开展习近平新时代中国特色社会主义思想专题宣讲 30 余场次。

石嘴山市严格落实党委（党组）理论学习中心组“1126”学习模式，规范“双随机”学习制度，召开理论学习中心组学习 12 次，交流研讨 11 次，以“关键少数”带动全市党员干部群众信仰、信念、信心更加坚定。

吴忠市运用“中心组理论学习+”学习模式，组织市委理论学习中心组学习 19 次，其中交流研讨 14 次、辅导讲座 4 次、现场教学 1 次，示范带动各级党委（党组）理论学习中心组学习 4100 余场次。深入学习贯彻自治区党委十三届四次、五次全会精神，全市各级党组织开展集中学习 2900 余次，研讨交流 730 余次。其学习经验在中宣部来宁调研座谈会上进行了交流。

固原市深入开展“四大”活动，健全完善“‘五个一’学习研讨、‘六盘山大讲堂’集中辅导、‘月读一书’个人自学”理论武装工作体系。全面落实理论学习“第一议题”“双随机”制度，市委理论学习中心组开展集中学习 10 次，举办六盘山理论大讲堂 6 场，带动各级党委（党组）开展学习研讨 4500 余场次，推动形成“学思想、强党性、重实践、建新功”的强大声势。

中卫市围绕学习贯彻习近平新时代中国特色社会主义思想等重大课题，常态化举办“沙坡头大讲堂”“朔方人文科学大讲堂”，推动坚信、笃行、好学蔚然成风。创新基层理论宣讲，把“大道理”分解成“小菜单”，把“冒热气”的理论变成“接地气”的语言，让群众愿意听、能领会、可落实。围绕学习宣传阐释习近平文化思想和市委、市政府重点工作，积极申报社科规划项目和新型智库课题，举办理论研讨、理论征文等活动，让更多研究成果进入决策、服务大局。

（二）强化理论宣讲，深化研究阐释

广泛宣传加深度研究以及重视实践转化，是2023年宁夏理论学习宣传的一大亮点。

银川市聚焦“六新六特六优”产业、“三新”产业发展、创建全国文明城市、“大美之城”等重大主题和中心工作，推出重点报道6200篇次。完成2023年宁夏全区重大项目集中开工现场推进会、首届数字医疗健康银川峰会、中国半导体材料产业发展（银川）峰会、第三届中国（宁夏）国际葡萄酒文化旅游博览会、塞上书香节等重大活动宣传报道。举办“黄河流域生态保护和高质量发展看银川”大型主题采访活动，联动中央、沿黄省区主流媒体，在新华社、央视《朝闻天下》等平台播发重磅稿件2100余篇次。组织银川市社科理论界积极申报2023年度银川市哲学社会科学规划项目67项，高效完成《中国国家人文地理·银川》《银川市扶贫志》编纂工作。组织开展宣传思想文化工作大调研，深入推进“四个一批”研讨活动，组织开展各类研讨活动40余场。

石嘴山市完善“1+9+N”理论大宣讲格局，开展各级各类宣讲3000余场次，受众30余万人次，形成了“万人千场”宣传党的创新理论强大声势，《“1+9+N”品牌凝聚大宣讲合力　推动党的二十大精神“声”入人心》理论文章入选《共产党人》《思想政治工作研究》杂志。石嘴山市委宣传部被评为2021—2022年度全国政研会思想政治工作优秀单位。石嘴山市构建“理响石嘴山”理论宣讲品牌，用好微宣讲普及手段，打造“田间课堂”“检花惠民”等理论宣讲品牌40余个，《家书·家国》《传承·奔赴》等获自治区基层理论微宣讲大赛二等奖，推动理论“传”入千家万户，“播”到田间地头，“走”进人民心坎。

吴忠市把分层分类宣讲作为重点，积极发挥71个基层宣讲品牌和15支市级宣讲团队示范带动作用，广泛开展党的创新理论巡讲活动6200余场次。扎实推进习近平新时代中国特色社会主义思想“七进”和“三进”工作，对自治区级8个示范点、市级14个示范点进行了全覆盖调研督导，持续深化示范点培育、打造。坚持理论联系实际的马克思主义学风，紧密结合全市改革发展稳定等各方面工作，举办了全市深化学习贯彻党的二十大精神理论研讨会，组织专家、领导干部、党校教授等深入开展研究阐释，形成高质量理论文章32篇，择优在《吴忠日报》发表12篇。

固原市创新实施主题宣讲“十百千万”工程，建强用好“第一书记”等宣讲队伍和“两中心一平台”等基层阵地载体，推动形成面向基层、面向群众的理论普及工作体系。围绕习近平新时代中国特色社会主义思想，党的二十大及自治区党委十三届四次、五次全会精神等重大主题，开展各类宣讲6100场次，受众25万人次，推动党的创新理论“飞入寻常百姓家”。深化习近平新时代中国特色社会主义思想“七进”和“三进”，深入实施社科理论正本清源工程，持续强化社科理论普及，申报并命名自治区社科基地4家，开展“社科普及周”系列活动和朔方人文科学大讲堂15场次，完成《中国国家人文地理·固原》编撰工作。

中卫市把习近平新时代中国特色社会主义思想和习近平文化思想的学习，贯彻落实到社会经济文化生活的方方面面，从提升中卫整体形象的层面，创新对外宣传方式。协调对接央视《远方的家》《国家记忆》《中国元宇宙》和河北卫视《袅袅炊烟又一村》等栏目来中卫拍摄，CCTV-1综合频道《山水间的家》节目，以“创意枸杞助产业振兴”为主题播出中宁县舟塔村专辑，在线观看人次突破340万，32个话题登榜热搜，阅读量超1亿，带动枸杞口红等产品在全国爆火出圈。《中国西北沙漠水城成为高端旅游新热门》等宣传中卫文旅形象稿件在人民日报欧洲网、美国FOX、彭博社等全球11个语种国家1001家信息服务机构广泛传播。2023年，中央和自治区主要媒体刊发中卫稿件6000余篇（条），其中头版（头条）刊发29条（次）。

二、努力构筑中华民族共有精神家园强基工程，推动思想道德润心育人

（一）大力弘扬和践行社会主义核心价值观

银川市深入贯彻落实《新时代公民道德建设实施纲要》，印发《关于建

立社会主义核心价值观入法入规协调机制的实施方案（试行）》，推动社会主义核心价值观融入地方性法规、政府规章、公共政策、行业规章。深化“强国复兴有我”群众性主题宣传教育活动，结合“我们的节日”，组织各领域各行业开展主题鲜明、内容丰富、形式多样的节日文化活动2000余场次，不断激发广大党员干部群众及青少年爱党、爱国、爱社会主义热情。

石嘴山市通过新时代文明实践工作，积极开展“学雷锋志愿服务月”系列活动，打响“石志不渝·聚爱成山”志愿服务品牌，广泛推行志愿服务LOGO，选树发布100个学雷锋志愿服务典型，建成雷锋精神学习馆。2个志愿服务组织和个人荣获全国学雷锋示范点和标兵称号。广泛开展“百乡千村万户”行动等主题文明实践志愿服务活动和“千人万场”家庭安全素养提升教育培训活动，培育“银河湾护鸟爱鸟”“黄河岸边生态讲堂”等一批文明实践志愿服务品牌，“田间课堂”入选中央文明办志愿服务典型案例。积极推行“333工作法”，培育选树移风易俗模范户，深化移风易俗工作，培育时代新风新貌。

吴忠市以志愿服务为抓手，聚焦行胜于言筑同心的策略，深化践行社会主义核心价值观。通过“三个深化”来落实，深化体制机制建设，出台《关于推进学雷锋志愿服务常态化制度化标准化的实施意见》《健全完善新时代文明实践志愿服务机制建设实施方案》，制定道德模范与身边好人选树、礼遇、宣传等一揽子办法，落实嘉许回馈制度，连续5年为志愿者购买人身意外伤害保险，打造“平安护身符”。持续深化“志愿之城”建设，每年举办志愿服务项目展示交流活动，常态化开展“学兰花、做兰花”实践活动，培育“兰花芬芳”等志愿服务品牌38个，9个志愿服务先进典型入选全国学雷锋志愿服务“四个100”先进典型名单，12个项目获全国志愿服务展示交流金银奖。培育壮大支教助学、卫生健康、法律服务、环境保护、文化艺术等志愿服务组织1981个，扎实推进志愿服务“365行动”，推动志愿服务活动融入日常、日做日新，全市注册志愿者人数占常住人口22.5%，为文明实践注入源头活水。持续深化“好人之城”建设，大力开展“吴忠好人”“好婆婆”“好儿媳”“六个先锋”等选树活动。志愿者代表王兰花荣获“七一勋章”、第八届全国道德模范。涌现出全国道德模范及提名奖 17 人、中国好人 3 人、诚信之星 2 人、县级以上道德模范与身边好人 1864 人，连续 8 年举办道德模范与身边好人现场交流活动。“中国好人榜”2 次在吴忠市发布。城乡群众“行胜于言、争当先进”的价值追求更加鲜明。

固原市深入挖掘固原红色资源和新时代“三种精神”内涵。积极推进党员干部培元固本、青少年学生夯基育苗、各族群众凝心聚魂、社科理论正本清源“四大工程”。常态化开展红色革命、“感恩、认同、法治”和“强国复兴有我”等群众性主题宣传教育活动。成功举办全区“情系国防·强国有我”全民国防教育主题活动和宁夏首届红色文化旅游节等大型活动。新命名宁夏爱国主义教育基地 3 个。固原市正式加入西北革命红色旅游联盟。150 多万人次在将台堡、单家集接受红色教育、民族团结教育。固原二中坚持 28 年组织师生“徒步百里祭英烈”被各省市媒体广泛报道点赞，浏览量达 6000 万次。

中卫市深入实施文明素养提升行动，推进文明出行、文明旅游、文明餐桌、文明习俗、文明上网“五大行动”，展现中卫文明风貌。深化文明实践，创新服务模式，拓展项目内容，全域提质“千名文艺志愿者进基层”等精品活动，不断提高文明实践的吸引力和群众获得感。加强“四德”建设，健全道德模范、身边好人推选、帮扶、礼遇、管理机制，做好第九届全国道德模范、“中国好人榜”、“诚信之星”等先进典型推荐工作。抓好文明城市创建这一龙头工程，争创一批文明村镇、单位、家庭、校园，打造文明中卫方阵和文明城市品牌。

（二）持续深入开展爱国主义教育

银川市深入贯彻落实《新时代爱国主义教育实施纲要》，制定印发《银川市爱国主义教育基地评选命名及管理使用办法》《革命历史类纪念设施、遗址和银川市爱国主义教育基地工作联席会议制度》，完善准入退出机制，命名宁夏无线电博物馆等 5 家单位为银川市第七批爱国主义教育基地，推荐宁夏石油展览馆、闽宁新貌展示中心、银川鼓楼申报自治区爱国主义教育基地。

石嘴山市创新开展音乐思政课，打造“流动的红色课堂”，成立市级思政名师工作室、思政教育基地和社会实践基地 25 个，命名“金牌思政教师”5 人，引导学生树立国家意识、增进爱国情感。石嘴山市师资培训中心被评为全国首批家校社协同育人实践基地。广泛开展爱国主义教育，新命名市级爱国主义教育基地 10 个，成功申报自治区级爱国主义教育基地3个。

吴忠市深入挖掘红色文化、黄河文化、移民文化等文化内涵，围绕党的生日、抗战胜利纪念日、国家公祭日等重要时间节点和重大庆祝活动，开展“追寻红色足迹　传承红色基因”“赓续红色基因　汇聚奋进力量”等主题实践活动，100 余万名党员群众在沉浸式、体验式实践活动中追忆红色历史、感悟初心使命。开展红色基因传承，创新宣传体验方式，推出“红旗漫卷——宁夏革命文物陈列图片展”线上展览，拍摄《红色记忆》纪录片，连续 9 年举办“清明祭英烈活动”。深化红色教育进校园活动，常态化举办开学第一课、“童心向党”革命歌曲比赛、“寻访红色足迹”研学等活动，让青少年、儿童从红色基因中汲取营养。城乡群众“牢记历史、面向未来”的奋斗力量更加磅礴。

固原市举办全市家风家教文化节、幸福邻里节，推荐中国好人 1 人、自治区“新时代好少年”8 人、“宁夏好人”4 人，“德润六盘”社会氛围日趋浓厚。创新实施志愿服务“十百千万”培优工程，制发《志愿服务月度工作提示》10 期，举办新时代文明实践志愿服务项目大赛。志愿者人数从 2022 年底 8 万余人增至 24 万，占常住人口 21%，服务时长超过 174 万小时。西吉县木兰书院文学志愿服务队被中国作协授予“文学志愿服务优秀队伍”称号，不断擦亮“善行六盘”志愿服务品牌。实行乡村文明实践积分卡制度，《人民日报》整版刊发《小积分凝聚乡村治理大合力》专题报道。深化移风易俗宣传教育，举办固原市“推进移风易俗　助力乡村振兴”启动仪式和“村规民约”诵读大赛，在隆德老巷子举行民族团结中式集体婚礼。创排舞台剧、微电影等文艺作品，推进城乡精神文明融合发展。

中卫市借助黄河文化创新传承发展平台，持续实施以“守护黄河根脉”为主题的传承黄河文化基因、延续中华历史文脉推进工程。花儿剧《不负青山》入选国家艺术基金 2023 年度资助项目，影视剧本《枸杞红了又红》

等4件作品入选宁夏文艺作品扶持项目，黄河古瓷传承研发及研学体验示范等2个项目获宁夏文化产业专项资金支持。中卫市“千名文艺志愿者进基层”主题实践活动获评全国文化科技卫生“三下乡”活动示范项目。沙坡头景区获《中国国家旅游》年度甄选“研学旅游目的地”，“大漠流金长河古韵”中卫非遗之旅入选“全国非遗特色旅游线路”，沙坡头区入选国家首批文化产业赋能乡村振兴试点，中卫市获“中国民宿品牌发展先行示范区”称号。

三、推进精神文化生活品质提升工程，人民群众文化新期待不断满足，作品不断走实走深

（一）群众文化生活持续深入

银川市启动开展2023年“书香银川　银川书香”全民阅读暨“4·23”世界读书日系列活动，聚焦“深化全民阅读，建设书香银川”主题，集中发布8大类23项丰富多彩的主题活动。成功举办2023年银川市迎春大联欢晚会、百姓春晚、少儿春晚等各类文化活动，满足群众文化需求。大力弘扬中华民族传统文化，在元旦、春节、元宵节等传统节日期间，牵头开展“我们的中国梦——文化进万家”公共文化系列活动3000余场次。

石嘴山市坚持文化惠民走深走实的路子，扎实开展“我们的节日”“我们的中国梦”文化进万家活动，策划举办“贺兰山下一座城”“新时代石嘴山摄影大展”等文化展览展演2000余场次，惠及群众超60万人次。文化惠民不断走深走实，该市公共文化服务高质量发展成绩被全区观摩推介。

吴忠市争取中央民族歌舞团、中国曲协、中国剧协等国家级文艺院团来献艺演出，举办沿黄九省区黄河论坛吴忠分论坛、“祖国万岁”全国名家书画汇展、黄河九省区民歌会等重点文化活动10余场次。围绕“群众需要什么服务，我们就提供什么服务”的实践理念，实施“城乡牵手　文明联动”行动，不断拓展服务内容、提升服务质量，让群众获得感、幸福感、安全感不断增强。丰富活跃文化生活，开展“文化惠民　幸福吴忠”“滨河百姓大舞台”等群众文化活动2000余场，选派300多名文艺志愿者走基层下一线，群众自办文化积极性得以激发。突出“永远跟党走”主题，丰

富“我们的节日”活动，常态开展群众性文体活动，汇聚起乡村振兴强大合力。

固原市传承发展中华优秀传统文化，实施长城、长征、黄河国家文化公园建设等项目20个，完成投资1.87亿元，占全年预算投资63.4%。打造特色文化村镇30个，开展“我们的中国梦——文化进万家”“送戏下乡”等文化活动300余场次，推动群众精神文化生活共同富裕。固原市在历史文化遗产上也做到了精心守护，制定《固原市（六盘山地区）文化生态保护区建设实施方案（2023—2025）》，打造红军村、民俗村、文学村等特色文化村镇，建设全市非遗文化展厅。李氏针灸、六盘山区春官送福等14家非遗保护传承基地入选第八批宁夏区级非物质文化遗产传承基地名单，固原传统建筑营造技艺传承人马振仁荣获全国第四届“当代艺匠”殊荣。

中卫市开展“文化进万家”“文化大篷车”“送戏下乡”等群众文化活动1260余场次，农村数字电影放映6800余场次。实施市图书馆维修改造及设备购置、高庙基于预防性保护的古建筑信息留存及应用、大麦地岩画前期勘察等项目，新增自治区级文化产业示范基地2家、自治区级非遗保护传承基地7处。永乐村入选第一批宁夏文艺志愿服务实践基地。提升农家书屋服务效能，依托全市449家农家书屋96万余册图书资源开展全民阅读活动，助力“书香中卫”建设。

（二）反映新气象的文艺精品不断涌现

银川市创排歌曲《宁夏　我们美丽的家园》等各类作品19部，组织申报国家艺术基金2023年度资助项目25个。争取2023年度中央文产项目、自治区文产项目6个。创排歌曲《大美银川》等各类作品19部，组织全市15家文化企业单位参加第十九届中国（深圳）国际文化产业博览交易会，呈现展示银川市文化产业发展最新成果。在新闻出版方面也有新进展，承办2023年宁夏知识产权宣传周版权宣传活动，积极参加2023年银川市知识产权周集中宣传活动，广泛宣传版权知识。广泛开展全市中小学生版权保护海报设计大赛，评选优秀作品110幅、优秀组织奖10名、优秀指导老师10名。组织申报2023年国家电影事业发展专项资金（第一批）奖励资助项目，支持城市影院、乡镇影院建设，完成公益电影放映2384场次。

石嘴山市举办首届宁夏城市文学论坛暨文学名家石嘴山行系列活动，设置首个宁夏"城市文学奖"，设立首个宁夏城市文学创作基地、采风基地，成立首个宁夏城市文学学会，编纂出版《名家笔下的石嘴山》《石嘴山市城市文学丛书》；举办"爱上一座城——我和石嘴山的故事"征文活动，编印出版《"爱上一座城——我和石嘴山的故事"征文获奖集（精选集）》；举办"点亮文学火种"石嘴山市首届校园文学写作大赛和首届"点亮文学火种"石嘴山少年作家班系列活动，着力把石嘴山打造成为宁夏城市文学、工矿文艺新高地。全媒体推出《你好石嘴山》城市形象宣传片，编印《新时代·遇见石嘴山》城市宣传画册，打造"听见、看见、遇见"相融互鉴的"文艺石嘴山"公众号，有力展示了人文石嘴山的新内涵、新形象。

吴忠市创排秦腔现代戏《攒劲女人》、新编表演唱《老两口喜说党的二十大》、快板《党的二十大精神指航向》、音乐快板《踔厉奋发要远航》等文艺精品，新时代文明实践丛书《大河之光》正式出版。马慧娟创作小说《出路》入选"2022 中国好书"，宁夏小曲《青铜峡的传说》获得自治区舞台艺术精品创作扶持，广场舞《欢乐在奋进中》荣获全区群众广场舞大赛一等奖。举办"弘扬中华优秀传统文化·讲好黄河故事"文化论坛、吴忠市黄河文化大讲堂，承办沿黄九省区黄河论坛吴忠分论坛，深入挖掘黄河文化蕴含的时代价值，讲好"黄河故事"的吴忠篇章。

固原市加强"文学固原"品牌建设，创排舞台剧《映山红》《会师将台堡》，创作"建功新时代·奋进新征程"乡村振兴书画长卷。马金莲长篇小说《骨肉》、周建军歌曲《萧关夜》等 6 部作品入选宁夏回族自治区党委宣传部 2023 年全区文艺作品扶持项目，吕具生新年画作品《绿水青山》入围全国"新生活·新风尚·新年画"——我们的小康生活美术作品创作展。挖掘整理固原龙文化和固原故事 122 个，在主流媒体开设《固原故事我来讲》专栏，在景区景点开展讲解活动，进一步讲好固原故事。

中卫市策划开展"喜迎十六运·云端游中卫"全国网络达人采风、"共话山海情·同唱协作曲"和"全国党报党刊宁夏行"等高质量发展主题调研采访活动，协调新华网等媒体开展"精彩亚运 @星星故乡""点赞中国城”等推介活动；策划并承办了2023年上半年“宁夏好人”先进事迹发布仪式、首届“书香宁夏——乡村阅读论坛”、“塞上书香节”暨“黄河印象·中卫优品”消费季、全区广场舞大赛等重要活动；举办了丝绸之路大漠黄河国际文化旅游节、金蛙国际艺术节等文旅活动及首届“永乐风情”摄影大赛、全市书法美术摄影作品展等文艺活动，为中卫市高质量发展提供了强大精神文化力量。推出纪录片《古味新年》、歌曲《律动宁夏》、道情小戏《三个女红军》等文艺作品，出版《中卫文物藏珍——中卫市第一次全国可移动文物普查成果》，推进《中卫扶贫志》《中国国家人文地理·中卫》图书编撰。

四、打造“宁夏二十一景”创新升级工程，文旅融合更深更密，产品供给提档升级

（一）文旅发展高位统筹

2023年，宁夏着力挖掘自然、人文资源优势，聚焦“宁夏二十一景”，编制《“宁夏二十一景”创新升级工程三年行动方案（2023—2025年）》（以下简称《方案》）。在3年行动中，宁夏将着力实施文化培根铸魂行动、品牌培育打造行动、产品业态升级行动、项目开发建设行动、数字技术赋能行动、宣传营销推广行动、服务质量提升行动、新景观培育壮大行动等“八大行动”，开展策划一套精致旅游攻略、编纂一套精准文字释读、创作一套精美宣传图册、创排一批文化旅游演艺产品、制作一组精彩推介视频、开发一批特色文创和非遗产品、培养一批优秀管理人员、培育一批金牌导游讲解员等“八个一”活动，做好30项重点工作任务，重点打造升级版的“宁夏二十一景”，力争在《方案》结束时全区旅游接待人数突破7000万人次，旅游总收入超600亿元，实现文化旅游产业高质量发展。《方案》是对宁夏在地文旅资源优势的全盘统筹，是对宁夏文旅产业的准确定位，是对宁夏文旅产业发展方向的前瞻性规划，对近3年宁夏文旅产业发展什么、如何发展具有科学指导意义。

（二）文旅品牌特色鲜明

2023年，宁夏5市根植地域文化特色，统筹整合旅游资源，坚持品牌

化发展，坚持因时因地开发项目，宁夏文化旅游产业差异化发展格局逐步形成，同质化恶性竞争影响逐步减弱，综合竞争优势逐步提升。银川市聚焦“塞上湖城　大美银川”，挖掘用足“一山一河一城、一核两带全域”特色文化旅游资源优势，推出“春漫凤城”“湖城之夏”“塞上金秋”“冬游银川”系列化、活态化、体验式文化旅游产品和精品线路，开辟长城徒步游、长城自驾游、环游贺兰山、古城探秘、史前寻踪等特色旅游线路。石嘴山市持续擦亮“塞上灵秀地　魅力石嘴山”文旅品牌，成功举办腾讯音乐节、太极文化旅游节、平罗网络歌手大赛等文旅体精品活动近百项。吴忠市突出“游在宁夏　吃在吴忠”主题，围绕“看黄河文化、观长城古堡、听红色故事、寻塞上乡情、品葡萄美酒、吃吴忠美食”六大板块，整合推出13条线路。固原市开展“宁静的夏天·凉爽的固原”避暑季系列活动，举办六盘山山花节等文旅节庆活动，推介六盘山精品民宿集群等旅游招商项目和5条文旅精品路线。中卫市坚持培育“星星的故乡”文旅IP，打造沙漠星星酒店、中国版的最美“66号公路”、原始野奢的南岸半岛民宿集群、向阳步行街等网红打卡地，基本形成以沙坡头5A级景区为核心，以黄河南岸民宿集群和沙漠大客厅集群为两翼，以丰安屯、梨花小镇等乡村旅游为多点辐射的空间布局。全区文旅发展定位进一步明确，质量进一步提高。

（三）“文旅+”链条不断延伸

融合越来越成为推动产业发展的重要势能，是产业提高生产能力和竞争力的重要方式。在文化和旅游融合的背景下，“跨界融合”的发展理念不断深化，文旅与其他领域也逐渐打破产业壁垒，融合趋势不断加深，产业效能持续提升。2023年，宁夏着力推进“文旅+”，产业链条不断延伸，文化旅游产业与其他产业共促共进。

“文旅+演艺”新品涌现。银川市继续精心打磨《月上贺兰·家园》《不到长城非好汉》《岩石上的太阳》等精品旅游剧目，同时倾力打造《情系贺兰》《西夏盛典》《看见贺兰》《凤凰幻城》和《千年古县　梦回灵州》西湖水上之夜等新的旅游演艺剧目和实景演艺节目，切实丰富了产品供给，增强景区吸引力，传承延续民族文化。突出“颠覆性创意、沉浸式体验、年轻化消费”，打造“漫葡·看见贺兰”沉浸式演艺小镇，以戏剧、诗歌、行为艺术、风情舞蹈、坐唱、皮影、杂技等多种演艺形式，以及舞台剧、实景剧、武术特技、烟火特效、全息投影、激光、水雾等多种表现方法，呈现既神秘诗意又充满烟火的宁夏黄河文化。

“文旅+影视”势头强劲。石嘴山市大力推动石炭井电影小镇发展，着力打造现实主义题材影视拍摄基地。坚持将引入影视作品拍摄作为首要任务，主动向影视剧组、导演、制片人推介石炭井影视拍摄资源，2023 年共吸引《大风吹》《天坑》《西北警事》等 13 部影视剧组前来勘景。与北京电影学院签订战略合作协议，在石炭井挂牌成立“北京电影学院石炭井影视创作实践基地”。进一步完善基础设施，吸引游客打卡。

“文旅+乡村”提质升级。宁夏着力将文旅产业发展与乡村建设深度融合，切实发挥文旅产业的赋能作用，推动乡村全面振兴。银川市推出精品乡村旅游线路 8 条，评定 10 家乡村旅游示范点。石嘴山市深度开发的“山水相映　诗意乡村休闲度假游”等 3 条线路入选文旅部主题精品线路，大武口区龙泉村入选第一批全国“一县一品”文旅融合类典型案例。吴忠市举办首届乡村文化旅游节、各县（市、区）同步开展牡丹文化艺术节、古韵盐州长城民俗文化旅游嘉年华、盐州胡旋实景演出、乡村旅游采摘节、豆腐文化旅游节等节庆活动。固原市全力策划的“乡愁六盘·农耕固原”丝路文化体验等 3 条旅游线路入选全国乡村旅游精品线路。隆德县入选首批国家文化产业赋能乡村振兴试点县及“2023 中国最美县域”榜单。中卫市重点推动建设黄羊古落、丰安屯、何滩村、梨花小镇等项目，“大漠星空主题自驾赏花之旅”“‘大漠黄河　星空之约’诗意田园动感之旅”“‘金秋丰景　瓜果飘香’之旅”入选 2023 全国乡村旅游精品线路。乡村振兴与文旅融合同步推进、同步增效。

“文旅+康养”蓄势待发。银川市瞄准康养产业新发优势，推出以贺兰山东麓葡萄酒庄、枸杞采摘为主的康养游、亲子体验游等精品旅游线路 6 条，放大漫葡小镇优势，开发冬季温泉康养休闲游和冰雪游，一方面有效补齐秋冬季旅游“半年闲”短板，另一方面拓宽了康养醋、葡萄酒、枸杞等产品的销售渠道，推动文旅与康养产业深度嫁接，互促发展。中卫市重点建设天都山、华宝枸杞馆、玺赞枸杞庄园、金沙岛等项目，枸杞产业优势在文化旅游发展中进一步彰显。

（四）文旅市场复苏回暖

宁夏深耕消费市场，利用节假日发力，以促消费实招吸引游客，满足消费者文化旅游需求，有力推动文旅市场健康有序恢复。例如，在“十一”期间，宁夏各级文旅部门、各文化旅游企业在“双节”期间策划开展商业文旅促消费重点活动26项、分项活动80多场、惠民演出250余场，组织21个景区推出套票、门票优惠和主题活动等50多项优惠活动，全力激活文化旅游市场，丰富广大市民精神文化生活，满足来宁游客文化旅游消费需求。

经过全区上下的一致努力，各市文化旅游消费均取得不俗成绩。经测算，1—10月，银川市接待国内游客3772.41万人次，同比增长93.94%，实现旅游收入341.72亿元，同比增长176.86%。石嘴山市接待游客667.88万人次，实现旅游收入32.80亿元，分别同比增长49.24%、10.51%。吴忠市1—11月，接待游客883.74万人次，同比增长58.11%，实现旅游收入51.46亿元，同比增长64.88%。固原市前三季度接待国内游客1164.47万人次，同比增长39.59%，旅游总收入51.38亿元，同比增长49.73%。中卫市预计全年接待游客1500万人次，实现旅游总收入85亿元，分别同比增长68.5%和60.4%。虽然全年准确统计数据还未正式核定，但从目前的统计结果来看，5市文化旅游市场恢复迅速，呈现欣欣向荣的发展态势。

五、推进优秀传统文化资源创造性转化、创新性发展，遗产资源得力保护，文化活力深度激发

（一）以顶层规划为指导，明确优秀传统文化保护新方向

为更好发挥黄河文物在保护传承中华优秀传统文化、延续历史文脉、推动经济社会发展方面的作用，2023年宁夏编制《宁夏回族自治区黄河文物保护利用规划》（以下简称《规划》）。《规划》以“文化培根铸魂、旅游富民增收、为特色产业赋能、促进民族团结融合，展示美丽的新宁夏”为战略定位，认真贯彻“保护第一、加强管理、挖掘价值、有效利用、让

文物活起来”的新时代文物工作方针，围绕宁夏黄河文物价值体系和特点，结合宁夏地域文化特点，选择一批反映中华文明起源、民族融合、国家治理、文化交流的代表性遗产资源，打造水洞沟遗址、长城、岩画、引黄古灌渠等黄河文化标识体系，深入挖掘阐释宁夏黄河文物在中华文明发展形成中的独特地位和作用，全面系统推进全黄河文物保护。聚焦打造文化兴盛沃土、建设新时代文化强区和高水平创建国家全域旅游示范区目标，让黄河文物活起来，以文塑旅，以旅彰文，推动文物与旅游深度融合，展现宁夏黄河文化独特魅力。《规划》全面梳理了宁夏黄河文物资源，并对保护传承活化这些文物资源作出了细致规划，是推进宁夏黄河文化“两创”的系统指导文件。

（二）以融入日常生活为抓手，厚植优秀传统文化新内涵

融入人民群众的日常生活是优秀传统文化资源“活起来”的重要途径，只有走入人民生活，优秀传统文化资源才能实现永续传承。依托“非遗过大年”、文化和自然遗产日等开展非遗文化和非遗产品宣传推广活动，让非遗资源走近人民、贴近生活，发挥浸润人心、提振信心的作用，使文化遗产“活起来”。举办“倾听非遗声音　凝聚文化力——2023 年宁夏黄河流域非遗讲解进校园进景区”活动，借助非遗资源，通过巡讲与作品展演展示相结合的方式，让更多大学生、游客了解宁夏“因河而生、依河而兴”的历史文化，感受传统文化的独特魅力。举办“宁夏小曲赶大集”活动，以根植于宁夏、土生土长、独具浓郁地方特色的传统说唱艺术形式——宁夏小曲，传播文明新风，满足人民群众美好精神文化需要。

（三）以传承保护为基础，促进优秀传统文化新发展

2023 年，宁夏坚决以习近平总书记关于文物工作和非物质文化遗产工作的重要论述为根本遵循，全面落实全国文物工作会议精神，召开全区文物工作会议研究部署新时代文物工作，为全区文物保护工作发出新号召，切实提高文物保护水平，防范文物安全风险，守护好前人留给我们的宝贵财富，以新气象新担当开创新时代文物事业发展新局面。

坚持发挥地区文化遗产资源禀赋，统筹推进保护传承工作。银川市积极推进中华文明探源工程，大力建设银川文化园非物质文化遗产展示中心建设、非遗保护传承基地和传习所创建管理，组织开展“河之炫彩——黄河中上游地区史前彩陶文物展”等29项宣传活动。吴忠市积极推进非遗名录体系建设，美雅滩羊裘皮、强家老醋等非遗资源得到有效保护，成立文物保护安全隐患排查小组，立足“主动查”、落实“立即改”、着眼“长久治”，全面提高吴忠市文物保护工作能力和水平。固原市大力建设非遗文化展厅，系统保护非遗资源。中卫市全新打造迎水桥镇、镇罗镇非遗展馆，实施阳光大麦地非遗保护传承基地提升改造项目，为历史文化遗产的传承提供文化空间。

（四）以创新创意为手段，焕发优秀传统文化新风貌

一是在文创产品开发上继续用心用力。积极开发特色鲜明、受众广泛的文创产品。西夏博物馆“双节”期间在原有的160余种文创产品的基础上，新增了“西夏丑萌力士文创雪糕盲盒”、西夏陵集章册、西夏文象棋、宁夏地图冰箱贴、西夏陵一角冰箱贴等20余款文创产品，不仅受到游客的喜爱追捧，也让观众感受了一把别样的宁夏文化。中卫市挖掘非遗资源特色，指导非遗传承人开发双管咪咪、宣纸扇面烙画四联、手工毯、黄河印象桶包等20余种非遗文创产品。固原推出的非遗剪纸作品《山海情·自信路》荣获第十九届中国（深圳）国际文化产业博览交易会“中国工艺美术文化创意大赛”银奖。

二是在文旅项目设计中着力推陈出新。发挥重大项目的带动作用，积极推进黄河、长城国家文化公园和黄河文化生态保护区建设，全面盘活在地传统文化资源，在文化项目中激发中华文化活力。借力科技引擎，赋予文化发展新动能。银川市利用数字技术，通过线上旅游、云端展览等互联网手段，让游客在虚拟空间欣赏祖国河山，不断增强民族自豪感、自信心。中卫市不断完善中卫数字文化馆文化云平台、中卫花儿慕课数字服务平台、线下数字体验空间等数字化服务平台，开通线上视频点播学习、非遗知识普及学习、馆内活动报名及预约、场馆预定、文化资讯等公益性服务内容。

（五）以文博空间为阵地，激发优秀传统文化新活力

依托革命文物和博物馆、展览馆、纪念馆、考古现场等文博资源，推出“博物馆之夜”“考古开放日”“红色线路游”“文物研学游”等文物旅游融合项目和红色旅游精品线路，充分展示宁夏文物的独特魅力，让收藏在博物馆里的文物、陈列在广阔大地上的遗产、书写在古籍里的文字真正“活”起来。宁夏博物馆举办“天下黄河富宁夏——宁夏民俗陈列”，综合运用实物藏品、民间手工艺品、文字、图像等多种形式，辅助模拟实景、互动投影、声光电等科技手段，用民俗根脉、生产风俗、生活风俗、居住风俗、饮食风俗、节庆风俗、礼仪风俗和民间艺术 8 个单元，350 余件（套）展品，集中呈现了黄河流域塞上儿女的生活方式、风俗习惯和审美情趣，充分展现了宁夏各族人民和睦相处、团结互助和追求美好生活的精神风貌，奏响铸牢中华民族共同体意识的时代乐章。银川市文物局举办“河之炫彩——黄河中上游地区史前彩陶文物展”，展出 50 余件史前彩陶文物，以实物与文字、图片相结合的方式进行陈展，通过 28 块文字图版及 50 余件彩陶实物，重点展示“甘青地区史前彩陶异彩纷呈”“宁夏史前彩陶独具特色”。此外，宁夏固原博物馆的“发现获国——宁夏彭阳姚河塬西周城址考古成果展”、宁夏地质博物馆的“远古印象”古哺乳动物展、吴忠市博物馆的“朔地风骨今犹在”与“岁月失语，惟石能言”临时展览、石嘴山市博物馆的“青铜之路——宁夏固原春秋战国时期北方青铜文化特展”等展览，让观众进一步了解宁夏文化，深刻体会中华民族在黄河流域的繁衍生息以及民族间的交往交流交融，丰富观众精神文化生活的同时进一步铸牢中华民族共同体意识。

纵观 2023 年宁夏文化旅游发展情况，可以看出宁夏在文化建设中、旅游发展上始终坚持以人民为中心的工作导向，坚持守正创新，激发创造活力，主动回应人民群众的热切需求和殷切期盼，在精神文明建设、文化事业、文化旅游产业上取得不俗成绩。但我们也清醒地看到，宁夏的文化建设与全国还有差距，创新指数不高，数字化水平较低，产品供给仍有欠缺，城乡文化融合推动还有不足。宁夏仍需继续坚持以习近平新时代中国特色社会主义思想为指导，深入学习贯彻习近平文化思想，全面贯彻落实全国宣传思想文化工作会议精神，以人民需求为中心，以问题不足为导向，以一往无前的奋斗姿态更好地担负新的文化使命，提振文化自信，推动文化强区建设。

综合战略篇

ZONGHE ZHANLÜE PIAN

文化传承发展铸就中华民族现代文明

狄国忠

文化是一个国家、一个民族的灵魂。人类社会的文明跃升无不伴随着文化的历史性进步。推进中华民族现代文明建设，必然要求中华文化传承发展、建设社会主义文化强国。在新征程中，我们要以习近平文化思想为引领，认真学习贯彻落实自治区第十三次党代会、自治区党委十三届历次全会精神，以及自治区宣传思想文化工作会议精神，坚定文化自信、奋发有为，担当新时代新的文化使命，努力建设习近平文化思想的最优实践地和新时代文化强区，为全面建设社会主义现代化美丽新宁夏提供有利文化条件，为全面推进强国建设、民族复兴伟业提供坚强思想保证、强大精神力量。

一、文化传承发展凝聚中华民族现代文明的力量

先进文化自身就是一种力量。中华优秀传统文化，承载着中华民族的智慧，蕴含着中华民族的文化基因，革命文化和社会主义先进文化是中华优秀传统文化在不同时期的具体体现。中国特色社会主义文化繁荣发展，是全面推进中国式现代化、以中国式现代化全面推进中华民族伟大复兴的强大的精神动力，建设新时代文化强区，全面建设社会主义现代化美丽新

作者简介　狄国忠，中共宁夏区委党校（宁夏行政学院）教授。

宁夏的重要内容。

文化自信彰显了全面建设中华民族现代文明的内在力量。文化自信是一个国家、一个民族发展中最基本、最深沉、最持久的力量。坚定文化自信，站稳中华文化立场，赓续中华文化血脉，体现了中华民族精神上的独立自主、历史上的主动精神以及推动文化发展和文明进步重任的主动与担当。坚定文化自信，意味着我们有传播本国文明的底气、有吸收并借鉴其他文明的能力。坚定文化自信，我们有厚重的中华文明底蕴，中华文明具有五千年的历史，是唯一没有中断的文明。坚定文化自信，来自对中华优秀文化的积淀、传承、创新和发展。中华优秀思想文化是千百年来中华民族创造的精神财富，中华优秀思想文化蕴含着中华民族如何看待世界、如何看待人生、如何看待价值、如何看待审美等观念系统，集中体现了中华民族在建功立业、修齐治平等实践中形成的最基本的文化基因。新时代中华儿女吸吮着中华文化养分，聚合发展的磅礴之力，推进中华民族现代文明建设。

文化交流突显了建设中华民族现代文明的推动力量。文化因交流而多彩，文明因互鉴而丰富。习近平总书记指出，中华民族具有悠久的优秀传统文化，自古就有开放包容、兼收并蓄的文化胸怀，中华文明历来赞赏不同文明间的相互理解和尊重。中华文化对世界文明兼收并蓄的开放胸怀，从根本上决定了中华民族交往交流交融的历史取向。铸就中华民族现代文明，绝不能闭门造车，而是要在文化开放交流中学习借鉴世界一切优秀文明成果，通过“走出去”，将中华文化更好地推向全世界，让世界更好地了解中国，了解中华文化中蕴含的具有世界意义的价值观，比如自强不息、天人合一、知行合一等。同时，积极引进国外优秀文化，让国内民众能更多地了解国外优秀文化。中华民族的现代文明，正是以开放包容的姿态对待外来文化、实现与外来文化的交流对话中，创新、彰显中华现代文明的现代性。

文化创新显现了建设中华民族现代文明的强大动力。实践证明，世界上每一个民族和国家的崛起与发展，无不以文化的创新和文明的进步为基础与先导。中华民族的伟大复兴同样离不开文化的繁荣、文明的进步。习近平总书记强调，我们要坚持守正创新，激发全民族文化创新创造活力，在新的历史起点上继续推动文化繁荣、建设文化强国、建设中华民族现代文明。[①]文化创新是人类文明进步的强大动力，中华民族具有自强不息、守正创新的进取精神，具有勇于接受新事物的无畏品格。中华文明是紧随社会条件变化和时代发展而不断创新的文明。中华民族现代文明本质上是创新的产物，在新的起点上，在守正创新中持续激发文化创新发展的生机活力，繁荣和发展社会主义文化，才能有力推进中华民族现代文明建设。

二、文化传承发展守住中华民族现代文明的根与魂

马克思主义是我们党的指导思想，不断发展的马克思主义作为一种文化现象，是中华民族现代文明之“魂”，中华优秀文化是建设中华民族现代文明之“根”。创新中华民族现代文明，离不开优秀中华文化沃土。

马克思主义赋予建设中华民族现代文明的灵魂。马克思主义是科学的理论，马克思主义在中国播种先进思想理论的种子，以真理之光激活了中华文明的基因，使中华文明再次迸发出强大精神力量，使中华文明从形式到内容都发生质的变化：从富民厚生到共同富裕、从民本到民主、从万物并育到人与自然和谐共生……中国化时代化的马克思主义反映了人类社会发展规律、社会主义发展规律以及中国共产党的执政规律，科学回答了为什么要建设中华民族现代文明、建设什么样的中华民族现代文明、如何建设中华民族现代文明的中国之问、时代之问，形成了符合人类文明发展方向，能够科学处理和解决人与自然、人与社会、人与人关系的社会主义文明。中国化时代化的马克思主义，不断赋予鲜明的中国特色，彰显中国风格与中国气派，成为中华文化的时代精华。

中华优秀文化资源是建设中华民族现代文明深厚根基。中华优秀文化资源赋予中华民族现代文明以深厚底蕴。中华优秀文化承载着中华民族的基因和血脉，是不可替代、不可再生的中华现代文明资源。在中国几千年

---

①苏秉琦：《中国文明起源新探》，生活·读书·新知三联书店，2019，第35页。

的历史长河中，中华优秀文化是中华民族生生不息的强大精神源泉。发掘和提炼各民族共享的中华文化符号，多维度建构中华民族现代文明形象，诸如“殷墟和甲骨文、良渚遗址、黄帝陵、三孔、长城、长江、黄河、秦岭，这些可触可感的文化表征，既是历史的又是现实的”①，还是建设中华民族现代文明的文化根基。中华民族现代文明建设必须传承中华文明已有成果，赓续中华优秀文化。5000年的中华文明史孕育的中华优秀文化，是中华民族的智慧结晶。其中，天下为公、民为邦本、为政以德、革故鼎新等优秀思想观念，是中华民族在长期生产生活中积淀形成的价值观的重要体现，是中华民族现代文明形成发展的人文根基和深厚沃土。

马克思主义基本原理与中华优秀传统文化相结合，坚守中华民族现代文明的“魂”与“根”。马克思主义的“对立统一”原理与中华优秀传统文化“和而不同”理念等，尽管来源不同，但彼此在最深层的价值观方面却存在高度的契合性；马克思主义关于人与自然的关系以及道德观等，与中华优秀传统文化中蕴含的天人合一、自强不息、厚德载物、讲信修睦、亲仁善邻等思想观念具有显而易见的高度契合性。马克思主义和中华优秀传统文化的有机“结合”形成新的文化生命体。“两个结合”筑牢了道路根基，让中国特色社会主义道路有了更加宏阔深远的历史纵深，拓展了中国特色社会主义道路的文化根基。中华民族现代文明是“两个结合”的产物，也只有在继续推进“两个结合”中，按照文明发展的规律，立足中华民族当代实践，发挥历史主动性和能动性，不断用马克思主义激活中华优秀传统文化的生机活力，使中华民族现代文明建设获得不竭的内生动力。

三、文化传承发展开辟中华民族现代文明的新使命

中华文明是开辟和发展中国特色社会主义、建设中华民族现代文明的逻辑基础。中国共产党人把马克思主义基本原理同中国具体实际、同中华优秀传统文化相结合，开辟和发展中国特色社会主义，在新征程中，我们

①范玉刚：《探寻中国文明型崛起的文化密码——对〈共有精神家园：中华文化符号解读〉的一种阐释》，《光明日报》2023年2月5日。

要更好担负起新的文化使命，通过“两个结合”的相互成就，让马克思主义成为中国的，中华优秀传统文化成为现代的，让经由“两个结合”而形成的新文化成为中国式现代化的文化形态，铸就中华民族现代文明的宁夏篇章。

深化理论武装。当前，宁夏干部群众要以学习贯彻习近平新时代中国特色社会主义思想主题教育为契机，推动机关、高校、科研院所、国企及乡村的广大党员干部认真读原著、学原文、悟原理，一以贯之抓实党员干部自学，抓好读书班、专题学习、集中研讨、专题党课等，引导党员干部全面学习领会习近平新时代中国特色社会主义思想的科学体系、核心要义、实践要求，做到融会贯通、整体把握。要求党员干部全面准确把握习近平新时代中国特色社会主义思想的世界观方法论，运用好贯穿其中的立场观点方法。强化科学理论的转化运用，坚持不懈用习近平新时代中国特色社会主义思想凝心铸魂，不断做好学习贯彻习近平新时代中国特色社会主义思想的深化、内化、转化工作，努力把理论武装成果转化为实实在在的工作成效。提高运用习近平新时代中国特色社会主义思想观察时代、把握时代、引领时代的能力，防范化解重大风险，解决经济社会发展中的各种矛盾问题，推进中国式现代化取得新进展新突破。

建设具有强大凝聚力和引领力的社会主义意识形态。习近平总书记指出，“意识形态工作是党的一项极端重要的工作，是为国家立心、为民族立魂的工作”①。坚持党管宣传、党管意识形态、党管媒体，走好网上群众路线，维护意识形态安全。增强意识形态防范化解风险本领，要善于在不稳定性中增强稳定性、在不确定性中寻找确定性，打好防范意识形态风险的准备之战。更好统筹发展和意识形态安全，把意识形态安全的理念贯彻到经济社会发展各领域和全过程。健全意识形态风险分级管控和隐患排查治理制度，从源头上避免或减少重大风险的发生。建立意识形态多源监测、

①习近平：《高举中国特色社会主义伟大旗帜 为全面建设社会主义现代化国家而团结奋斗——在中国共产党第二十次全国代表大会上的报告》，《人民日报》2022年10月26日。

多点触发机制和专家咨询、会商机制，增强敏锐性、洞察力、预见力，提高对意识形态重大风险的预测预判预警能力。坚持群众观点和群众路线，加强意识形态重大风险的舆论引导，凝聚社会共识、集中群众智慧，紧紧依靠人民筑牢安全屏障。

加强和改进精神文明建设。党的二十大报告指出，“中国式现代化是物质文明和精神文明相协调的现代化。”①中华民族的伟大，强大的物质力量和强大的精神力量都是必要条件。物质力量是全面推进中国式现代化、中华民族伟大复兴的基础条件，精神力量是衡量社会文明程度的重要指标。要提高社会文明程度，除了持续抓好经济工作，还必须努力抓好思想文化宣传工作，推进精神生产的现代化。强化思想引领，推动深入学习贯彻习近平新时代中国特色社会主义思想，加强党员干部对马克思主义的信仰、对社会主义和共产主义的信念教育，持之以恒抓好青少年的“三观”教育。强化社会主义核心价值观引领，发挥价值引导与表达、释义与转化、衡量与选择、贯穿与融入等价值引领作用，深化铸牢中华民族共同体意识宣传教育，为现代化建设提供价值引领和精神支撑。大力实施文明素养提升行动，深化拓展新时代文明实践中心建设，聚焦公民道德培育、诚信社会建设等内容，不断提升人民思想觉悟、道德水准、文明素养和全社会文明程度，持续打造宁夏精神文明建设的创新高地，推动新时代精神文明建设守正创新、开创新局。

促进文化事业和文化产业繁荣发展。习近平总书记指出，要着力推动文化事业和文化产业繁荣发展。繁荣发展文化事业和文化产业，推动社会主义文化发展，更好满足人民群众对精神文化的需求、对美好生活的向往和期待。发展公共文化服务，补齐宁夏文化发展短板，打造更有特色、更高品质的公共文化空间，扩大公共文化服务覆盖面，增强人民精神文化需求的实效性。坚持“二为”方向、“双百”方针，鼓励文艺工作者“深入

①习近平：《高举中国特色社会主义伟大旗帜 为全面建设社会主义现代化国家而团结奋斗——在中国共产党第二十次全国代表大会上的报告》，《人民日报》2022 年 10 月 26 日。

生活、扎根人民”，持续创作生产大批讴歌时代精神、反映广大基层群众火热生活的优秀作品，为铸就社会主义文艺新辉煌作出贡献。打造文化超市，采取个性化、订单式服务，让群众自主“点菜”，以丰富人民群众多样化、多层次、多方面的精神文化生活。顺应数字产业化和产业数字化发展趋势，对传统文化产业进行改造提升，加快发展新型文化产业，不断提高宁夏文化产业的质量效益和核心竞争力。推动“文化+旅游”“非遗+旅游”“节庆会展+旅游”“博物馆+旅游”等旅游发展模式创新，推动文旅产业高质量发展。

增强国际传播效能。国际传播效能是衡量国际传播能力、效率、效果和效益的综合指标，是体现国家信息在国际舆论场“听得见”“听得懂”“听得进”并产生影响力的整体反映。习近平总书记指出：“加强国际传播能力建设，全面提升国际传播效能。”[①]加快构建中国话语和中国叙事体系，讲好中国故事宁夏篇、传播好中国声音，展现可信、可爱、可敬的中国形象；创新对外话语表达方式，采用融通中外的概念和表述，把“自己讲”和“别人讲”结合起来，让中国故事为更多外国民众听得懂；结合宁夏实际，围绕中国精神、中国价值、中国力量，从经济社会发展的多个视角深入研究，为开展国际传播工作提供理论支撑；提高对外文化交流的能力和水平，结合中国国情，创新与外国民众交流的方式，让更多外国民众了解中华文化；完善人文交流机制，综合运用多种传播方式展示中华文化魅力。

---

①习近平：《高举中国特色社会主义伟大旗帜 为全面建设社会主义现代化国家而团结奋斗——在中国共产党第二十次全国代表大会上的报告》，《人民日报》2022 年 10 月 26日。

深刻理解习近平文化思想的时代价值推动宁夏文化高质量发展

许　峰

全国宣传思想文化工作会议传达了习近平总书记对宣传思想文化工作作出的重要指示，首次提出习近平文化思想。党的十八大以来，习近平总书记在文化建设方面的新思想、新观点、新论断蕴含丰富、论述深刻，是新时代党领导文化建设实践经验的理论总结，是马克思主义文化理论的最新成果。对习近平文化思想这一最新成果，要不断加强学习、研究、阐释，把习近平文化思想贯彻落实到宣传思想文化工作各方面和全过程。

一、习近平文化思想基本理论概述

党的十八大以来，以习近平同志为核心的党中央着力在思想文化领域正本清源、守正创新，不断强化文化理论的创新发展。习近平总书记组织召开了一系列重要会议，这些会议有两次全国宣传思想工作会议、文艺工作座谈会、党的新闻舆论界座谈会、哲学社会科学工作座谈会、网络安全和信息工作座谈会、全国高校思想政治工作座谈会、文化传承发展座谈会等，每一次会议都把文化工作作为重点加以突出。习近平总书记在宣传思想文化工作上进行了全方位的部署，提出了“九个坚持”“十四个强调”“三个事关”“七个着力”，科学回答了“建设什么样的新时代中国特色社

作者简介　许峰，宁夏社会科学院文化研究所副研究员，文学博士。

会主义文化，怎样建设新时代中国特色社会主义文化”等一系列基本问题。习近平文化思想是马克思主义文化理论观中国化时代化的集中体现，是马克思主义文化理论与中国实践相结合的最新的文化理论成果，是经过长期实践检验的科学的文化思想指南，是担负起新的文化使命，推进社会主义文化强国建设的重要理论依据。

习近平文化思想可以概括为：由习近平总书记创立与提出，根植于中华优秀传统文化，继承和发展了马克思主义文化观，坚持以人民为中心的价值导向，基于我国革命、建设和改革发展中历史文化经验积累和现实文化实践的探索，并在历史文化整体发展规律、社会主义文化发展规律以及中国特色社会主义文化发展规律认识不断深化的基础上，凝练升华而成的科学的、实践的、开放的思想文化体系。习近平文化思想属于社会主义文化思想范畴，同时也是马克思主义文化观的中国化时代化的最新理论阐释。[①]

二、深入理解习近平文化思想的时代价值

（一）习近平文化思想是在坚持推进实践基础上的理论创新中展现马克思主义的真理力量

在强国建设、民族复兴的伟大征程中，习近平总书记总是能以高度的文化自觉、坚定的文化自信、宏阔的历史视野、深远的战略考量，就社会主义文化建设提出一系列重大创新理论，让我们能够在更广阔的文化空间、更宏大的历史视野中充分运用中华优秀传统文化的宝贵资源，探索面向未来的理论和制度创新。习近平总书记强调的“中国式现代化赋予中华文明以现代力量，中华文明赋予中国式现代化以深厚底蕴”“在新的起点上继续推动文化繁荣、建设文化强国、建设中华民族现代文明，是我们在新时代新的文化使命”等新思想新观点新论断，为赓续中华文脉注入固本培元、立根铸魂的思想力量，提振了传承发展中华文明的志气、骨气、底气。

①刘成、李建军:《习近平文化思想蕴含的理论逻辑、历史逻辑和实践逻辑》,《重庆大学学报》2023年第6期。

（二）习近平文化思想“明体达用、体用贯通”

习近平文化思想既有文化理论观点上的创新和突破，又有文化工作布局上的部署要求，是新时代文化建设的路线图和任务书。习近平文化思想内涵丰富，视野宏大，蕴含着伟大的真理力量。深入学习、研究、阐释习近平文化思想，就要做到因地制宜、因时制宜、活学活用，用新思想研究新情况、解决新问题、总结新经验、探索新规律。强调宣传思想工作必须自觉承担起举旗帜、聚民心、育新人、兴文化、展形象的使命任务，明确“文艺创作方法有一百条、一千条，但最根本、最关键、最牢靠的办法是扎根人民、扎根生活”，指出“要像爱惜自己的生命一样保护好城市历史文化遗产”，要求“着力打造融通中外的新概念新范畴新表述，讲好中国故事，传播好中国声音”一系列部署安排，描绘了文化强国建设的宏伟蓝图，标志着我们党对中国特色社会主义文化建设规律的认识达到了新高度，表明我们党的历史自信、文化自信达到了新高度。

（三）习近平文化思想彰显理论方法的科学性

习近平文化思想蕴含着科学务实的理论方法。用辩证思维方法，推动物质文明与精神文明均衡发展；提出“两个结合”，特别是“第二个结合”的重大论断，巩固文化的主体性；对待历史文化要“有鉴别地加以对待，有扬弃地予以继承”。用系统思维方法，统筹推进“四个伟大”，文化建设贯穿始终；坚定“四个自信”，首先要坚定文化自信，强调“文化自信是更基础、更广泛、更深厚的自信”。用历史思维方法，不断深化对历史规律的认识，领悟中华文明的突出特性，推进文明交流互鉴。用创新思维方法，推动文艺创新，把创新精神贯穿文艺创作全过程，激发全民族文化创新创造活力。习近平文化思想所体现出的科学方法是马克思主义文化理论在新时代的丰富与发展，从更深层的理论层面论证了这一文化理论的科学性、人民性、实践性与开放性。

三、深学笃行习近平文化思想，推动宁夏文化高质量发展

习近平文化思想为宁夏宣传思想文化建设提供了强大的理论武器和思想指南。宁夏要实现新时代文化强区的重要任务，全力打造黄河文化传承

彰显区，就要以习近平文化思想为理论指导，以铸牢中华民族共同体意识为主线，自觉肩负起新时代的文化使命，认真领会学习“九个坚持”“十四个强调”“三个事关”“七个着力”的理论内涵与实践意义，打造文化兴盛沃土，建设习近平文化思想的最优实践地和新时代文化强区。如何去实现这一宏伟目标，应从以下几个方面去践行。

（一）新时代文化强区建设，要坚持和加强党对意识形态工作的领导权

习近平文化思想强调坚持党的文化领导权是事关党和国家前途命运的大事，体现了对党的意识形态工作的科学把握。因此，要牢牢掌握党对意识形态工作领导权，坚定拥护“两个确立”、坚决做到“两个维护”的政治高度。紧紧围绕着铸牢中华民族共同体意识这一主线，落实党对意识形态工作领导的主体责任，加强对意识形态阵地建设和管理，繁荣发展哲学社会科学，推进媒体深度融合发展，大力开展重大主题、发展成就、先进典型宣传，讲好宁夏故事、展示宁夏形象，守牢意识形态安全防线。

（二）新时代文化强区建设，要坚定社会主义核心价值观的路径

凝聚共识，不断增强人们的“四个自信”。加强相关制度的保障，将社会主义核心价值观融入制度建设与具体的治理工作之中。推动社会主义核心价值观入法入规，融入国民教育之中。让社会主义核心价值观引领文化建设，积极利用宁夏本地的红色资源进行革命历史、革命精神、革命文艺等教育，推进公民的道德建设，大力弘扬劳模精神、劳动精神、工匠精神，深化群众性精神文明创建活动，倡导移风易俗。要科学发挥新闻媒体和网络传播的作用，树立主流价值之灵魂和时代文明之风气，为宁夏的现代化建设提供价值引领与精神支撑。

（三）繁荣发展宁夏的文艺事业，推动文化产业良性发展

文艺作品坚持以人民为中心的创作方向，在深入生活中寻找创作的灵感，在扎根人民中创作无愧于时代的佳作。要注重塑造新时代的宁夏精神，讲好中国故事、宁夏故事。文艺作品要追求真善美，传承弘扬新时代美学精神。坚持思想精深、艺术精湛、制作精良相统一，把社会效益放在首位，社会效益与经济效益相统一，积极推出文艺精品力作。加强文艺人才队伍培养与建设，为文艺人才搭建成长与发展的平台，造就一大批德艺双馨名家大师，培育一大批高水平文艺创作人才。科学规划文化旅游、影视产业的发展，优化文化企业的融资环境，切忌盲目投资上架与宁夏财政收入、居民消费不协调的文艺作品。推动文化与旅游融合发展，发展红色旅游和乡村旅游，推动宁夏文化事业和文化产业高质量发展。

（四）深入挖掘黄河文化所蕴含的时代价值，传承弘扬黄河文化

要切实把握习近平总书记关于黄河文化重要论述的思想精髓，加大搜集整理、抢救保护围绕黄河宁夏段产生的历史典籍、各类神话、传说、寓言、民间故事的力度，组织一批文艺工作者创作黄河题材的文学、曲艺、影视等精品力作来宣传宁夏，提高宁夏知名度与美誉度。把高标准建设长城、长征、黄河国家文化公园（宁夏段）作为推进黄河文化传承彰显区建设的重要载体和抓手，依托三大文化公园建设开发黄河文化旅游，依托灿烂的地方历史文化，把“塞上江南·神奇宁夏”的品牌打得更加响亮。

（五）全面深化新时代宁夏的文化体制改革

要进一步完善文化管理体制与机制，深化文化事业单位改革，建立健全与社会效益和经济效益相统一的新时代文化企业制度。文化体制改革务必要因地制宜，一切从实际出发，切勿一刀切。许多传统文化艺术形式与作品要重点保护，文化艺人要给予扶持与帮助，不能不加选择地都推到市场去接受消费市场的检验。对宁夏优秀的传统文化，努力进行创造性转化和创新性发展。

总之，在推动宁夏文化高质量发展之际，要深入领会习近平文化思想的基本精神，狠抓落实，围绕着新的文化使命，坚定文化自信，坚持守正创新，深刻理解习近平文化思想的时代价值，用真理与智慧的伟力推动建设习近平文化思想的最优实践地和新时代文化强区。

新时代宁夏非物质文化遗产保护实践与思考

万亚平

为深入学习贯彻落实习近平总书记在文化传承发展座谈会上的重要讲话精神，凝聚建设新时代文化强区的智慧和力量，建设中华民族现代文明，创造人类文明新形态。从宁夏非遗保护传承现状、存在问题入手展开调查研究，努力探索新时代保护传承发展路径，提出建设性思考意见。

一、宁夏非遗资源及名录体系概况

（一）非遗资源存续概况

宁夏境内现有非遗资源5667项，按照10大类别项目划分如下。①传统技艺：贺兰砚、二毛皮、宁夏手工毯、宁夏手抓羊肉等。②传统美术：剪纸、刺绣、砖雕、泥塑、传统建筑营造、彩绘、麻编、葫芦烙刻画等。③传统音乐：花儿、民间乐器等。④传统戏剧：秦腔、京剧、皮影、地摊戏等。⑤传统舞蹈：黄羊钱鞭、舞龙、舞狮、小花灯舞等。⑥曲艺：宁夏小曲、宣卷等。⑦传统医药：张氏正骨疗法、陈氏医技十法、马氏济慈堂生育药剂制作技艺等。⑧传统体育、游艺与杂技：踏脚、方棋、木球等。⑨民俗：高台马社火、六盘山春官送福、北武当寺庙音乐、青苗水会

作者简介　万亚平，宁夏回族自治区文化和旅游厅公共服务和非物质文化遗产处一级调研员。

等。⑩民间文学：民间故事、传说等。

（二）名录体系建设状况

列入联合国教科文组织人类非物质文化遗产代表作名录1项（花儿）；列入国家级代表性项目名录28项（其中4个项目入选首批国家传统工艺振兴目录）；列入自治区级代表性项目名录224项，市级363项，县级450项；认定国家级代表性传承人22名，自治区级代表性传承人376名，市级488名，县级725名；命名国家级非物质文化遗产生产性保护示范基地1个，自治区级保护传承基地141个；全国职业院校民族文化传承与创新示范专业点2个，国家级非遗传承人群研培院校3个；建立自治区级非遗工坊15个；设立自治区级文化生态保护区5个；设立宁夏非物质文化遗产研究基地1个。

二、宁夏非遗保护实践成效

（一）政策法规体系不断完善

修订《宁夏回族自治区非物质文化遗产保护条例》，宁夏成为全国最早颁布地方性法规又率先完成修订的省区。编制《黄河流域宁夏非物质文化遗产保护传承弘扬专项规划》，制定《宁夏回族自治区非遗与旅游融合发展项目资金管理暂行办法》《宁夏回族自治区级文化生态保护区管理暂行办法》《宁夏回族自治区非遗工坊管理办法》等法规办法，构建形成符合宁夏实际的政策法规体系。

（二）保护传承基础不断夯实

一是调查摸清家底。明确非遗资源5667项，建立档案数据库。二是推进四级名录体系建设。公布四级代表性项目名录1065项，认定四级代表性传承人1611人。三是实施抢救性记录工程。对15名国家级代表性传承人进行了全面记录。四是推进展示体验场馆建设。争取国家发改委项目投资6880万元，建成秦腔、固原砖雕等9个集培训、展览、创研、体验、生产、销售于一体的国家级非遗项目保护利用基地；在市、县（区）文化馆建设非遗展示体验馆（厅），覆盖率达60%；设立141个自治区级非遗保护传承基地；扶持发展自治区级非遗工坊15个。五是推进区域性整体保护。

设立自治区级文化生态保护区5个，着力推进系统化保护。

（三）传承能力水平明显提升

一是集中培训强业务。建立自治区、市、县（区）三级培训机制，分期分类举办专题培训班，每年集中举办各级培训班30多期，集中培训3000多人。二是现场培训强实操。保护传承基地、非遗工坊作为常态化培训课堂，传习与培训同步进行，提升传承人群实操水平。三是品牌合作强创意。联合文化创研企业开展非遗产品设计研发活动，提高传承人群创意制作和市场营销水平。四是院校培训强理念。联合区内外高等院校举办“传统工艺+岩画”、非遗作品创研、政策理论等专题研修班，挖掘非遗当代价值，增强多元创研理念。五是以赛代训强技艺。非遗技能培训与“非遗进万家　文旅展风采”——黄河流域非遗作品创意大赛及系列活动相结合，采取现场展示、专家点评、互观互学、座谈交流等形式，提升传承人创新制作非遗产品的能力水平。六是校园培训强后劲。实施“绿芽”培育工程。开展非遗进校园、进课堂、进教材活动，培养非遗传承后继人才。

（四）融合发展开辟新路径

一是统筹利用宁夏非遗与旅游资源，设置展陈、表演、体验、研学、餐饮等旅游项目，推出“1+5”宁夏非遗主题旅游线路。二是推动非遗植入景区，丰富旅游业态。采取双向选择、互相签约、合作共赢的办法，让供销对路的非遗项目（产品）、传承人进驻旅游景区、乡村旅游点、特色街区等各种旅游空间，沉浸式植入展陈、表演、体验、研学、餐饮等形式多样的非遗项目，丰富旅游业态、升华旅游品质、塑造旅游形象，打造非遗旅游热门打卡地。三是推进非遗设施落户景区。因地制宜、分类施策，推动旅游景区建立非遗大师工作室、展示馆、体验馆、演艺广场（馆）、销售店铺、主题餐厅等，打造独具风情的非遗旅游新空间。四是支持创排实景演艺剧目，提升旅游品质。统筹非遗资源，注重观赏性、体验性、参与性，创排非遗类实景演艺嵌入旅游线路、融入旅游景区，转化为游客观赏品鉴、互动体验、热衷打卡的旅游项目。银川市贺兰山漫葡小镇的《看见贺兰》、吴忠市盐池县元宵节“游九曲闹花灯”、固原市泾源县老龙潭《柳毅传书》花儿歌舞剧成为比较成功的案例。五是培养非遗导游人才。组织开展非遗知识培训、非遗讲解大赛等活动，鼓励非遗传承人、高等院校学生、景区导游人员、社会志愿者广泛参与，培养推出一批非遗旅游讲解员，引导游客心向非遗之旅。

（五）转化利用取得新成效

一是展赛结合人人共享。举办“非遗进万家 文旅展风采”——宁夏黄河流域非遗作品创意大赛、非遗讲解大赛、非遗美食大赛等系列活动，形成展非遗、赛非遗、讲非遗、品非遗、购非遗的浓厚社会氛围。二是“非遗市集”带“火”城市夜经济。将传统手工艺、非遗美食、传统戏剧音乐有机融入夜市商圈、街区，让市民、游客现场感受传统文化与现代生活共融的烟火趣事。银川市兴庆区敬德街“非遗市集”，仅活动7天，就带动综合消费536万余元。三是非遗进乡村，带动就业增收。依托非遗工坊、保护传承基地，面向农民传授非遗技艺，采取订单—回收—包销的办法，让农民就近就业赚上“非遗钱”。银川张璟麻编工坊，带动西夏区同阳新村、兴庆区月牙湖滨河家园四村村民学习麻编技艺，编织非遗产品，每个村民月增收500—1000元。四是举办“在宁夏·非遗过大年”系列文旅活动，体验非遗成为游客冬游宁夏的暖心选择。

三、存在的主要问题

（一）机构人员相对薄弱

目前，全国有29个省（区、市）在文化和旅游厅设立非物质文化遗产处，并且专设非遗保护中心。宁夏文化和旅游厅还没有单设非物质文化遗产处，非物质文化遗产保护中心挂牌在宁夏文化馆，无单独人员编制。市、县（区）也无专门机构人员，均由文化旅游单位人员兼管非遗工作，缺乏专业性和稳定性。现有非遗机构人员结构数量、管理水平与新时代非遗保护工作任务要求不相适应。

（二）市场化水平比较低

非遗项目的传承虽然从“家庭式小作坊”逐渐向“保护传承基地”“非遗工坊”等平台空间转化，但存在创新意识不强、产品形式单一、社会参与不宽泛、互动交流不多等问题，非遗特色街区、特色村落等规模化、集群化发展格局还未形成，市场转化利用水平低。

（三）创意研发能力不足

非遗作品创研、设计、包装等市场化推广处于探索阶段，专家人才匮乏，非遗作品契合现代市场需求差距大，好做、好看、好卖、好用、好带的产品少，群众多样化、个性化体验消费需求得不到满足。

（四）深度融合亮点少

非遗与旅游融合度不高，融合层次不够深入，以表层融合为主，处于少数传统工艺类项目展览、研学阶段，传统音乐、传统舞蹈、民俗、传统医药等非遗项目还未找到与旅游的最佳契合点，能够立得住、吸引强的康养、演艺、体验等的品牌项目还未打造形成。

（五）共建共享合力不强

政府主导、部门协同、社会参与的制度机制不健全。区市县三级财政扶持力度小、社会力量参与共建共享渠道不多。旅游企业与非遗保护机构、项目传承人之间缺乏双向互动的积极主动性。

四、思考建议

（一）创新发展理念，增强保护传承的时代感

坚持以习近平文化思想为指引，深入学习贯彻落实习近平总书记在文化传承发展座谈会上的重要讲话精神，站在坚定文化自信、增强文化认同、铸牢中华民族共同体意识的高度，增强传承发展优秀非物质文化遗产的时代感、使命感，创新思维理念推动非遗保护传承弘扬。一是挖掘非遗时代价值，深度阐释精神内涵，增强各民族文化认同和文化自信，凝聚全面建设社会主义现代化美丽新宁夏的智慧力量。二是树立“像抓经济建设一样抓非遗保护传承”的理念。把非遗既作为精神财富也作为经济资源来看待，以增强传承发展活力为目的，树立经济思维谋划、市场化运作、集约化生产、专精化经营的发展理念。三是树立“见人见物见生活”的理念。体现以人为本的活态性、本真性、生活性，形成以人、物、生活相统一的保护传承理念。四是树立“多元融合”理念。打破传统单一传承思维定式，用融入新时代、融入现代生活、融入群众审美情趣、融入市场经济、融入现

代科技等理念探索非遗保护传承多元化发展路径。

（二）加强文化生态保护区建设，推进区域性整体保护

以5个自治区级文化生态保护区建设为抓手，统筹宁夏境内非遗及其得以孕育、发展的文化和自然生态环境，结合实施乡村振兴、文化强区等重大战略，加强规划指导，加大扶持力度，建立协同推进机制，突出区域文化特色，挖掘中国民间文化艺术之乡、传统村落、乡村旅游重点村等非遗资源，着力打造非遗特色村镇、街区，形成各具特色的区域性整体保护格局，培育推出一批优秀实践案例，积极争取跻身国家级文化生态保护区，促进宁夏非遗系统性保护和体系化建设，向"遗产丰富、氛围浓厚、特色鲜明、民众受益"目标迈进。

（三）创新方式方法，推动非遗与旅游深度融合发展

一是相互衔接形成"矩阵"，全面优化融合发展基础条件。推动非遗保护传承与文化生态保护区建设、全域旅游示范区创建、乡村振兴等工作有效衔接，建立区市县乡村五级协同发展机制，制定年度和中长期工作计划，形成非遗旅游与农业、工业、交通、水利纵横链接的"矩阵"架构，实现系统化设计、同步化实施、一体化推进。通过资金扶持、资源整合、服务优化等多种方式，对传统村落、特色街区、民间文化艺术之乡、非遗展示体验馆、非遗保护传承基地、非遗工坊、代表性传承人工作室等基础设施服务功能进行全面提升拓展，不断完善非遗融合发展的基础条件、增强非遗市场化转化的整体实力。二是因地制宜，打造差异化融合格局。建立非遗与旅游融合发展目录，选择对应合适的非遗项目进入旅游空间，体现"一景一品""一区一特"，避免生搬硬套、简单移植而导致的"千景一面"现象，着力推动建设一批特色鲜明、氛围浓厚、当地群众和游客认可的非物质文化遗产特色景区。如：有的景区可以深挖民间故事、传说等民间文学项目和社火、六盘山春官送福等民俗项目的价值和精神内涵，通过创排大型演艺活动让游客了解地方历史文化和民俗风情，提升中华文化认同感；有的景区可以引进宁夏花儿、民间乐器等传统音乐项目和黄羊钱鞭、舞龙、舞狮等传统舞蹈项目，面向游客设置具有鲜明特色的互动表演和情景体验空间；有的景区可以对接贺兰砚、二毛皮、宁夏手工毯等传统技艺项目和剪纸、刺绣、砖雕、泥塑、麻编等传统美术项目，设置非遗展示、体验、销售街区（商圈），满足游客研学赏购需求；有的景区可以依托针灸、熏蒸、中医养生等传统医药，培育发展康养旅游业态。三是聚焦“广、深、高”三度空间，推动非遗与旅游高质量融合。兼顾“保护链”与“产业链”，推动非遗与旅游“双向奔赴”，实现非遗和旅游要素高效聚集，在更广范围、更深层次、更高水平上融合发展。“更广范围”就是要体现非遗融合的全覆盖性，在全区旅游景区（点）都能遇见各具特色、各见其效的非遗；“更深层次”就是要体现非遗表现形式的创新性转型和思想内涵的当代性改造，推进非遗沉浸式融合，让游客从简单浮表的“走马观花”向深度研学、体验潜入；“更高水平”就是要体现非遗融合的高端时尚性，打造高品质非遗旅游吸引物，让游客在内容丰富多彩、表现形式时尚的非遗主题旅游中享受美好生活体验。

（四）依托特色优势，打造非遗经典品牌

一是在“1+5”宁夏非遗主题旅游线路基础上，再踩线、再考察、再论证，从线路节点、主题内容、旅游路径、宣传推介等方面进行丰富完善、优化提升，编印宁夏非遗旅游线路图册和导游词，着力打造宁夏非遗旅游精品。二是唱响宁夏花儿品牌。充分挖掘花儿世界级非遗资源，依托“中国西部民歌（花儿）歌会”品牌优势和花儿创演积淀成果，从内涵上再挖掘、形式上再创新、空间上再拓展，推动“打磨提升原作、创排推出新作、培训壮大队伍、广泛展演传播”4 项措施落实见效。让宁夏花儿响彻国内外，成为宁夏独具魅力的文化品牌。三是持续擦亮非遗活动品牌。提升“非遗进万家　文旅展风采”——宁夏黄河流域非遗作品创意大赛及系列活动、“宁夏非遗购物节”等活动档次；做大做强“在宁夏·非遗过大年”文旅系列活动，统筹腊八、小年、除夕、元宵、燎疳 5 个年俗节点，统筹旅游休闲街区、乡村旅游重点村（镇），策划设计春节主题文旅系列活动，联动区内外旅行社推出春节非遗主题定制游，将其打造为宁夏冬季旅游的一大特色旅游品牌，让温暖热烈的年俗体验为宁夏冬季旅游“添薪续火”。四是巩固拓展隆德高台马社火表演体验牵手房车营地的新卖点；盐池县元宵节“游九曲闹花灯”、泾源县《柳毅传书》花儿歌舞剧、漫葡小镇《看见贺兰》等非遗沉浸式演艺新亮点，带动更多特色实力型品牌活动在更多旅游景区闪亮涌现。五是创研非遗特色品牌产品，建立宁夏非遗研究智库，集聚高等院校、文化企业、旅游企业专家人才力量，开展非遗产品研发和品牌塑造提升活动，将源于非遗的传统核心技艺，对接群众消费要求、消费倾向、消费兴趣，实现非遗技艺与宁夏文物、自然风貌、“宁夏二十一景”等元素有机结合，打造推出体现非遗融合发展规模效益的品牌产品。

（五）强化工作保障，夯实非遗保护基础

科学测算，合理配置，增加或调剂编制职数，在自治区文化和旅游厅设立非物质文化遗产处，专设自治区非遗保护中心，增配人员编制，市、县（区）相应增强非遗保护机构和人员力量。充分认识非遗保护传承弘扬的重大意义，制定完善相关政策，建立有效保障机制，促进非遗保护传承制度化、规范化、持续化。建立自治区、市、县三级财政补助扶持和鼓励社会力量共建共享机制，将市、县（区）非遗工作经费纳入本级财政预算，强化与非遗工作实际需求相适应的财力保障。建立优秀实践案例奖励推广机制，每年征集评选推出一批创新发展优秀实践案例，树典立标、奖励推广。

宁夏文化惠民工程发展路径的调查与思考

王　璐　李先锋

党的二十大报告指出“健全现代公共文化服务体系，创新实施文化惠民工程”。近年来，在党的二十大精神引领下，宁夏以保障群众基本公共文化权益为目标，以公共文化服务标准化、均等化、社会化、数字化、法治化为方向，加快构建保基本、促公平、覆盖城乡、便捷高效的公共文化服务体系，群众的文化获得感、幸福感不断得到提升。为全面贯彻落实党的二十大精神和习近平总书记视察宁夏重要讲话精神，本文在深入调研的基础上，对宁夏文化惠民工程发展现状、存在的问题进行了认真分析，提出了工作建议，为全面推动宁夏公共文化服务高质量发展提供参考。

一、宁夏文化惠民工程取得的成果

（一）与时俱进，坚持用社会主义先进文化引领方向

宁夏积极发挥意识形态前沿阵地作用，紧紧围绕中央和自治区部署的重大主题，引导各类文艺团体创作新时代群众文艺精品，润心启智铸魂，凝聚精神力量。强化“文化大篷车”旗帜引领，每年送戏下乡 800 场以上，实现 22 个县（市、区）全覆盖，将党的创新理论和惠民政策以喜闻乐见的

作者简介　王璐，宁夏回族自治区文化和旅游厅公共服务和非物质文化遗产处三级调研员；李先锋，北方民族大学管理学院党委书记，副教授，博士。

形式送到田间地头，宁夏“文化大篷车”被誉为“全国文化战线的一面旗帜”。打造“欢乐宁夏”“清凉宁夏”“文化下基层”等活动平台，通过文化惠民演出、艺术普及培训、展览展示等方式推动党的理论方针政策深入人心。以社会主义核心价值观为引领，创新实施“一县一品”文化惠民工程，培育“四季村晚”“百村千绘”“西部花儿歌会”“黄河岸边吼秦腔”等文化惠民品牌，努力提升公共文化服务品质，营造健康向上的文化氛围。以学习宣传党的二十大精神为主线，开展“文艺轻骑兵”基层巡演、文化志愿服务等工作，指导基层围绕党的二十大精神开展丰富多彩的群众文化活动，弘扬新风正气，激发文化活力。

（二）以点带面，持续推进公共文化设施覆盖城乡

宁夏始终把公共文化服务的均衡发展作为铸牢中华民族共同体意识、促进民族团结进步的民心工程，不断优化设施布局，夯实基层文化阵地全覆盖成果。实施“三个一”基层补短板工程，新建改建一批乡镇综合文化站，完善提升一批乡村振兴重点示范村综合文化服务中心，扶持推广一批城乡文化示范点，五级公共服务设施功能更加完善，布局更加便民，高质量保障群众文化权益。建成宁夏美术馆、银川文化艺术博览中心、固原市文化馆与图书馆新馆等，着力打造凝聚群众精神力量的文化“新地标”。创新打造“15 分钟便民文化圈”、社区文化“嵌入式”服务、一元剧场、城市书房、阅读岛、文化驿站等新型文化空间，彰显文化特点和品位，满足广大人民群众新时代多元文化需求。

（三）提档升级，全面保障公共文化服务供给

宁夏开启公共文化服务多元化供给模式，用文化软实力赋能新时代文化强区建设。持续举办“四季村晚”“我们的节日”“在宁夏·非遗过大年”“群众书法绘画基层巡展”等文化惠民活动。挖掘“中国民间文化艺术之乡”特色资源，指导文化大院、民间团体以高台马社火、游黄河九曲等民俗非遗参与房车营地、乡村民宿项目运营。每年元旦、春节期间，组织举办公共文化服务等 10 大类 300 余项文化活动，惠及群众 300 多万人次。开展广场文化演出活动，“清凉宁夏”示范带动年均举办广场文化活动 1500 场以上。举办“世界读书日”全民阅读暨全区图书馆宣传周活动，每年组织公共图书馆开展300余项全民阅读推广系列活动，指导成立阅读推广联盟。高品质举办首届文化馆服务宣传周活动，各级文化馆联动开展丰富多彩的文化惠民活动，充分发挥新时代文化馆的影响力和主阵地作用，极大满足了广大人民群众的精神文化生活新期待，取得了良好的社会效益。

二、宁夏文化惠民工程发展中的问题分析

在实施文化惠民工程的过程中，宁夏在实现跨越式发展的同时，也面临着一些突出问题。一是文化建设资金投入不足。虽然各级财政对文化事业有一定的资金投入，但由于宁夏群众文化需求呈现井喷式增长，加上区域经济发展不平衡，文化建设资金投入滞后于群众文化需求，阻碍了文化事业的发展。二是群众文化活动内容不够丰富。目前，宁夏文化惠民活动主要集中在文艺演出、展览展示等方面，活动项目存在同质性强、创新能力不足、供需匹配度不高等问题。三是文化专业人才短缺。宁夏属于西部边远地区，经济条件相对落后，人才资源匮乏，人才流失严重。四是群众文化政策制度不健全。对群众文化工作研究不够深入，没有形成一套行之有效的保障和促进机制，与时俱进制定政策的能力相对薄弱。

三、宁夏文化惠民工程的发展路径

结合目前宁夏文化惠民工程发展的现状与问题，笔者在工作机制、资金投入、资源整合、文化素养提升等方面有如下思考。

（一）健全文化惠民工作机制

习近平总书记指出：“实现中华民族伟大复兴的中国梦，物质财富要极大丰富，精神财富也要极大丰富。”[①]要实现人民群众精神财富极大丰富，就必须健全文化惠民工作机制，为文化发展筑牢制度根基。一是将文化惠民工程纳入法治轨道，加大力度对文化建设进行立法，将文化惠民利好政策法治化、规范化，才能使文化惠民工程有章可循、有法可依，真正落到

①摘自2015年2月28日习近平总书记在会见第四届全国文明城市、文明村镇、文明单位和未成年人思想道德建设工作先进代表时的讲话。

实处。二是充分发挥理事会职能，目前宁夏文化馆、宁夏图书馆、宁夏博物馆、宁夏固原博物馆、银川市图书馆、石嘴山市文化馆等15家事业单位完成组建理事会改革，选举产生了理事会，制定了理事会章程及人事制度改革、财务管理制度改革、绩效考评制度等相关配套制度，只有让理事会真正发挥作用，使文化行政职能实现由行政手段为主向综合运用法律、经济、行政手段转变，才能最终实现公共文化场馆职能由“办文化”向“管文化”转变。三是制定相关政策扶持和引导业余文艺社团、民营剧团、社区和企业文艺骨干、乡土文化能人发挥文化服务职能，通过政府购买，鼓励和支持民间艺术团队参与群众文化活动，展示丰富技艺，满足广大群众多元文化需求。四是加强网络活动宣传，充分发挥图书馆、文化馆（站）的网站和微信平台优势，依托公共文化数字化服务平台开展“菜单式”“订单式”公益活动，将百姓喜爱的书籍、节目送到家门口，使文化惠民工程真正从体制机制上落地。

（二）加大文化惠民投入

习近平总书记指出：“要着力解决人民群众最关心最直接最现实的利益问题，不断提高公共服务均衡化、优质化水平。”①在实施文化惠民工程的过程中，必须从资金、政策等方面加大投入力度，多措并举推动发展。一是增加资金投入，坚持“政府主导，因地制宜，动员社会，多元投入”原则，2023年宁夏文化和旅游厅协调宁夏财政厅争取中央资金5270万元用于支持地方公共文化服务体系建设，争取中央免费开放资金2092万元支持各市县、乡镇公共文化设施做好免费开放服务。但是，仅从政府层面已不能满足广大人民群众井喷式的文化需求，需要建立民间资金引入新机制，多渠道筹集资金，才能为文化建设提供全面支撑。二是抢抓政策机遇，以巩固习近平新时代中国特色社会主义思想主题教育成果为契机，将文化惠民工程纳入“我为群众办实事”内容，加强基层文化设施、文化器材配置，提升基层文化数字化服务效能，切实保障广大人民基本文化权益。三是加

①摘自2020年11月12日习近平总书记在浦东开发开放30周年庆祝大会上的讲话。

强总分馆制建设，宁夏现有各级图书馆分馆 294 个、文化馆分馆 205 个，各分馆在拓展总馆服务功能方面发挥了重要作用。应进一步推进总分馆制建设，优化提升各分馆服务能力，拓展文化活动空间，为广大群众提供内容更为丰富多彩的文化产品。四是坚持以人民为中心，努力提高文化产品质量，为人民提供更好更多精神食粮，逐步培养一批群众文化带头人，为他们搭建展示才华的舞台，带动群文工作创新性发展。

（三）整合利用文化惠民资源

习近平总书记指出："要推动文化产业高质量发展，健全现代文化产业体系和市场体系，推动各类文化市场主体发展壮大，培育新型文化业态和文化消费模式，以高质量文化供给增强人们的文化获得感、幸福感。"①针对群众文化需求呈井喷式增长和宁夏文化资源相对匮乏的实际，必须整合利用现有文化资源，多措并举创新服务模式，才能够全方位满足群众的多样化文化需求。一是提升现有文化设施的利用效率，将功能相近的文化惠民资源进行整合利用，如提升中卫市文化馆、图书馆服务功能，与沙坡头区实现资源共享；加快银川市图书馆开馆以缓解宁夏图书馆读者过于集中压力，从而降低管理运行成本，避免资源浪费，扩大综合利用效率。二是拓展创新服务功能，利用流动设施和资源提供流动服务，如文化大篷车"送戏下乡"自 1984 年以来累计演出 9000 余场，把精彩的节目送到广大农民家门口，得到了老百姓的热烈欢迎；充分利用网络技术和数字资源，通过全国智慧图书馆和公共文化云平台，群众足不出户就可以读书、观影、学才艺、看节目，享受现代化服务带来的便捷。三是支持文化志愿者服务队伍建设，宁夏回族自治区文化和旅游厅已组织开展"大地欢歌"宁夏回族自治区文化指导员、群众文艺志愿服务团队"百人百团"下基层活动，通过吸引和动员文化领域专业人才参与文化志愿服务工作，为群众提供多元化、高品质的文化服务。四是鼓励文化惠民与旅游、体育等相关产业融合发展，加强群众文化与机关、部队、学校、企业的文化资源、文化设施

①摘自 2018 年 8 月 21 日习近平总书记在全国宣传思想工作会议上发表的重要讲话。

的整合共享，与旅游、体育等相关产业有机结合，不断建设壮大群众文化队伍，形成整体优势和良性循环。

（四）努力提升群众文化素养

习近平总书记指出："要深入开展群众性精神文明创建活动，广泛开展社会公德、职业道德、家庭美德、个人品德教育，不断提升人民文明素养和社会文明程度。"[①]文化惠民工程的目的是让公共文化设施发挥最大服务功能，实现群众文化素养的提升，最终实现国家文化软实力的提升。在文化惠民工程建设工作中，一是要提高广大党员干部整体文化素质。党员干部是党的政策的执行者，党员干部文化素质的高低决定着能否把握国家大政方针政策的精神实质，能否在顶层设计上贯彻落实党的政策和决定。提升全民文化素养，党员干部要先行，只有广大党员干部具备优良的文化素质，从顶层设计方面制定具有可操作性的政策方案，才能够推动群众文化建设健康发展。二是要加强全民文化艺术普及。近年来，宁夏在文化惠民工程建设上十分重视全民文化艺术普及工作，如第十八届中国西部民歌（花儿）歌会增加了交流研讨板块，邀请国内知名艺术家讲解民歌经典，为广大群众艺术普及工作起到了良好的推动作用；2023 年全区广场舞大赛增加了基层培训及艺术普及内容，推选出一批优秀基层文化骨干参与全区广场舞辅导员培训活动，邀请区内外优秀编舞人员开展专题舞蹈培训活动，不断激发全民参与热情，全面提升了广大群众的文化素养。在推进全面文化艺术普及工作中，要不断拓思路、谋方法，充分发挥专业院团的带动作用，努力激发民间文化艺术人才的创作活力，用润物细无声的方法将文化注入老百姓的心田，让文化力量成为推动社会文明进步的主旋律。三是建立完善的人才培养激励机制。首先要建立政府、社会多元化投入机制，提升文化人才待遇水平，才能充分调动其工作积极性和创新潜能。其次要建立行之有效的激励机制，通过评选、表彰等形式培养竞争意识，推动文化人才成长。最后要健全文化人才教育培训机制，重视基层文化人才的培养，

①摘自 2020 年 10 月 14 日习近平总书记在深圳经济特区建立 40 周年庆祝大会上的讲话。

加强对基层文化工作的指导，加强对民间文艺团体、基层文化能人和文艺爱好者的培训，将他们纳入基层文化建设队伍中，不断壮大基层文化队伍力量。

综上，文化惠民工程是满足广大群众精神文化需求的有效方式，也是推进社会文明进步、提升群众文化素养的有力保障，更是文化强区建设的重要内容。必须多措并举，从健全机制、加大投入、整合资源、提升素养等方面创新文化惠民工程发展路径，才能为宁夏“三区”[①]建设贡献文化力量。

①三区：黄河流域生态保护和高质量发展先行区、乡村全面振兴样板区、铸牢中华民族共同体意识示范区。

2023年宁夏旅游业发展分析与展望报告

陆媛媛

旅游发展兼顾政治性、经济性、社会性、生态性多重属性，体现了“富口袋”“富脑袋”“富民生”“富产业”的多重功能，与产业转型升级、生态环境建设、乡村振兴发展、民族团结进步等党中央和自治区重大战略部署高度契合、紧密相关。在此认识的基础上，宁夏进一步明晰了“文化强区、旅游富民，为产业赋能、促民族融合，展示美丽新宁夏”的战略定位，科学分析宁夏文化和旅游的发展实际、阶段特征、比较优势和战略机遇，心怀“国之大者”，跳出“就文旅说文旅”的思维惯性，发挥了文化和旅游在推动宁夏经济协调发展、促进群众增收致富、带动产业转型升级、满足群众精神需求、助力生态建设、增进民族团结进步、展示宁夏发展成果等方面的重要作用。推动文化和旅游主动服务经济社会发展大局，融入党和国家事业大战略，做到既为一域争光，更为全局添彩。

一、2023年旅游业发展特点

今年以来，宁夏文化旅游市场总体态势不断向好，恢复步伐不断加快，消费潜能不断释放，行业信心不断提振。前三季度，宁夏累计接待国内游客5705.36万人次，实现旅游收入516.91亿元，较去年同期分别增长

作者简介　陆媛媛，宁夏回族自治区文化和旅游厅主任科员。

79.82%和84.61%，旅游收入涨幅连续2年超过旅游人次涨幅。较2019年同期相比，分别增长60.95%和64.57%。2023年中秋、国庆“双节”假期，宁夏接待国内游客489.96万人次，实现旅游收入40.87亿元。按照可比口径，较2019年同期分别增长18.82%和35.10%。其中，A级景区累计接待游客339.47万人次，实现营业收入17318.04万元。按可比口径，分别较2019年同期增长63.06%和25.41%。根据携程平台大数据分析，“双节”期间，宁夏整体在线旅游平台人次全国排名第29位，同比2020年国庆假期增长111.66%，同比2019年国庆假期增长113.93%，环比增长221.18%，游客总体在线旅游平台消费同比2020年国庆假期增长70.13%，相比2019年国庆假期增长75.73%，环比增长208.35%。跨省区订单占比七成，跨省区游订单量同比增长843%。结合以上数据，2023年宁夏旅游业具体呈现以下几个特点。

（一）场景构建持续增加

2023年打破传统景观界限，坚持时空聚合与旅游重构，加大资金、政策、智力的支持力度，打造了“两城”（银川文化城凤凰幻城、沙湖不夜城）、“四镇”（漫葡·看见贺兰沉浸式演艺小镇、图兰朵小镇、殷红子熟枸杞小镇、玉泉营葡萄小镇）、“两集群”（宁夏中卫沙漠旅游集群、吴忠乡村休闲旅游集群）等文旅新场景，如漫葡·看见贺兰沉浸式演艺小镇用沉浸式演艺“点亮”了贺兰山，2023年6月开园以来已接待游客65万人次，实现营业收入8000余万元；“十一”前推出的银川文化城·凤凰幻城文旅综合项目，仅“十一”期间就接待游客22万人次。这些新场景、新业态，有力助推宁夏文化旅游产业化茧为蝶。

（二）产品业态推陈出新

高品质、有特色的景观，是宁夏对外吸引力的渊薮，围绕旅游消费市场个性化、差异化、定制化发展需求，特别是“Z世代”年轻主力消费群体喜好，重点打造出了沙湖不夜城、沙坡头沙漠传奇、漫葡小镇《看见贺兰》等一批自带流量的文旅融合体验产品，不断丰富旅游消费业态，有效满足了游客多元化服务需求。在全国率先打响“星星故乡”生态文旅品牌，黄河宿集、星星酒店成为知名网红品牌，旅游旺季一房难求，旅游淡季入住率 70%以上，带动当地景区二次消费增长 79%以上。

（三）消费潜力加速释放

充分发挥政策杠杆撬动作用，把恢复和扩大文化旅游消费摆在优先位置，着力营造适宜出游、愿意消费的市场环境。组织实施了文旅消费恢复提速、文旅消费市场升级等“六项行动”35 项重点工作，有效带动了旅游市场消费和特色产业的融合发展，文旅产业与葡萄酒、枸杞等优势特色产业融合更加紧密，12 家列入 A 级景区的葡萄酒庄和 4 家枸杞类旅游景区年接待游客超过 100 万人次，带动销售收入分别增长 38%和 30%。成功举办了 2023 全国旅行商大会、第三届宁夏国际葡萄酒文化旅游节、第二届大西北文旅高峰会等宣传推广活动，持续开展了“畅游宁夏·文旅惠民”促消费活动，发放文旅消费券 1500 万元，综合带动消费近 4000 万元，促进文旅市场消费潜力加快释放。

（四）生态建设显现“蝶变”

宁夏依托天高云淡、空气清朗的良好生态优势，在全国率先提出打造“星星故乡”特色文旅品牌，通过建设星星酒店等高端民宿，打造星空营地等新业态，举办星空旅游大会、星空朗读等特色系列活动，让“星星故乡”品牌更加具象、更有磁吸力，吸引了梵克雅宝、兰博基尼等世界知名品牌到宁夏举办展示展销活动，有效提升了宁夏整体影响力，旅游二消增幅超过了 50%。其中近年来主打“星空牌”的沙坡头景区更是超过了 79%，也让当地群众尝到了好生态带来的甜头，“星星的故乡”已成为践行绿水青山就是金山银山的样板。

（五）多元出游逐步丰富

文旅消费场景呈现多样化、个性化变化趋势，各类公共文化服务场馆、城市公园等成为群众假期休闲放松的新去处。特别是暑假期间文博场馆备受市场青睐，贺兰山岩画景区、宁夏博物馆等场馆增设了研学体验课程，开发了不同形式的文创产品，受到游客喜爱。比如，水洞沟景区围绕水洞沟遗址发现 100 周年，推出了考古研学、学术研讨、考古讲述等系列活动，仅 7 月份接待游客 16.35 万人次，实现营业收入 1500 万元，同比分别增长 100.61%和 130.06%。

二、2023 年宁夏旅游业发展形势

（一）全国形势分析

今年以来旅游经济进入“稳开高走、加速回暖、量价齐升、供需两旺”的全面复苏新通道，无论是居民出游意愿、企业经营信心、旅游经济运行综合景气指数均达到过去三年来最高水平。据中国旅游研究院测算，6—8月，国内旅游人数达到了 18.54 亿人次，占全年国内旅游出游人数的 28.11%；实现国内旅游收入 1.2 万亿元，占全年国内旅游收入的 27.46%，旅游经济持续向好发展态势不断显现。

（二）经济运行情况分析

伴随三年疫情对游客消费习惯、消费心理等方面的影响，以及大众旅游全面发展新阶段的到来，多样化和品质化的消费需求不断倒逼旅游供给侧创新和结构性优化，“人山人海吃红利，圈山圈水收门票”的简单生产模式难以为继，更加需要我们深入贯彻以人民为中心的大众旅游发展理念，调整产品结构，创新商业模式，强化产业融合，丰富产品业态，形成“需求牵引供给，供给创造需求”的良性互动格局。

（三）从宁夏实际情况分析

与全国旅游经济形势一样，今年以来宁夏旅游市场也呈现稳中向好的发展态势，总体形势明显好于预期。但相比于周边兄弟省区，宁夏旅游市场起步晚、体量小，虽然近些年相继打造了一些爆款产品，但总体还是相对滞后。在客源构成上长三角、珠三角、川渝等重点市场游客虽有所增加，但周边省区和本地游客仍占据主导地位，还需要持续做好市场引流工作。在出游时间上宁夏接待国内一日游游客数量占比七成，游客在宁停留时间较短，还需通过政策引导、业态创新等多种手段加快从过境游向过夜游提升。在区域联动上宁夏融入西部旅游大环线程度还不高，在西北主要旅游发展轴线中，宁夏介入不到三分之一，区域联动作用和产业聚集效应还未充分发挥。

三、宁夏旅游业发展短板

一是载体支撑还需进一步强化。部分景区还没有特色项目支撑，缺乏自然景观与人文景观的系统耦合，还需采取特色化、差异化、个性化发展之路，加强整体规划、统筹谋划，聚势聚力着力打造宁夏的核心吸引物。

二是产品线路还需进一步串联。围绕“宁夏二十一景”打造的产品线路，特别是与周边乡村游、休闲游以及红色旅游串点连线方面还需要进一步完善，拓展辐射带动功能，助力乡村振兴。

三是资金投入还需进一步加大。旅游产品体系不够丰富，产业规模偏小，个别景区经营困难，项目开发、资金投入严重不足，产品升级相对滞后，景观提升长短不一。

四、2024年宁夏旅游业展望

下一步将以习近平文化思想为指导，以推动宁夏文旅供给侧结构性改革为战略任务，以构建宁夏文化旅游新场景、创新文旅发展新业态、丰富宁夏文旅新供给、释放文旅消费新潜力为主攻方向，以打造升级版“宁夏二十一景”为具体抓手，认真落实国务院办公厅印发《关于释放旅游消费潜力推动旅游业高质量发展的若干措施》30条具体任务，努力让宁夏文旅新供给更加贴合“Z世代”“Y世代”客群的个性化、差异性、交互式的文旅消费新需求，为宁夏文化旅游产业高质量发展加分赋能。

（一）提升全域品质

以提升品质为重点，强化全域设施完善，推动景城融合发展，拓展旅游要素供给，升级文旅服务质量，丰富特色产品业态，着力构建具有高辨识度的宁夏文化和旅游视觉形象识别系统。持续抓好“宁夏二十一景”创新升级三年行动，提升一批富有文化底蕴的精品景区、文旅综合体，推出一批富有文化内涵的主题线路，促进区域产业协同发展、错位发展、联动发展。

（二）完善产业体系

延伸产业链条，优化供给结构，提升研学旅游、工业旅游、乡村旅游、康养旅游等业态品质，评定一批文化旅游产业示范基地，打造一批文化旅游创意产业集聚区，促进产业融合、景城融合、城乡融合，创新提供更有个性、更加细分的旅游产品，构建既有“颜值”又有“气质”的文化旅游产业体系。

（三）培育消费热点

深入实施“文旅创新升级工程”，紧紧围绕银川文化城特色街区等一批新热点，打造文旅新业态，优化拓展产业链，全力打造宁夏文旅产业高质量发展“增长极”。稳步推进“消费需求促进年”活动，开展好国家文化和旅游消费示范（试点）城市、夜间文旅消费集聚区创建工作，集中8个月时间，持续实施“百城百区”金融支持文化和旅游消费行动，不断释放文旅市场消费潜力。

（四）着力宣传推广

着力构建主流媒体、新兴媒体、自媒体等相结合的“宁夏二十一景”宣传营销体系，举办中国（宁夏）国际葡萄酒文化旅游博览会、“青春漠漠搭旅游季”系列活动、星空旅游大会等节会活动，着力提升升级版“宁夏二十一景”的知名度和吸引力，引导社会各界认识宁夏之变、发现宁夏之美、领略宁夏之秀。继续开展“一市一品牌”“一县一节庆”文旅宣传活动，实施宁夏重点客源市场营销、“百城百站”、“两晒一促”等系列宣传推介活动。

（五）加强项目带动

坚持项目化推进，积极谋划一批带动性强的支撑项目，确保景区重点文旅项目建设不断档、不掉线，以项目建设推动“宁夏二十一景”创新发展。持续深化与文旅头部企业合作，定期在京津冀、长三角、粤港澳大湾区等地举办文化旅游产业投融资大会和产业项目对接活动，着力引进一批文化旅游产业融合发展重大项目和新业态项目，培育创建一批国家级文化产业园区和自治区级文化产业示范基地，增强产业发展动力。

（六）提升服务质量

加快公共服务设施建设，全面提升旅游集散中心服务水平和高速公路服务区旅游功能。推进黄河、贺兰山东麓风景道和长城、长征文化旅游步道建设。发展智慧文旅，加快文化场所、旅游集散与服务中心、景区等数字化、智能化改造升级，构建完善宁夏文化旅游数据库，提升文化旅游智慧应用水平。

五、宁夏旅游业发展建议

当前旅游市场由观光游向休闲游转变，旅行成为人们的重要生活方式，“出行是刚性，出游是弹性”让人们不再考虑走不走的问题，而是要去哪里的问题。多重、多维、连续性的数据也表明，旅游经济已不可逆转地从萧条走向复苏，我们有理由对2024年旅游经济持积极乐观预期，特别是随着文化、艺术、科技等创业创新动能积聚，以及更多利好政策效应的叠加释放。此外，在看到旅游经济持续向好的同时，也应当积极做好旅游市场趋势变化和分析研判。一方面三年疫情使旅游消费方式和供给方式不断被重塑，个性化、品质化和多样性消费特征更加明显，旅游消费已从目的地概念走向目的地、客源地并重，行前、行中和游后贯通的新格局，必须要把创新摆在首要位置，推动更多基础设施和公共服务进入旅游业，优化提升旅游全产业链条。另一方面对比全国数据分析，旅游收入增长速度总体上慢于出游人次。以宁夏为例，随着各类促消费政策效益叠加释放，对旅游消费水平提高发挥了明显带动作用。但从长远看，必须要做好短期政策刺激和长期产业升级的结合文章，紧盯游客结构划分，抓好市场细分，推出更加符合消费偏好和支付能力的产品。

一是宁夏几乎涵盖了除海洋相关的所有文化旅游资源类型，地形地貌差异性大，在空间上呈串珠状分布，且葡萄酒、枸杞等优质特色产品市场认可度逐年提升，适宜在做好市场细分的基础上打造年轻消费群体喜爱的野奢旅游、动感旅游、度假旅游等定制化产品，开发沙漠越野、酒庄休闲等个性化服务项目，从而带动提升文化旅游产业发展。

二是在推动招商引资过程中，由于不同地区之间的差异，容易造成供需不对等、信息不对称等问题。建议文旅部相关司局搭建文化旅游产业发展服务平台，便于我们与各兄弟省区之间、与文旅头部企业之间开展更加丰富、更高质量的合作。

2023年宁夏文化和旅游产业数字化发展研究报告

周丽雯

2023年宁夏第一季度生成式人工智能（AIGC）异军突起，成为最热门的数字内容生成领域。同时人工智能、5G、元宇宙、区块链等信息技术持续带动产业数字化转型，数字经济成为我国经济创新发展的“新动力”。伴随技术革新，文化和旅游行业迎来高质量发展，数字化转型驱动生产方式、生活方式和治理方式变革，推动众多产业迈向科技创新驱动和集约型增长的新阶段，为文旅产业数字化带来新气象。

一、宁夏文旅产业数字化发展现状

国家“十四五”规划纲要明确指出“以数字化转型整体驱动生产方式、生活方式和治理方式变革”。近年来，宁夏文化和旅游行业数字化发展围绕黄河流域生态保护和高质量发展先行区建设，大力发展数字技术在文化事业、文化产业与旅游业广泛深入应用。以数字化手段助推宁夏文旅融合高质量发展，促进数字经济与文旅产业的深度融合，有助于弥补文旅领域的短板和弱项。按照自治区第十三次党代会部署和2023年政府工作报告要求，推动实施“1244+N”行动计划建设数字宁夏。围绕数字建设实施“四化”工程，包含数字产业化、产业数字化、数字化政务、数字化社会4个

作者简介 周丽雯，宁夏职业技术学院艺术设计学院讲师，工艺美术师。

方面。预计在2023年数字信息产业产值达到850亿元，GDP中数字经济所占比重达到36%左右（力争到2027年达到40%以上）。[①]在《宁夏文化大数据体系建设实施方案》中，提出了到2035年，宁夏文化数字化生产力明显增强，文化数字化内容供给能力不断提升，数字化文化消费潜力充分激发的战略目标。2023年度政府工作报告强调，要着力实施数字化社会工程，加快环保、交通、金融、文化等领域数字化转型。并提出在“互联网+宁夏”提质增效全面升级的全面部署下，加快推动“互联网+教育、医疗、市政建设”等方针。2023年6月，宁夏举行“数字文旅发展论坛”，蚂蚁集团数字科技事业群、支付宝文旅行业相关部门、腾讯文旅事业部、北京七维视觉科技等公司出席，共同探讨宁夏文旅产业数字化发展的未来方向，开展省区级文旅平台数字化合作，对元宇宙时代的数动文旅等方面建设进行了分享。同年10月，宁夏元宇宙数字文旅营销服务平台正式发布，这一活动为推动文旅元宇宙应用落地，文旅产业与数字经济深度融合发展搭建平台。

二、宁夏文旅数字化建设阶段性成果

宁夏在文旅数字化建设层面，对发展“六新六特六优”产业融合路径进行全方位覆盖。数字经济刺激文旅产业需求侧、场域侧和供给侧相互促进发展变革。从文化旅游到电子商务、会展博览，从游客到旅游经营者、数字化供应商、投资管理机构、各级政府相关部门，调动文旅数字化建设者的共创参与使宁夏文旅数字化取得了显著的阶段性成果。

（一）挖掘新型文化业态

1. 打造沉浸式文娱体验

宁夏传统文化产业加速转型，打造沉浸式演艺小镇、红色革命旅游区，推出沉浸式实景演出，建设虚拟数字演播室、虚拟主播，打造数字剧场，拓展演出经营场所。线上演播、沉浸式旅游演艺等新型文化业态为文化娱乐消费带来广阔空间。文艺工作者、非物质文化遗产传承人等文化从业者

①《数字宁夏“1244+N”行动计划实施方案》，2023年3月。

能够利用新媒体平台进行宣传推广，开展形式各样的线上线下展演活动，丰富线上演播业态，利用网络直播吸引流量、扩大受众范围。

2. 数字化赋能文化传播

通过“数字化+展览”的新型数字文化业态模式，结合“云+”互联网业态，开发“云交流”“云演艺”“云观影”，应用数字人文技术对传统文化业态进行记录、保护、创新、传承、传播。文物保护机构和文化遗产单位加强与新媒体平台、数字文化企业协作管理，建立数字博物馆、智慧图书馆等数字化转型成果。

3. 率先开放文旅元宇宙入口

为了提高旅游资源整合效率，构建全新的数字旅游生态系统，2023 年 10 月宁夏回族自治区文化和旅游厅联合多部门推出“宁夏二十一景”元宇宙数字文旅营销服务平台——“元游宁夏”。推动文旅元宇宙应用落地，是加速推进宁夏文旅产业数字化进程的重要举措。“元游宁夏”是以“宁夏二十一景”优势文旅资源为核心，提供元主角、数字藏品、社交、电子商务、大数据、公共服务等虚拟体验项目。通过元宇宙创建的虚实互动空间和沉浸式体验向广大游客提供了全新的出游方式和数字文化消费模式。

（二）科技创新推动数字化建设

1. 建设宁夏黄河文化数据库

《关于推进宁夏文旅产业向数字化转型的提案》中提到：积极推动数字经济发展的“新基建建设”，是未来文旅与科技的嫁接的发展方向。宁夏境内的文化遗产资源丰富，宁夏正在实施推进黄河数字云平台建设，对黄河数字资源进行采集，通过三维数字测绘、数字档案建设等工作，梳理数字文化资源，建设宁夏黄河文化数据库。

2. 加强黄河宁夏段文化遗产数字化保护

加强对文化遗产的数字化保护力度，健全数字遗产保护体系。对于水利工程的修缮和保护也在持续进行中。宁夏境内的水洞沟国家考古遗址公园、引黄古灌区世界灌溉工程遗产公园、灵武恐龙文化遗址公园等一批黄河文化展示项目正实施建设。通过建设黄河水文化遗产展示项目，对黄河流域文化遗产数字化的文物、展览进行加工，弘扬新时代水利精神、黄河精神，从而使公众近距离、多角度地体验展览、欣赏文物，丰富大众的观赏体验。通过对建设黄河水文化遗产文物文本进行数据信息采集，完成数字化建模。

3. 推动数字孪生水利建设

宁夏回族自治区水利厅启动了黄河支流段清水河数字孪生流域建设项目，建设内容主要包括清水河流域外业数据采集、数字化场景构建开发及展示平台建设。通过云计算、大数据和虚拟技术，利用3D打印技术、点云技术进行高分辨率渲染，结合地理信息系统（GIS）、增强现实（AR）、虚拟现实（VR）建立三维数字化档案。初步搭建完成清水河流域数字化场景、雨水情监测数据，初步实现数字化映射。

（三）促进数字文博动态保护

1. 数字技术赋能历史文化遗产保护

数字技术作为文物保护的重要技术方法，使文物、古籍、书画等通过数字化的手段在互联网平台展出，是一种活化的动态保护与利用。在《宁夏回族自治区文化和旅游厅关于贯彻落实国家文化数字化战略的实施方案》中明确到“十四五”时期末，基本贯通宁夏重点文化机构和文化资源数据，促进文化机构数字化转型升级，文化数字化产业达到一定规模。完成国家级重点文物保护单位文化资源数据库和国家文化专网宁夏段及服务平台建设。截至目前，宁夏已完成461套馆藏革命文物、全区10处革命遗址的数据采集，文化专网数据平台网络专线安装，国家级代表性传承人记录、文物资源全景三维制作等工作。宁夏固原博物馆推出线上主题数字虚拟博物馆，在网络端数字展厅展出“千年固原，丝路华章”主题展览，跨时空、跨区域传播宁夏文化。

2. 数字技术赋能非遗传承活态保护

宁夏多地区创建“数字非遗博物馆”。宁夏平罗县数字化非遗文化展馆将国家级非物质文化遗产项目民间器乐泥哇呜利用全息投影的触摸互动展示方式呈现。该馆在传统民间器乐的展览展示中，采用互动软件编码，数字建模的方式将传统器乐泥哇呜及其音律数字化，通过声音、光线、影像的方式呈现。触摸数字成像的泥哇呜，能够吹奏出不同风格的民歌乐曲。

观展者在了解泥哇呜演奏技艺的同时也亲身参与到音律的创作之中，获得多重感官互动体验。此外，展馆内还通过数字音乐的方式展示了宁夏国家级非物质文化遗产项目北武当寺庙音乐，将传统宗教音乐用科技手段进行数字化转译，让传统音律走出寺庙被更多的人听见。

（四）打造地域文化旅游 IP

自宁夏启动“神奇宁夏·星星故乡”数字文旅项目，以打造文旅 IP 孵化为重点，发力数字化文旅新赛道。围绕“星星故乡”数字文旅 IP，推出主题旅游产品体系。上线“宁小漠”动漫文旅 IP 拓宽文化推介场景，辐射从儿童到青年等“Z 世代”受众群体。强化文化对旅游的内容支撑、价值创造，挖掘地域文化内涵，从“塞上江南·神奇宁夏”到“星星故乡”。宁夏围绕“大西北”文旅标签，以宿星星故乡、览沙漠奇观的视角，推出“星空游”主题 IP，打造数字文旅项目。构建“1+1+N”模式的数字文旅运营模式，包含一个宁夏旅游官方旗舰店，一个宁夏目的地小程序，链接多个宁夏旅游主题产品体系，实现多端触达。此外，对接飞猪旅行平台，为游客提供出行前、中、后的全流程服务。在小程序中覆盖特色线路游玩攻略、文创商品的展示销售、观星动态等功能，全年获得线上引流 3090.7 万人次，消费金额达 5.52 亿元。项目聚焦青年消费者的服务需求和旅行体验痒点，开展网红大咖线上宣传，KOL 直播带货，单次直播单品累计销售 4800 余单，实现超 1900 万元的销售额。另外，通过活动引爆的组合拳，突出西部地区旅游资源差异化特色，释放“文旅融合+”品牌效应，举办天文现象直播活动，对特殊天象日进行直播 13 场次，通过 40 余家平台进行同步直播，观看量超 4.22 亿人次。①

三、宁夏文旅产业数字化发展的对策与建议

从整体来看，宁夏文旅产业数字化仍处于产业价值链的爬坡阶段，群众对文化产品和旅游服务的消费需求层次处于全面提升状态。文化和旅游

①《数字化手段助推宁夏文旅融合高质量发展》，宁夏回族自治区文化和旅游厅网站，2023 年 2 月 8 日，https://whhlyt.nx.gov.cn/xxfb/wlyw/202302/t20230208_3949081.html。

产业的数字化转型不只变革了服务模式和场景，同时也深度改变了游客的行为和认知。以大数据为支撑的数字服务与消费者的市场反馈呈现正相关。构建以数字技术为支撑，高效普惠的数字文化服务体系，释放文化消费潜力，是文旅产业向信息化、智慧化发展的必然选择。

（一）开发新媒介，拓宽数字文化消费市场

回顾2022—2023年，宁夏回族自治区文化和旅游厅联合有关部门共同举办“文化进万家——视频直播家乡年”“宁夏非遗购物节”“在宁夏·非遗过大年”等文旅系列网络活动。应用数字人文技术，借助短视频、直播等自媒体平台，统筹宁夏地区非物质文化遗产传承人在网络空间展开丰富的非物质文化遗产传承实践。话题播放量达276万，其中抖音话题播放量为262.4万，快手话题播放量为13.6万。在银川市举办的“非遗夜市”活动通过抖音App开展“非遗云集市”在线直播通道，在直播间内由非遗传承人担任主播，推广介绍非遗作品，在线展示非遗技艺，活动7天带动综合消费536.7万元。春节期间，各级部门也采用“非遗+直播+短视频”的互动形式开展文化推广活动，通过“云端”打破时空限制，将春官词、社火、秧歌、花儿、游九曲、秦腔、皮影等声色兼具的技艺动态展示出来。并通过直播渠道打开市场，展示展销宁夏手抓羊肉、油香馓子、中宁蒿子面、黄渠桥爆炒羊羔肉、隆德暖锅、八宝茶制作技艺等国家级和省区级非遗美食类项目，在视觉和味蕾上呈现年俗文化多感官互动，带动数字文化消费增长。

（二）提升数字文化生产力

1. 推进“数字文化园”建设

为进一步激发宁夏数字文化消费活力，提升数字文化生产力，预计到2035年，建成国家文化大数据体系宁夏区域中心，促使宁夏文化数字化产业达到一定规模，刺激数字化文化消费潜力，建成一定数量的文化体验园、文化体验馆等数字化文化空间，提升公共文化数字化服务水平。计划在2021—2025年，打造建成国家级文化生态保护区，将区市县级文化馆设立展览展示厅由18间增加至28间，将自治区级非遗传承基地（工坊）由原有的98家增至150家。形成线上线下立体覆盖的文化服务供给体系。

2. 推进“数字民政”建设

打造“区块链+人社”试点，改造升级智慧社群，打造智慧养老、智慧救助等公共文化服务供给。使数字化技术服务产业、服务民生政务工程。

（三）挖掘数字文化消费新场景

目前，元宇宙文旅体验项目、虚拟演唱会、虚拟导游等数字场景的开发为数字文化消费开辟了新场景，消费模式从传统的实体经济迭代为数字商品，更多的消费场景被挖掘为促进数字文化消费提供更多可能性。

1. 沉浸式农商带货

AR 购物、沉浸式在线体验等场景化数字消费模式发展势头迅猛，消费创新支撑力强劲，乡村特色文化产品消费潜能被充分拓展。比如近期发起的新农人计划，引进和培育电商直播团队进行乡村文化资源展示，通过“电商带货+线下实景+线上 VR 展厅”的模式形成具有新兴数字经济特色的展销渠道，形成“产业集群+特色园区+文旅品牌”的产业生态。

2. 虚拟艺术展

“元游宁夏”推出元宇宙书画展，创造出虚拟艺术空间，将传统媒介的书画作品用虚拟现实技术进行转换，展示在电脑端和手机端，未来还将推出数字藏品，更好地提升文化产品附加值。

3. 关注消费群体需求

数字文化体验一方面提供了沉浸式、体验式的互动空间，另一方面收集市场数据也利于及时掌握消费市场变化风向，对数据的获取、整合、应用能力是文旅产业数字化的根本逻辑。挖掘数字文化的发展还需要聚焦用户需求，关注“Z 世代”群体、新中产群体、银发群体的消费潜能，形成以游客为中心的游前、游中、游后的全场景式文化消费链。

因此，构建以文化创意引领、科技创新主导、提供沉浸式旅行体验、借助元宇宙入口延伸的文化品牌战略，以此提升文化产品附加值，扩大消费市场，培养宁夏数字文化消费新增长极，带动旅游产业上下游联动。

文化传承篇

WENHUA CHUANCHENG PIAN

推动黄河文化现代转型
讲好新时代宁夏黄河故事

黄浩宇

黄河是中华民族的母亲河，被誉为“百川之首”“四渎之宗”。在中华文明体系和中华民族的形成过程中，黄河文化具有的源头性和根基性是凝聚中华民族的精神力量，至今依然具有极为重要的时代价值。宁夏位于黄河中上游，整个区域都在黄河流域之内，不仅享有悠久的历史和璀璨的文化，而且和黄河文化的时代精神、人文精神一脉相承又与时俱进。在新时代传承和弘扬黄河文化，深入研究黄河流域宁夏段文化的时代价值和人文精神，并推动黄河文化的现代转型，对新时代宁夏建设黄河流域生态保护和高质量发展先行区具有一定的现实意义。

一、黄河文化的传统特征

逐水而居是人类最基本的生存方式，人类文明前进的每一步，都离不开河流的哺育。黄河塑造了中华民族的民族性格，中华儿女自强不息、坚韧不拔、勇往直前，保障了中华优秀传统文化的稳定性和连续性。黄河文化的传统特征主要集中体现在农耕性、稳定性和政治组织性三个层面。

（一）农耕性

农业是文明之母，极大促进了人类文明的进步。黄河流域为中华民族

作者简介　黄浩宇，宁夏民族艺术研究所资料档案部主任，副研究馆员。

孕育了灿烂辉煌的农耕文明。黄河流域农业的起源，奠定了中华民族农耕文明的基础。

我国是世界上重要的农业起源地。绵延万里、奔流不息的黄河，自古以来就是人类繁衍的沃土和文明的孕育之地。《孟子·滕文公上》曾记载，黄河流域“草木畅茂，禽兽繁殖”。据相关资料，黄河流域是最早栽培粟和黍的地方。春秋到汉代时，黄河流域的农作物已有“五谷”之说。在中国古代主要粮食作物中，粟和黍一直占据着重要地位，至今仍有“南稻北粟”之说。

（二）稳定性

黄河哺育了黄河流域的先民，吸纳、融合了各地区的文明精华，形成了仰韶文化、齐家文化、龙山文化等，成为早期中华文明的重要组成部分。夏商时期，黄河流域已经确立了以旱作农业为主的多品种农业种植制度，增强了抵御自然灾害的能力。中原腹地王权神圣化、社会礼制化及与祖先崇拜的融合，社会凝聚更为稳定。夏商时期以来，传承有序的表意文字，突破了时空限制，远距离、长时段地传递知识和信息，跨时空赓续文明基因，深刻影响着中华民族的民族性格。大一统观念更是深入人心，入主中原、一统江山，不仅是所有统治阶层的政治抱负，也是每一个中华儿女的共同愿望，正所谓“天下兴亡，匹夫有责”。这些现象共同塑造了黄河文化一脉相承的稳定性。

黄河文化的稳定性是维系中华文明连续性的内在品格，多维度传承弘扬黄河文化，延续历史文脉和民族根脉，才能为建设中华民族现代文明提供历史智慧和文化力量。

（三）政治组织性

据考证，在4000多年以前，黄河流域已经聚居着许多血缘氏族和部落，黄河流域成为中华民族的摇篮。随后，夏在黄河流域立国，成为我国历史上第一个奴隶制国家。中华文明通过价值认同超越民族差别和地域界限，最明显的例子就是“中国”概念的确立。“中国”二字的最早记载，可以追溯到西周早期的何尊青铜器铭文，而“中”字的甲骨文体之一是一面旗帜插在城邑口的核心地带，形象地展示出一种四方对应中央的空间概念。此外，中国的代名词“华夏”，最初见于《尚书·周书·武成》：“华夏蛮貊，罔不率俾。”意思是说中原和边远地区的民族，都对周武王表示顺从。

西安、洛阳、开封等古都，兰州、银川、包头、呼和浩特和太原等重要城市均在黄河流域。中国大部分朝代无不是在黄河水系辐射的区域，上演着兴亡交替。可见，长期以来，黄河流域一直是中国政治、经济、文化的中心。在经济发展、社会结构和中华民族共同体层面，具有坚强有力的政治组织性。

二、黄河文化的现代转型

黄河在不同的历史阶段扮演着不同的角色，黄河文化也在历史变革中不断丰富。在新时代中国特色社会主义文化建设中，黄河文化应担起守正创新的责任。

（一）文化传承给予现代转型根基

一方面，黄河文化的时代价值体现在守正。另一方面，黄河文化的现代转型在于创新。黄河文化是活的，即其动态性在形态上旨在说明，社会现象和民族精神是在实践中不断塑造形成的，同时，在时态上强调传承和创新。这就要求我们在传承、弘扬、保护黄河文化时，用联系发展的方式把他者和自我进行比对参照，获得客观的自我评价并便于取长补短，长期发展。这也需要我们用历史的眼光借助认识过去来确立现在，并通过发展现在来决定未来。中华文化的连续性和传承性是黄河文化现代转型的根基。

（二）发掘黄河文化的时代价值

1. 传承黄河文化，助力高质量发展

宁夏是黄河上游重要生态屏障，在黄河流域宁夏段文化建设中具有不可替代的地位和作用。随着工业化、城镇化进程不断加快，生态环境保护形势日益严峻，经济社会发展与资源环境束缚矛盾凸显。当前，黄河流域生态保护和高质量发展上升为国家战略，黄河文化作为宁夏生态环境建设的一大优势，也是宁夏文化建设的核心内容，丰富“天下黄河富宁夏”的精神内涵、“塞上江南”的独特风貌和践行绿色发展理念，对推进生态文

明建设、推动区域协调发展，打造沿黄生态经济带、推动高质量发展具有重要意义。

2. 弘扬黄河文化，增强文化自信

在国家实施“一带一路”倡议和“生态优先、绿色发展”道路的背景下，宁夏面临着重大机遇。在新时代，弘扬黄河文化，可以促进各民族交往交流交融，增强各族人民对中华民族的认同和对伟大祖国的认同；可以增强文化自信和民族自豪感；可以为实现中华民族伟大复兴提供精神支撑；可以为加强中外交流合作、增进民心相通搭建桥梁纽带。

3. 保护黄河文化，促进生态文明建设

习近平总书记多次强调，“绿水青山就是金山银山”，“像保护眼睛一样保护生态环境，像对待生命一样对待生态环境”。深入挖掘黄河文化蕴含的生态智慧，充分利用宁夏得天独厚的资源禀赋和文化优势，将生态文明理念融入宁夏经济社会发展各个方面，让良好的生态环境成为人民生活质量的增长点、经济社会持续健康发展的支撑点。

三、讲好新时代宁夏黄河文化现代转型故事的路径

深入挖掘黄河文化蕴含的时代价值，不断推出契合时代精神的文化产品，才能促进黄河流域文化产业现代化发展，推动黄河文化现代转型，讲好新时代宁夏黄河文化现代转型故事。我们应该古为今用、推陈出新，建立沟通历史与现实、拉近传统与现代的黄河文化体系。建立跨学科、交叉型、多元化创新平台，有助于对黄河文化进行整体研究、系统梳理和创造性解释，为人类文明新形态的实践提供有力的理论支撑。

（一）以黄河文化为根脉，建设宁夏特色的生态文化旅游品牌

黄河文化是中华文明的根脉，宁夏的地域文化属于黄河文化，挖掘宁夏的地域文化，传承宁夏的历史文化，讲好新时代黄河文化现代转型故事，建设宁夏特色的生态文化旅游品牌是促进黄河流域生态保护和高质量发展先行区，建设美丽新宁夏、共圆伟大中国梦的重要路径。

宁夏印发《“宁夏二十一景”创新升级工程三年行动方案（2023—2025年）》，将重点打造升级版的“宁夏二十一景”，促进文化旅游产业高质量发

展，助力黄河流域生态保护和高质量发展先行区建设。在文化培根铸魂方面，将以文化引领景区发展，把“宁夏二十一景”蕴含的历史文化价值、时代精神用直观生动的方式表现出来，融入更多文创元素，提升旅游景区的生命力和感召力。

一是依托丰富的历史文化资源，发展具有宁夏特色的生态旅游经济，培育宁夏文化旅游品牌。通过举办文化旅游节庆活动，培育有竞争力的旅游商品，开发以黄河文化为主题的研学旅游产品，建设以银川、石嘴山、吴忠为中心的黄河生态文化旅游区，打造“宁夏之旅”和“黄河之旅”两条精品线路，培育宁夏旅游品牌。

二是以黄河文化为基础，打造“黄河·长城·戈壁·沙漠·绿洲”国家生态旅游示范区。以银川为中心，串联贺兰山、六盘山、沙坡头等多个景区景点，建设“黄河·长城·戈壁·沙漠·绿洲”国家生态旅游示范区。

三是以黄河文化为根脉，打造“塞上江南·绿色宁夏”品牌。开发以“塞上江南·绿色宁夏”为主题的文化旅游产品，挖掘黄河文化的内涵，讲好宁夏故事，通过黄河文化展示宁夏的历史和现状，促进生态文明建设。通过挖掘黄河文化内涵，传承历史文脉，在保护中发展，在发展中保护。

（二）以黄河文化为主题，加强黄河流域生态保护和高质量发展

以“黄河流域生态保护和高质量发展”为主题，通过整合黄河沿线的历史文化、红色文化、民俗文化和绿色生态资源，将黄河文化作为宁夏文化旅游宣传的重要载体。

对于宁夏而言，黄土高原特殊的地理环境与水土流失一直是最大的特色与负担，持续推进生态环境综合治理依然是长久之计，更是治本之策。伴随城镇化推进，乡村地区人口逐步减少，通过更大范围的退耕还林、退耕还草，持续加大力度进行更大范围的植树造林、种草护坡、高质量建设淤地坝等行之有效的系统性措施，减轻水土流失、改善黄土高原生态环境是必须始终坚持、不断推进的重大生态保护任务。

一是立足黄河流域历史发展脉络和特点，全面梳理宁夏在中华文明传承中的历史地位和价值，系统阐述宁夏在黄河流域生态保护和高质量发展中的历史贡献。同时，借助宁夏在黄河文化保护传承利用方面的先行先试，将其作为推动黄河文化现代转型发展、彰显宁夏特色的重要途径，并结合宁夏文化旅游资源特色、旅游产品开发和旅游市场开拓，将黄河文化作为宁夏文化旅游宣传的重要载体。

二是以黄河流域文化遗产为脉络，以自然生态、历史人文为脉络，通过对宁夏文物古迹、革命旧址、名人故居等资源进行深入挖掘，系统梳理宁夏在黄河流域生态保护和高质量发展中的历史贡献。同时，推动黄河文化现代转型发展，借助宁夏在黄河流域生态保护和高质量发展中的先行先试，将其与国家“黄河文化”顶层设计、区域发展战略、国家乡村振兴战略等有机结合，形成一批可复制、可推广的宁夏品牌。

三是结合黄河流域生态保护和高质量发展的时代要求，系统梳理宁夏在生态文明建设、文化遗产保护、经济社会发展等方面的实践与成效，并将其与黄河流域生态保护和高质量发展战略有机结合，形成具有鲜明时代特征的宁夏品牌。

（三）以黄河文化为纽带，推动区域经济协同发展

黄河文化是中华文化的重要组成部分，在黄河流域历史发展中起着承上启下的作用。黄河文化是宁夏最具代表性、最有影响力的区域文化，是中华文明和中华民族的重要组成部分，也是中华文明源远流长的见证。

唐金培的《黄河文化保护传承弘扬体系构建路径探析》一文指出：“协同发展要有协同的目标、共享的权力、成熟的公民社会和顺畅的体制机制，以此为基础才能推进公共问题的协同治理。因此，要实现黄河流域的高质量发展，还需在完善法律法规、规范治理体系、培育社会资本、协同部门关系等方面下足功夫。”

一是挖掘黄河文化蕴含的时代价值。全面展示黄河历史文化、黄河自然生态、黄河流域发展等方面情况，讲好新时代宁夏故事，充分发挥黄河流域宁夏段对全国和世界的重要贡献和价值。充分发挥宁夏在“一带一路”倡议中的重要作用，讲好新时代宁夏故事，展示宁夏作为丝绸之路经济带的重要地位。

二是提升黄河文化的影响力。要大力弘扬黄河文化，并积极推动其现代转型，使之贯穿于经济社会发展全过程，通过多种方式和途径讲好新时代宁夏故事，并在传承弘扬保护黄河文化中找准坐标、把握方位、明确定位，不断增强文化自觉和文化自信，更好地肩负起新时代赋予宁夏的使命担当，为建设经济繁荣、民族团结、环境优美、人民富裕的美丽新宁夏提供强大精神动力。

三是培育黄河文化创意产业。积极打造具有宁夏特色的黄河文化创意产业集群，深入挖掘宁夏历史文化资源，用现代元素丰富宁夏黄河文化创意产品。积极推进黄河文化旅游、非遗传承、动漫游戏、数字媒体、创意设计、艺术品交易等产业的发展，将宁夏黄河文化与旅游业深度融合，促进宁夏黄河文化创意产业快速发展。

四、结语

总的来说，讲好新时代宁夏黄河文化现代转型故事，不仅要讲好黄河故事，还要讲好宁夏故事。以习近平总书记视察宁夏时提出的“两个更好”为目标，以传承、弘扬、保护黄河文化并推动其现代转型为抓手，促进黄河文化在宁夏繁荣发展。

在深挖黄河文化中蕴含的思想理念的基础上，丰富发展黄河文化内涵，打造具有鲜明地方特色和较强影响力的文化品牌，打造集生态观光、民俗体验、休闲娱乐于一体的文化旅游业态，以良好的生态环境为依托，发挥生态文化和农耕文化优势，讲好黄河故事，讲好宁夏故事，以更加开放包容、更加自信自强的姿态行进在新时代，为建设美丽新宁夏发挥良好作用。

宁夏文化生态保护区建设与非遗旅游化保护传承路径研究

汪克会　方汝仪

非物质文化遗产（以下简称“非遗”）是宁夏地域特色文化的核心组成部分，做好宁夏非遗保护与传承工作，是实现宁夏地域特色文化创造性转化、创新性发展的重要途径。通过建设文化生态保护区，大力推动宁夏非遗与旅游深度融合发展，不仅是宁夏非遗赋能旅游产业发展的重要手段，而且对于促进宁夏非遗系统性保护传承及旅游业高质量发展也具有重要意义。

一、建设文化生态保护区与非遗旅游化保护传承的关系

（一）自治区级文化生态保护区的概念

2021 年 12 月发布的《宁夏回族自治区级文化生态保护区管理暂行办法》（以下简称《办法》）将自治区级文化生态保护区界定为：以保护非物质文化遗产为核心，对历史文化积淀丰厚、存续状态良好，具有重要价值和鲜明特色的文化形态进行整体性保护，经自治区文化和旅游厅审核通过，并报请自治区人民政府同意设立的特定区域。

作者简介　汪克会，宁夏大学前沿交叉学院文化旅游研究中心副教授，硕士生导师；方汝仪，宁夏大学前沿交叉学院旅游管理专业 2022 级硕士研究生。

（二）与旅游融合发展是文化生态保护区建设的基本要求之一

在《办法》的建设与管理部分，明确提出自治区级文化生态保护区建设管理机构应当依托区域内独具特色的文化生态资源，开展文化观光游、文化体验游、文化休闲游等多种形式的旅游活动。2023 年 2 月，为深入贯彻落实中共中央办公厅、国务院办公厅印发的《关于进一步加强非物质文化遗产保护工作的意见》以及《“十四五”非物质文化遗产保护规划》要求，文化和旅游部印发了《关于推动非物质文化遗产与旅游深度融合发展的通知》（以下简称《通知》）。在《通知》提出的第 6 项重点任务“保护文化生态”中，鼓励文化生态保护区因地制宜与旅游融合发展，让传承人、村民、居民成为旅游的主要参与者和受益者。由此可见，让非遗所承载的文化价值融入现代旅游活动，具备合法性、正当性和合理性。通过市场力量和广大群众，在旅游发展中提高非遗保护传承的参与度，令其焕发新的生命力，是文化生态保护区建设的基本要求，也为文化生态保护区建设提供了政策保障和发展能量。

（三）非遗旅游化保护传承是文化生态保护区建设的重要抓手

非遗作为中华优秀传统文化的重要组成部分，其保护传承亟须探索创造性转化和创新性发展路径，而旅游业提供了最大的现实市场。非遗的深度开发利用，为旅游业的发展提供了更广阔的空间，同时旅游业的发展也成为非遗聚集资金、吸引人才、凝结项目、深化开发、推动保护传承的重要依托。非遗是文旅融合的重要接口，非遗旅游化保护传承就是要在保护传承过程中，注重将非遗转化成旅游产品或旅游服务的形态，与旅游业发展同频共振，充分释放非遗的文化、经济及社会价值。因此，非遗旅游化保护传承不仅是文化生态保护区建设的重要抓手，也使非遗能在现代社会以一种新的方式生存和发展。

二、宁夏文化生态保护区建设与非遗旅游化保护传承现状

（一）文化生态保护区建设现状

2022 年 11 月，经自治区人民政府审批同意，宁夏首批 5 个自治区级文化生态保护区正式设立。之后，各文化生态保护区建设负责单位陆续印

发了建设实施方案（2023—2025），并根据方案从2023年开展相关工作。其中，非遗与旅游融合发展的主要措施见表1。

表1 自治区级文化生态保护区概况

保护区名称	保护范围及面积	保护对象	非遗与旅游融合发展主要措施
固原市（六盘山地区）文化生态保护区	固原市4县1区，保护区面积为10541.4平方公里	以固原市（六盘山地区）非物质文化遗产保护为核心，对其得以孕育、发展的文化和自然生态环境进行整体性保护，突出地域和文化特色	在有效保护前提下，推动非物质文化遗产与旅游融合发展、高质量发展：1. 支持利用非物质文化遗产资源发展乡村旅游等业态；2. 支持非物质文化遗产有机融入景区、度假区，建设非物质文化遗产特色景区；3. 鼓励合理利用非物质文化遗产资源进行文艺创作和文创设计
盐池滩羊文化生态保护区	整个盐池县行政区域，保护区面积约8522.2平方公里	盐池县非物质文化遗产、自然遗产、文化空间以及人文环境	1. 以盐州古城历史文化旅游区为核心，围绕盐池滩羊，提升滩羊文化的地理标识价值和产业链现代化程度；2. 通过提升长城关民俗文化园、九曲民俗文化园、盐州民俗文化园、盐州古城业态水平，以文化创意产业、休闲旅游业等为突破口，实现自然遗产、非物质文化遗产、历史文化遗产等的整体性保护
黄河文化（银川）生态保护区	西夏区、金凤区、兴庆区、贺兰县、灵武市共8镇2乡9个街道，保护区面积约3380平方公里	保护好非物质文化遗产与物质文化以及与之相依存的文化空间，着力构建和谐共生的文化生态环境	1. 打造多元文化产业聚集载体，带动非遗等上下游资源联动发展；2. 搭建新型展示平台、壮大保护传承基地规模；3. 打造特色景区、创建文旅古村落、推进文旅融合发展
黄河流域中卫段文化生态保护区	沙坡头区、中宁县、海原县行政区域，保护区面积约1.7万平方公里	保护好已经认定、今后陆续认定的各级非物质文化遗产代表性项目和代表性传承人，以及重要的非物质文化遗产资源，同时也要保护好与之相关的物质文化遗产、自然遗产以及人文环境	1. 培育以非物质文化遗产、物质文化遗产、自然遗产及其保护利用的文化体验旅游、研学旅行和休闲旅游；2. 与重点区域保护建设相结合，打造一批特色文化旅游乡村；3. 充分发挥黄河流域中卫段各片区独具特色的地域文化优势，与红色文化叠加，打造中卫黄河文化与红色文化、自然生态深度融合的旅游目的地

续表

保护区名称	保护范围及面积	保护对象	非遗与旅游融合发展主要措施
平罗文化生态保护区	平罗县7镇6乡，保护面积约532.6平方公里	以非物质文化遗产和重要自然历史古迹保护为重点，对历史文化积淀深厚、存续状态良好、具有重要价值和鲜明特色的文化形态及其存续空间进行整体性保护，努力构建和谐共生的文化生态环境	1. 以加强自然历史遗存修复、促进文旅融合发展等方式，推进重要历史遗迹、自然生态遗存和重要文物系统化保护与合理开发利用；2. 通过自然生态修复治理、打造特色景区、创建文旅古村落、实施文化赋能乡村振兴等方式，串点成线，实现文化生态保护与产业协同发展有机融合；3. 提高文物活化水平，助力特色产业发展，培育“文化大县”产业动能

资料来源：根据5个自治区级文化生态保护区规划纲要及其2023年重点工作计划整理。

（二）非遗旅游化保护传承现状

目前，宁夏非遗旅游化保护传承主要以“非遗+旅游”和“旅游+非遗”两种模式为主。

“非遗+旅游”方面，一是重点支持15家自治区级非遗工坊和部分代表性非遗保护传承基地与旅游融合发展，开展旅游接待设施提升改造、产品研发、线上直播销售和展览交流等活动。二是大力推进全区非遗展示体验场馆建设，逐步提升非遗场馆旅游功能，促进场馆研发推广、互动体验、展示展演、宣传销售活力。

“旅游+非遗”方面，一是主要在全区4A级以上旅游景区、旅游小镇、旅游街区、乡村旅游点等场所融入合适的非遗项目，使非遗通过旅游激发其创造力和生命力。其中，漫葡小镇非遗街入选2022年“全国非遗与旅游融合发展优选项目名录”。二是在文化旅游节、美食节、音乐节等各类节庆活动中积极融入非遗元素，促进非遗的传播弘扬。而专门以非遗为核心吸引物开发为3A级旅游景区且运营良好的，仅有吴忠市利通区的强家老醋文化养生园。

三、宁夏文化生态保护区建设与非遗旅游化保护传承存在的问题

宁夏首批5个自治区级文化生态保护区2023年才开始建设，尚处于起

步和探索阶段，与旅游融合发展中面临的问题和非遗在旅游化保护传承中存在的问题是高度重叠的。

（一）非遗旅游化保护传承的理念有待加强

如前所述，宁夏目前在非遗旅游化保护传承中主要采用的“非遗+旅游”和“旅游+非遗”两种模式，都还停留在简单的“拼贴组合”阶段，并非从旅游开发的理念对非遗进行旅游化保护传承。比如非遗工坊和非遗保护传承基地，大部分仍以被动地听非遗传承人讲解和参观为主，与游客的深层次体验需求存在差距。再如“非遗进景区”，目前的主要方式还是在景区建设非遗展示或体验场馆，个别地方甚至存在流于形式的现象，未能有机结合景区自身的特色选择合适的非遗项目进行旅游开发。

（二）非遗旅游化保护传承与文化生态保护区建设关联度不够

经过多年的融合发展，宁夏非遗旅游已渐入佳境。但在实际工作中，往往只局限于对非遗名录中某一类别的项目进行旅游开发，而对与之相关联的其他类别的非遗项目、物质文化遗产和自然遗产等关注度不够。这不仅使非遗旅游化保护传承的模式较为单一，而且形成的旅游产品丰富程度和品位不高，旅游吸引力不强，同时也与文化生态保护区建设所要求的整体性保护有偏差。例如目前旅游化程度比较高的剪纸、葫芦烙画、麻编这三个非遗项目，相互之间缺乏必要的合作，未能充分发挥非遗项目的集群优势。

（三）非遗旅游化保护传承的数字化水平有待提高

随着近几年从国家战略层面一系列数字化相关政策的引领，当前非遗保护传承实践中与数字技术的结合越来越紧密，运用的数字化手段也越来越丰富。然而就宁夏而言，大部分非遗项目的数字化录制、数字化保存和数字化展示等只是满足了非遗保护工作的需要，无法直接在旅游开发中二次利用。比如，一些非遗项目数字化录制、数字化保存的最终成果往往是视频等音像资料，无法匹配数字化时代游客的沉浸式体验需求。而非遗场馆的数字化展示方式，大多仍以智能电子显示屏为主，难以提升游客的参与度和体验感。

四、宁夏文化生态保护区建设与非遗旅游化保护传承路径

（一）全方位加强非遗旅游化保护传承的理念

一是加强文化生态保护区各级非遗传承人与旅游行业的沟通合作，将旅游相关业务内容纳入非遗保护传承培训范围，帮助传承人了解旅游行业特点、政策法规、运营模式、游客需求等，提高通过旅游活动传承传播非遗的意识和能力。二是将非遗相关内容纳入旅游行业培训范围，帮助导游、讲解员、旅游经营者等了解非遗的文化内涵和价值，并将非遗转化成旅游服务或旅游产品的形态，真正让非遗赋能旅游产业的发展。三是政府相关部门应在部分非遗门类将非遗旅游化保护传承纳入非遗保护传承考核评估体系，并对在旅游化方面表现优异的非遗项目给予一定的资金补贴或奖励。

（二）将非遗旅游化保护传承作为文化生态保护区建设的重要抓手

文化生态保护区虽以保护非遗为核心，但其他相关的物质文化遗产、自然遗产等也不可或缺，它们共同形成了独具特色的当地文化形态，也是文化生态保护区整体性保护的目标。换言之，整体性保护不仅仅要关注非遗项目本身，更要对非遗项目传承、存续所依附的文化环境也进行保护，这也是激发非遗项目传承存续原动力的关键所在。因此，在文化生态保护区建设过程中，应通过非遗的旅游化保护传承，带动保护区内其他文化、自然资源的保护与发展。比如，盐池滩羊文化生态保护区的自治区级非遗项目“游九曲”，有效带动了盐州古城历史文化旅游区辐射 3 公里范围内的其他 A 级景区、博物馆、文化大院等公共文化服务场馆的良性发展，并成功衍生出九曲夜游、胡旋舞巡游演出等夜间旅游新业态。

（三）大力提高文化生态保护区建设和非遗旅游化保护传承的数字化水平

一是在保护区内遵循国家《非物质文化遗产数字化保护数字资源采集和著录》标准建设非遗档案和数据库，实现非遗立体化记录、全面化共享。具体而言，要以技术为支撑，制作视觉化、立体化和场景化的非遗数字档案，并通过权威平台建立全方位、可共享的非遗数据库。让数字技术扩大非遗的社会能见度，更为紧密地与现代生活接轨，转化出更具大众性的内

容，为非遗的活化传承不断注入活力，推动非遗传播突破时空和圈层化局限，成为大众共享的文化艺术内容资源，从而有效提高非遗数字资源的二次利用率。

二是在非遗项目旅游化保护传承过程中，要根据不同门类非遗项目的特点，借助 AI 数字生成技术、VR 激光技术、全息投影技术等先进的数字技术，量身定制数字化旅游场景，创造出沉浸式的视觉、听觉交互体验，以高质量的虚实共生体验推进非遗旅游数字化转型升级。比如通过线上交流互动与线下沉浸体验相结合，建设数字化非遗沉浸式体验馆，打造非遗旅游演艺产品等。

三是通过组织培训提高非遗传承人、从业者运用数字技术的能力。鼓励非遗传承人或从业者掌握先进数字技术手段，利用大数据分析，定制化生产满足游客创意期待的非遗文创产品。同时，能够充分利用新媒体平台，通过直播、短视频等形式进行非遗文化展示、展演，进一步扩大非遗文化在社会大众，尤其是年轻群体中的影响力。

文化传承与现代文明背景下宁夏非遗保护发展报告

李　勇

文化传承与现代文明既有融合又有冲突，积极发扬文化传统中优秀积极的部分，使之与中国特色社会主义文化相适应，能够得到更多的传承，也要看到冲突的地方不断改进、创新，更好地完善中国特色社会主义文化，对于坚定文化自信，建设中国特色社会主义文化强国具有重要意义。非物质文化遗产作为中华优秀传统文化传承的重要载体，凝聚着各族人民的智慧和创造，是广大人民群众从劳动和生活中延续的文化认同感和获得感，是各族人民群众的宝贵文化财富。党的十八大以来，以习近平同志为核心的党中央高度重视非物质文化遗产保护工作，从坚定文化自信、实现中华民族伟大复兴中国梦的全局和战略高度，作出一系列重大决策部署。非物质文化遗产保护事业在现代文明的背景下写下传承弘扬中华优秀传统文化的新时代篇章。

一、宁夏地区璀璨夺目的非遗资源

宁夏境内现有非遗资源 10 大类 5667 项，其中：传统技艺有贺兰砚制作技艺、二毛皮制作技艺、固原古建筑营造等；传统美术有宁夏剪纸、宁夏刺绣、葫芦烙画等；传统音乐有宁夏山花儿、宁夏民间器乐等；传统戏

作者简介　李勇，宁夏文化馆（自治区非遗中心）非遗保护部主任，馆员。

剧有秦腔、京剧、地摊戏等；传统舞蹈有黄羊钱鞭、舞龙、舞狮、小花灯舞等；曲艺有宁夏小曲、宣卷等；传统医药有张氏正骨疗法、陈氏医技十法、马氏济慈堂生育药剂制作技艺等；传统体育、游艺与杂技有踏脚、方棋、木球等；民俗有高台马社火、六盘山春官送福、同心莲花山青苗水会等。

名录体系建设情况成绩斐然。列入联合国教科文组织人类非物质文化遗产代表作名录1项（花儿）；列入国家级代表性项目名录28项（其中4个项目入选首批国家传统工艺振兴目录）；列入自治区级代表性项目名录224项，市级363项，县级450项；认定国家级代表性传承人22人，自治区级代表性传承人376人，市级488人，县级725人；命名国家级非物质文化遗产生产性保护示范基地1个，自治区级保护传承基地141个；全国职业院校民族文化传承与创新示范专业点2个，国家级非遗传承人群研培基地2个；建立非遗工坊15个；设立自治区级文化生态保护区5个；设立宁夏非物质文化遗产研究基地1个。

二、宁夏非遗保护实践成果和工作成效

非物质文化遗产是经过价值衡量并通过世代传承至今，依然活态传承的文化瑰宝。宁夏非遗保护工作开展十余年来坚持守正创新，深入挖掘非物质文化遗产蕴含的时代价值，从理论研究、政策法规、保护名录、人才队伍、传播推广、传承体验设施和数字化保护等体系门类不断深化，对非物质文化遗产进行系统性保护。在推动《中华人民共和国非物质文化遗产法》《宁夏非物质文化遗产保护条例》不断深入实践的同时，完善非遗工作法治化水平，不断修正健全具有代表性的非遗项目和传承人名录体系，有序开展文化和自然遗产日活动，将宁夏非遗保护实践成果落实到实处。

（一）积极申报国家非遗资金，为非遗保护提供有力支撑

宁夏地区共申报2024年度国家非物质文化遗产保护资金合计1812万元，资金申报范围涵盖宁夏多个项目，其中，“宁夏山花儿”作为唯一代表性项目推选进入联合国教科文组织人类非物质文化遗产。此外，20多个非遗项目，如民间器乐、剪纸、二毛皮制作技艺、宁夏刺绣、宁夏手工毯

织造技艺等被推选进入国家级非遗代表性项目。申报项目涵盖近百个支出事项，每个支出事项罗列了详细的经费预算。上述工作的开展，为提升宁夏地区国家级非遗代表性项目的基础工作、研究出版、保护传承、宣传传播等提供了坚实支撑和有力物质保障。

（二）完善非遗档案资料体系，提升保护基础工作水平

一是持续推进国家级传承人非遗记录保护工作。目前2020年度国家级非遗代表性传承人（梁尔墩、张庆明）记录工作已进入文化和旅游部验收阶段；2021年度国家级非遗代表性传承人（王德勤、丁跃成）记录工作已完成区内通查，等待文化和旅游部验收；2022年度国家级非遗代表性传承人（安宇歌、丁和平、卜文俊）记录工作已完成区内通查；2023年度国家级非遗代表性传承人（伏兆娥）记录工作正在实施过程中；宁夏手工毯织造技艺6位自治区级、市级、县级代表性传承人记录工作及宁夏民间器乐曲谱收集整理工作已顺利通过专家验收。二是注重非遗图文资料的整合、汇编、出版。开展《宁夏山花儿精选》《宁夏刺绣》《宁夏剪纸》宣传画册出版工作，完成宁夏手工毯工艺集锦画册编印工作，对散落民间的宁夏山花儿、刺绣、手工毯作品进行系统整理，对各级传承人图文资料进行全面梳理归纳。更进一步完善了国家级非遗代表性项目的档案资料内容，显著提升了非遗档案资料管理水平。

（三）深入开展调研研讨工作，提升非遗理论研究水平

第一，开展全区非遗复核评估工作，全区国家级、自治区级非遗代表性项目、代表性传承人，自治区级保护传承基地，国家级、自治区级非遗工坊开展了实地复核评估工作，并对第八批自治区级保护传承基地推荐申报单位进行实地评审，对全区非遗保护传承工作现状形成了更为直观深刻的认知。第二，与中国非遗研究院等相关专家学者，赴银川、吴忠、中卫三地，就黄河流域宁夏非遗会客厅展陈项目开展实地调研，了解各项非遗资源的特色价值，明确项目保护传承情况。第三，举办“雪域塞上 匠心弘扬”宁夏二毛皮制作技艺保护传承论坛，宁夏、西藏两地学者以二毛皮制作技艺等传统工艺在当代的传承发展实践为主题，围绕非遗的保护传承与发展、传统工艺在乡村振兴中起到的积极作用、推动传统工艺融入时代发展等话题展开讨论，对于推动二毛皮制作技艺等传统工艺类非遗项目实现创造性转化和创新性发展产生了积极影响。

（四）加强传承人群技能培训，推进非遗传承队伍建设

一是举办2023年“锦绣塞上”宁夏刺绣传承人群培训班、宁夏二毛皮制作技艺培训班。来自全区各市的众多非遗传承人、爱好者参加了培训活动。二是组织策划了“锦绣塞上”宁夏刺绣作品创意大赛。40多位宁夏刺绣传承人及爱好者通过个人代表作品展示、现场刺绣技艺展示两个环节的比拼，评出16名获奖选手。三是组织开展“宁夏剪纸·助力乡村振兴”宁夏剪纸田野调查活动。来自全区各市县的宁夏剪纸项目代表性传承人及非遗爱好者对全区多个红色旅游经典景区、红色革命教育基地及非遗保护传承基地进行了实地考察和现场剪纸创作，切磋剪纸技艺，交流剪纸融合创新路径。上述传承实践活动的举办，对于开拓传承人的创作思路、提升传承实践技能水平和审美能力、促进非遗资源的创造性转化和创新性发展有重要意义。

（五）策划实施非遗普及展示活动，助推非遗资源普惠传播

通过开展线上主题展示、拍摄非遗主题慕课及宣传片等方式，促进非遗资源的公众宣传：组织策划“玉兔迎春”兔年主题非遗作品线上展，以年节生肖文化带动非遗宣传；拍摄录制宁夏民间器乐传承实践教学片、宁夏手工毯织造技艺、二毛皮制作技艺线上普及课程，加深公众对非遗项目的认知和理解；精心制作宁夏手工毯织造技艺、宁夏刺绣、二毛皮制作技艺项目宣传片，以精妙的视觉语言、精美的文字解说向公众全方位展示传统工艺之魅力、匠心传承之情怀，提升非遗项目的社会知名度与影响力。

结合多种具体形式，开展非遗现场普及展示活动，让公众零距离感受宁夏非遗风采：策划开展“党建引领　非遗传承　文化共享”联合主题党日活动，邀请宁夏刺绣、皮影、农民画等国家级和自治区级非遗代表性项目及代表性传承人向机关单位职工进行了非遗讲解展示；开办第十八届中国西部民歌（花儿）歌会、2023年“文化和自然遗产日”宁夏主场活动，让非遗保护成果充分惠及百姓。

（六）加强对外非遗交流展示，擦亮宁夏非遗名片

一是开展春雨工程“不忘初心·情牵闽宁”宁夏非遗走进福建系列活动，组织宁夏山花儿、民间器乐、剪纸等项目代表性传承人赴福建省厦门市、福州市、宁德市三地开展非遗展演展示和交流研讨活动。二是实施“文化之美描绘美美与共·工匠之心雕琢心心相通”——春雨工程宁夏二毛皮赴西藏交流展示暨美丽新宁夏“宁夏二十一景”摄影作品展，组织4个国家级非遗项目、2个自治区级非遗项目及30余幅宁夏摄影作品赴西藏进行展示交流。三是开展国家非遗馆宁夏作品收藏征集工作，征集60多件非遗作品在中国非物质文化遗产馆展陈。上述活动的开展，增进了宁夏与其他省区中华优秀传统文化的交融互通，有助于提升宁夏非遗的创造性转化和创新性发展水平。

三、宁夏非遗保护工作存在的问题

（一）销售渠道狭窄，经营方式不足

非遗项目的传承虽然从“家庭式小作坊”逐渐向“保护传承基地”“非遗工坊”等平台空间转化，但仍存在创新意识不强、产品形式单一、社会参与不广、互动交流不多等问题，非遗特色街区、特色村落等规模化、集群化发展格局还未形成，市场化转化利用水平低。

（二）与现代审美之间有隔阂，缺乏适应性再设计

非遗文创研发、设计、包装等市场化研究推广仍处于探索阶段，专家人才匮乏，创意设计不高，难以契合市场需求；特别是缺乏凸显本地特色、艺术实用兼具的非遗产品和展示手段，难以满足群众个性化、差异性的非遗消费新体验、新需求。

（三）“非遗+”深度融合不足，品牌亮点少

非遗与旅游融合程度不高、融合层次不深，仍以表层融合为主，尚处于少数传统工艺类项目的展览、研学阶段。传统音乐、传统舞蹈、民俗、传统医药等非遗项目还未找到与旅游的最佳契合点，能够立得住、吸引力强的康养、演艺、体验等品牌项目还未打造成型。

四、宁夏非遗保护工作对策建议

（一）学习先进理念并提高审美，加强现代适应性及提高文化艺术修养

挖掘非遗时代价值，阐释精神内涵，增强各民族文化认同和文化自信，凝聚全面建设社会主义现代化美丽新宁夏的文化智慧和力量。树立“多元融合”理念。打破传统单一传承思维定式，用融入新时代、融入现代生活，融入群众审美情趣、融入市场经济、融入现代科技等理念探索非遗保护传承多元化发展路径。

（二）统筹各种文化和旅游资源，弘扬工匠精神，振兴传统工艺

宁夏的文化和旅游资源主要有黄河文化、红色文化、长城文化等等，有高山、峡谷、大漠、戈壁、森林、草原、丘陵、湿地等独特地质地貌，应把这些文化和旅游资源统筹利用到非遗传统工艺作品的设计元素中，以传统工艺表现方式来让人们接受。文化资源的一大特性就是非独占性，即文化资源是一种可供全人类共享的精神财富，是可供其他人进行文化再创造的资料，谁的借鉴、创新能力强，谁就能占有更多的文化资源。利用本地区特色文化资源的案例比比皆是。那么如何利用丰富的宁夏文化资源促进文化产业发展呢？首要就是技术支撑。技术支撑在非遗概念里就是技艺的娴熟与高超。简单的技艺高超而不注重自身民族的文化特征，不善于统筹本民族的文化资源难以在当代刺绣中印出自己的文化符号。现在全国的非遗传统工艺项目中，同质化现象严重，有一部作品往往会竭力模仿，导致其逐渐丧失自身的独特性。而开发具有本地文化元素的传统工艺作品应加以重视。有情怀、有信念、有态度地去开展传统工艺传承工作。做好一辈子只做这一件事，不放弃、不改变初心。

（三）拓宽销售渠道，丰富经营方式，打造非遗作品品牌

打造非遗主题游、非遗研学游、精品展览等经营方式，加强人民群众特别是青少年群体对中华文明多元化的认同和认知。通过各类活动策划、宣传和展销（如举办艺术品展销节、文化节、自然文化遗产日活动、非遗作品竞技展），拉近工艺美术品和大众生活的距离。推动手工艺美术作品的市场化发展，使传统手工艺美术品中蕴含的巨大人文价值和经济价值被现

代消费市场挖掘，让传统手工艺美术品的审美价值和实用价值在现代生活背景中得到充分的开发和利用。通过举办非遗主题系列活动，为传统工艺作品销售展示提供窗口，为非遗传承人交流合作搭建平台。同时，继续探索与实践，不断推进传统工艺创造性转化、创新性发展。政府部门着力打造高质量博览会、展销会、文化节，创造平台和机遇推进传统工艺的传承发展，新时代的非遗传承与发展讲求“传统活化、设计转化、生活美化”的文化生态发展。强调“政治性、艺术性、时代性、生活性、多样性”，打好“组合拳”，汇集全区非遗人的智慧和力量赛非遗、展非遗、演非遗、讲非遗、买非遗，着力打造推出一批吸引年轻人群体的宁夏非遗传统工艺精品力作、文创产品、衍生产品；邀请专业设计人才对产品进行形象提升，提高品牌影响力，提高传统工艺作品品牌辨识度。

中华民族具有百万年的人类史，一万年的文化史，五千多年的文明史，中国文化源远流长，中华文明博大精深。传承保护好非物质文化遗产，守护好中华民族的根与魂，才能更有效地推动中华优秀传统文化的创造性转化、创新性发展，迈向现代文明。

“宁夏二十一景”文旅深度融合发展面临的问题及对策建议

孙颖慧

文化是旅游的灵魂，旅游是文化的载体，文化日益成为支配旅游活动的精神支柱和旅游经济的重要引领。宁夏回族自治区第十三届人民代表大会提出，实施“文旅创新升级”工程，推动“提点连线结网”，重点打造贺兰公园、水洞遗址、远古岩画、六朝长城、千年灌渠、须弥石窟、丝路古道、西夏王陵、黄沙古渡、沙湖鸟国、鸣翠湿地、青铜长峡、沙坡鸣钟、大漠星空、火石丹霞、固原梯田、红色六盘、西部影城、宁夏酒堡、科创宁东、闽宁新貌等“宁夏二十一景”。“宁夏二十一景”承载历史人文内涵，既有宁夏“旧八景”“朔方八景”“新十景”等景观文化的影子，也有一批新的、有文化内涵的自然景观、人文景观和建设成就。当然，以文塑旅，以旅彰文，推进“宁夏二十一景”文化和旅游深度融合，还有一些问题需要引起重视、亟待解决。

一、“宁夏二十一景”文旅融合发展中面临的问题

（一）集聚发展、区域协调发展的能力较弱

1. 目前仍以景点旅游模式（规模较小）为主

宁夏已经被确定为全国首批全域旅游创建示范区，然而，目前依然以

作者简介　孙颖慧，宁夏社会科学院历史研究所编审。

景点旅游模式为主，各景区（点）之间缺乏有机联系，文旅资源开发与建设未形成组合优势，集聚发展能力比较弱。如六盘山国家森林公园的老龙潭、二龙河、野荷谷等，基本以自然景观为主，景区（点）多而小，缺乏集群优势；宁夏的葡萄酒庄园的旅游发展，基本还是一个多点零星散发的状态，产业整合能力不足，在总体和全局的规划上还有所欠缺。这种传统的、以抓点方式为特征的景点旅游模式，已经不能满足现代大旅游发展的需要。

2. 条块分割的管理机制制约旅游发展

有些旅游景区（点），分属于不同的管理部门，如海原的天都山石窟，这里是丝绸之路石窟道节点之一、3A 级景区，极具旅游发展潜力，却由于管理部门的不同，文旅开发在政策、投资、规划和管理上存在着不协调，不利于区域文旅资源的整合，更难推出具有组合优势的文旅产品，文旅管理部门难以从宏观上调控文旅的开发与发展。另外，沿黄河旅游带上的主要旅游景区（点），多头管理的现象更为突出，制约了文旅资源的开发与建设。①

（二）旅游基础设施与公共服务体系不够完善

1. 乘坐公交去旅游的体验感较差

目前宁夏现代化立体交通网络体系已经形成。但在调研中，我们发现，在旅游旺季，从泾源县、海原县的县城去往一些著名景点时，基本没有公交车通行；从中卫市区到沙坡头，虽然有公交车，但路牌标识不清。另外，有的景区内，如六盘山国家森林公园，进山的摆渡车辆少，返回景区大门的车辆更是难等，而且，没有专门的人行道，步行体验比较差，存在安全隐患；沙坡头景区内，交通也是不太方便，去时容易返回难。这类情况，不是个例，宁夏的许多景区（点）都存在这个问题。即便是在交通条件比较好的银川市，去往各大景区的城际公交站点，设置得比较分散且不够合理，有的在南门汽车站，有的在北门汽车站，而在银川火车站却没有相应

①李陇堂、周淑霞：《宁夏旅游业发展的现状、问题与对策研究》，《宁夏大学学报（自然科学版）》2004 年第 4 期。

的站点。对普通市民而言，若想坐公交去旅游，体验感很是一般。

2. 旅游标识体系不健全，旅游厕所等基础设施覆盖便捷程度不高

在调研中，我们关注了公厕、休闲驿站、慢行道、停车场等公共服务基础设施配套情况。我们发现，六盘山国家森林公园的工作人员服务态度比较差，路牌指示偏少，文化内涵也不足；中卫高庙，景点周围的旅游标识不清晰；镇北堡西部影城，停车很是不易，环境卫生比较差；在贺兰山滚钟口、拜寺口双塔以及海原天都山等景点，还在使用旱厕，卫生比较差；有一些景点，不知道什么原因，有公厕却“铁将军在把门”；很多景点，或多或少都存在着路牌偏少、指示牌不清晰等情况，人性化的服务设施比较少。

（三）文旅宣传推广工作还有待提升

1. 文旅宣传缺乏资源整合机制

我国的文旅业，基本上是政府主导型产业，旅游促销的责任一般由政府承担。[①]一些旅游企业缺乏对外宣传促销的实力，缺乏整合集群优势的机制，且各自为战，力量分散。对于景区（点）的宣传，基本以旅游公司、旅行社提供的旅游线路、游玩景点、游玩天数为主要内容，至于展现景区（点）历史文化传承的宣传，却比较少，存在重推介重形式、轻基础轻内容的情况。

2. 文旅宣传缺乏整体形象定位

旅游由于其不可储存、不可异地消费等特点，决定了旅游的实现形式首先是旅游主体对旅游地的感知。因此，旅游者在选择旅游目的地时，对旅游地的印象，往往就起到了决定性的作用。宁夏目前的文旅宣传，缺乏整体性、稳定性、创意性。提起对宁夏旅游的感知，旅游者一般只是记住了沙湖、沙坡头一些景点，缺乏对宁夏旅游整体的形象定位。

3. 文旅宣传的方式比较单一

目前宁夏旅游的宣传方式仍然以广告、会议、会展等传统模式为主，

---

①王晓华:《我们真正能够影响中国的是什么？——关于海南大旅游产业对外宣传促销的思考》,《今日海南》2007 年 1 月 15 日。

还未形成全面地建立在互联网基础之上的网络深度发展模式，尚未完全形成网络时代的宣传体系。

我们在灵武市调研时，许多当地人都不知道灵武还有国家地质公园。在市区、在乡村的调研中，我们随机询问民众，发现不知道“宁夏二十一景”的人占大多数，个别知道的，也仅仅是听说过，“宁夏二十一景”具体是什么？他们少有人能说出个一二三。

（四）文旅融合思路和转化方式单一，文化内涵不足

文化和旅游的融合，并不是各要素的简单叠加，而是各要素的渗透融合。随着文化和旅游部门职能合一，其文化要素和旅游要素的资源配置思维和运营管理思维方式，也要由“加法思维”，上升为“乘法思维”和“指数思维”。[①]

1. 文旅融合仍以单向融合为主

目前只是文化资源向旅游产品的单向转化，而且层次比较低，仍以传统的文化“搭台”、旅游“唱戏”为主要模式，对已开发文化资源的深入研究和提档升级，工作不够扎实，尚未意识到文化“登台”、旅游“升级”的重要性。[②]在调研中发现，固原丝路古道的萧关、六盘山景区，中卫的高庙，以及其他诸多景区（点），在介绍景点时，多介绍该景点的修建过程及简单的历史沿革，至于围绕该景点所发生的历史事件、人物及所呈现出的文化内涵，极少有能说出来的。就如在5000多年中华文明发展中所孕育的天下兴亡、匹夫有责的担当意识，精忠报国、振兴中华的爱国情怀，崇德向善、见贤思齐的社会风尚，孝悌忠信、礼义廉耻的荣辱观念，求同存异、和而不同的处世方法等中华优秀传统文化，还没能贯通其中、更好地表达出来。

2. 红色旅游资源开发不足

在近期出版的《中国红色旅游发展报告（2022）》中，宁夏排名31个省级行政单位（不含港澳台地区）红色旅游发展总指数的第31位。这个排

①②马健、王梦娇：《文旅融合发展中的问题与宁夏解决路径》，《团结》2022年第2期。

名应当引发我们深思。

宁夏红色资源丰富、遗址众多、历史悠久、文化厚重，有属于全国革命老区一类县的盐池、同心、彭阳，二类县的西吉，三类县的固原（原州区）、海原。单就全国革命老区三类县的海原县而言，目前有据可查的战斗遗址，就有10处之多，红军指挥部临时驻地遗址有8处，此外还有其他革命遗址3处。但是，目前仅有关桥堡会议遗址和贺家堡会议遗址有所开发。

另外，宁夏还有独一无二的红色资源：红军长征中翻越的最后一座高山——六盘山、红军长征中的最后一次会师——将台堡会师、我国最早建立的县级回族自治政权——豫海县回民自治政府等。但在调研中发现，红色人文与绿色生态融合度不高、观光游与体验游融合度不高、红色资源挖掘不够深入、红色景点相互联系不够密切、“文旅+”的内容少等等，依然是目前存在的主要问题。

二、推动“宁夏二十一景”文旅深度融合发展的建议

现代旅游业是融合一二三产业的综合性产业，关联产业达110多个，对餐饮、住宿、民航、铁路客运业的贡献率都超过80%。[①]旅游及相关产业分为11个大类、27个中类、67个小类，对应大旅游发展理念。可以说，现在的旅游业已经融合了社会的各个方面，不仅仅是需要文旅的融合，更是需要农旅融合、商旅融合、工旅融合等产业融合发展理念。因此，推动“宁夏二十一景”文旅深度融合发展，需要顶层设计、政策保障、资金保障等方面的大力支持。

（一）加大文旅业深度融合发展的宏观调控

1. 转变观念，加强顶层设计，构建大旅游管理体制

首先，要防止在文旅融合中换汤不换药、换牌子不换体制、换机构不换机制、换人不换理念。其次，根据国内和国际旅游市场发展的现状及时调整全区文旅发展总体规划，开展充分、深入的调查研究，总结已有经验，

①汪秀琼、梁肖梅、吴小节：《中国旅游上市公司多元化并购驱动机制研究——基于模糊集的定性比较分析》，《旅游学刊》2021年第1期。

研究融合发展新思路，制定体现融合发展、有前瞻性的发展规划和针对性政策[①]，防止简单模仿，千城一面、千村一面、千景一面等现象。再次，政府要加强对全区文旅资源开发建设的宏观指导作用，将文旅融合指标任务纳入考核，明确责任分工，加强考核督办。

2. 健全文旅业管理体制，对文旅企业进行体制改革

首先，要对旅游业管理体制进行改革，对目前旅游景区（点）多头管理的现象进行规范，由政府旅游行政管理部门进行统一管理，以保证宁夏旅游资源的可持续利用。其次，对旅游资源的开发及资本的进入引进竞争机制，允许民营、非公有制的加入，要对旅游企业特别是旅行社等进行体制改革，从而加快文化旅游业的融合发展。

（二）加强文旅固基工程，提升服务效能

在加快文旅深度融合的同时，必须健全旅游公共服务体系，这在很大程度上影响着文旅的深度融合发展。应当从外部交通、公路服务区、旅游集散中心、内部交通、停车场、旅游交通专线、旅游标识系统、游客服务中心、旅游厕所和智慧旅游等方面对旅游公共服务体系建设进行完善。[②]

1. 提高旅游出行便捷性

宁夏交通运输部门要加密民航机场、火车站、汽车客运站等客运枢纽至旅游景区的客运直达线路，加强各市县公共交通尤其是旅游公交与对外客运方式的衔接，提高出行旅游的方便快捷性[③]；宁夏交通运输和文旅部门要引导道路客运企业与旅游景区之间加强合作，根据需求畅通景区内交通微循环；遵循快进漫游原则，不断完善旅游标识、休憩驿站、观景平台、健身步道等功能设施。

---

①李陇堂、周淑霞：《宁夏旅游业发展的现状、问题与对策研究》，《宁夏大学学报（自然科学版）》2004年第4期。

②陈玉香：《全域旅游背景下宁夏旅游公共服务体系建设探究》，《智库时代》2019年第41期。

③韩鑫：《加快城乡道路客运与旅游融合发展》，《人民日报》2023年3月22日。

2. 推动旅游厕所建设

宁夏各级行政部门要将旅游厕所建设纳入当地政府的重要议事日程中来，通过政府购买服务、特许经营、承包经营等形式，充分发挥公共财政资金引导作用，建立健全社会资本投入机制；将旅游厕所督察检查制度常态化，积极开展日常巡查、交叉检查、第三方暗访等；要向一些旅游厕所建设超前的景区互学互鉴，组织开展定期评选评优旅游厕所建设管理先进典型，总结推广本地区一些成功经验；结合中国旅游日、世界厕所日等主题日活动，加强宣传引导如厕卫生知识、培育文明如厕理念，推动形成积极健康的文明新风尚。①

（三）打开文旅宣传推广新局面

1. 整合资源，健全对外宣传促销的保障机制

用利益联系将各种社会力量聚合在一起，将政府、关联企业、景区整合成为一体，形成集中、统一、高效的品牌传播模式。同时，对外宣传促销要突出地域性，深层次挖掘其深厚的文化内涵，通过地方文化的深度开发，打造真正的原创内容，充分发挥特色文旅资源的价值。

2. 突出特色，凝练主题

开展深入调研，集思广益，设计出最符合宁夏旅游形象的、独特的、深入人心的整体形象主题，并将其贯穿于任何宣传中，确保旅游形象主题在所有的旅游促销活动、旅游企业、旅游景点及各个环节中广泛持久地使用。

3. 借助多种宣传方式，形成强有力的对外宣传声势

网络时代，不仅需要依赖传统媒体、新媒体，还要重视自媒体的传播力量，充分借助网络、微博、微信、微电影、微视频、手机客户端进行宣传推广。②其实，包括所有宁夏人，都应当是一个传播者，我们有义务也有责任去宣传故乡的山山水水。所谓一方水土养一方人，也只有满含故土情结的当地人，才是最好的传播者，也才会被想了解者所信服。

---

①张欣：《文化和旅游部将进一步加强旅游厕所建设管理》，《中国文化报》2023年6月20日。

②高燕：《宁夏旅游形象定位及传播的科学策略》，《科技传播》2015年第18期。

（四）挖掘文化内涵，全面推进文旅深度融合发展

1. 深入调查研究，提升文化联动力

加强对文旅历史文献的收集整理和开发利用，发挥历史、文学、建筑、工艺美术、园林、服装设计及音乐、书法、绘画、雕刻、装潢等专业人员的智慧[①]，使旅游资源的文化内涵能够生动形象地展示出来，使蕴含在旅游资源中的文化潜能得以充分释放。首先是文化资源与旅游资源的结合，可以保护和延续软性的传统文化资源，如民间艺术、民俗风情、传统技艺等[②]。其次是旅游文化资源的组合，可以形成文化景观规模，丰富集合性价值，形成集聚性效应，显示文化价值和经济价值。再次是旅游文化相关资源的整合，以相关产品中的文化元素为主，在产品开发中，用文化旅游业的联动作用和龙头带动作用[③]，实现整体开发、整体宣传和整体促销。

2. 引入“大文化”理念，推进文旅深度融合

以“宁夏二十一景”为点，以黄河、长城、长征国家文化公园宁夏段为线，以宁夏全域为面，梳理挖掘宁夏上下五千年的丰富、悠久的历史文化资源，引入“大文化”理念，使旅游资源经过策划、规划和开发，转化为文化旅游产品，通过深入分析、分层剥离和萃取整合，甚至是策划再造，科学系统地梳理并整合有价值的旅游文化要素，达到文化价值最大化，让地下的东西冒出来，书本的东西走出来，死的东西活起来，静的东西动起来。

3. 以创新为动力，激活文化内生力

以宁夏区内现存的自然资源及人文资源为基础，推动一批避暑休闲、度假疗养、户外体育、房车露营等旅游新项目，结合文化资源、大众健康资源、自然科技资源、大众体育等相关产业，带动宁夏全域旅游业的发展，形成特色旅游目的地。从多维的角度提炼旅游资源所蕴含的文化内容、意象和象征意义，完成从静到动、从古板到鲜活、从观光到参与体验，再到

---

①刘伯霞：《“四化”助推甘肃旅游业腾飞》，《甘肃日报》2014 年 8 月 1 日。

②③张鸣、纪月华：《旅游产业与文化产业融合发展的实现机制与路径研究——以承德市为例》，《经济研究导刊》2014 年第 30 期。

休闲游憩的系列转变，从而全面提高旅游景观的品位与档次，有效提升旅游产品文化价值和游客体验价值。

4. 创新发展模式

由于文旅产业的融合发展几乎涵盖了所有行业，其发展模式也是五花八门，应根据现状和自身的优劣势，充分发挥比较优势和后发优势。[①]应抓住发挥当地文化资源优势、创新文旅融合方式、借力现代科技、探索文旅消费新途径这四个关键点，不断创新，努力探索新思路，以期真正达到理念融合、职能融合、产业融合、市场融合、服务融合、交流融合。

①王小颖:《文旅产业互动融合发展战略与系统研究》,《现代商贸工业》2010年第23期。

宁夏地理标志与黄河文化旅游深度融合发展对策建议

牛学智　汪克会

黄河流域宁夏段独特的地理与文化环境孕育了大量的地理标志，这些地理标志种类丰富、特色鲜明。将其与黄河文化旅游发展深度融合，对于推进黄河流域生态保护和高质量发展先行区建设具有十分重要的现实意义。

一、宁夏地理标志概况及其与黄河文化旅游发展的关系

（一）宁夏地理标志概况

1. 数量情况

截至2022年底，宁夏现有各类地理标志产品103件。其中，经农业农村部批准的农产品地理标志60件；经国家知识产权局商标局注册的地理标志商标32件；经国家市场监督管理总局批准的地理标志保护产品11件。①

此外，经国家知识产权局批准，“盐池滩羊”国家地理标志产品保护示范区和“贺兰山东麓葡萄酒”国家地理标志产品保护示范区分别于2021年和2022年获批筹建。2022年，青铜峡市被国家知识产权局列入地理标志类国家知识产权强县建设试点县名单。

作者简介　牛学智，宁夏社会科学院文化研究所所长，研究员；汪克会，宁夏大学前沿交叉学院文化旅游研究中心副教授，硕士生导师。

①陶涛:《让土特产变身“金字招牌”》,《宁夏日报》2023年2月27日。

2. 品种分类

从地理标志品种分类看，宁夏 103 件地理标志产品涉及果品类、蔬菜类、粮油类、酒品类、畜禽品类、水产品类、食品类、中药材类和综合类等 9 个品种。

3. 地区分布

宁夏地理标志产品遍布宁夏全境。其中，属于宁夏全域的地理标志有 10 个，银川市 10 个，石嘴山市 9 个，吴忠市 33 个，固原市 28 个，中卫市 13 个。

（二）宁夏地理标志与黄河文化旅游发展的关系

1. 地理标志是黄河文化旅游资源的重要组成部分

宁夏各类地理标志产品市场地位的确立经历了一个漫长的过程，而黄河流域宁夏段独特的自然环境和文化习俗为其形成创造了得天独厚的条件。因此，宁夏地理标志产品不啻为一种极具活力的黄河文化载体，是黄河文化旅游发展中具有广阔开发空间的一种新型旅游资源和潜在优势资源。

2. 黄河文化旅游能有效提升地理标志的综合价值

在经济价值方面，宁夏地理标志产品的销量大小与黄河文化旅游的淡旺季直接相关，通过文化旅游渠道，极大地提高了宁夏地理标志产品的品牌影响力。在生态价值方面，做好生态保护是宁夏发展黄河文化旅游的首要任务，二者深度融合发展，有利于推进黄河文化旅游与生态保护的良性循环。在文化价值方面，由黄河流域宁夏段生态环境和文化环境孕育而生的宁夏地理标志产品无不浸染了隽永厚重的黄河文化印记，将其与黄河文化旅游融合发展可谓相得益彰。在社会价值方面，由于宁夏地理标志产品其产地大多处于乡村，发展黄河文化旅游无疑能够充分发挥宁夏地理标志产品在助力宁夏乡村产业振兴、生态振兴和文化振兴等方面的作用，从而全方位彰显其特有的社会价值。

二、宁夏地理标志与黄河文化旅游融合发展现状

（一）宁夏地理标志保护产品品牌传播热度分析

商品的品牌传播热度，一般取决于该商品在购物平台的销量、消费者

评论数量以及该商品在社交媒体的相关信息传播数量。①因此，本报告选取宁夏10种国家级地理标志保护产品，就其品牌传播热度进行分析。

1. 数据来源

根据国内购物平台及社交媒体影响力排行榜，报告选择了京东、淘宝、微博作为宁夏地理标志保护产品品牌传播热度评价分析的数据来源，并选取了宁夏10种国家级地理标志保护产品在京东的评论数，在淘宝的购买量、评论数，在微博的转发数、评论数、点赞数作为评价标准，来对宁夏地理标志性产品的品牌传播热度进行定量分析。

2. 品牌传播热度分析

报告爬取了2023年5月24日之前宁夏10种国家级地理标志保护产品在京东、淘宝、微博中的相关数据，并将爬取的数据带入品牌传播热度模型，通过计算得到宁夏地理标志保护产品品牌传播热度排行榜，具体情况如表1所示。

表1　宁夏国家级地理标志保护产品品牌传播热度排行榜

排名	名称	京东评论量 淘宝购买量	等级	微博 评论量	微博 点赞量	微博 转发量
1	宁夏枸杞	175246275	5	4440	15076	3809
2	贺兰山东麓葡萄酒	886200	3	10187	85445	10940
3	盐池滩羊	299777	3	7349	17513	5240
4	固原马铃薯	53950	2	271	764	409
5	固原胡麻油	15470	2	30	76	39
6	同心圆枣	2638	1	27	19	8
7	固原黄牛	219	1	83	534	150
8	灵武长枣	12	1	1015	3431	712
9	朝那鸡	0	0	92	81	35
10	彭阳红梅杏	0	0	0	0	0

①杨帆、黄萍、魏思源、胡雅茜:《旅游化的地理标志农产品在线品牌营销传播热度分析——以达州市为例》,《现代商业》2023年第3期。

在10种宁夏国家级地理标志保护产品中，位于排行榜第一位的“宁夏枸杞”品牌传播热度具有压倒性优势。但排名第二的“贺兰山东麓葡萄酒”在品牌影响力和经济效益上都超过了“宁夏枸杞”，其综合影响力在未来超越“宁夏枸杞”只是时间问题。此外，宁夏10种国家级地理标志保护产品中，有5种地理标志产品来自固原市，但其综合影响力还有较大的提升空间。

（二）融合发展现状

目前，与黄河文化旅游融合度较高的地理标志产品为宁夏枸杞、贺兰山东麓葡萄酒和盐池滩羊，与本报告品牌传播热度定量分析得出的结果一致。

1.“文旅+枸杞”模式撬动消费大市场

通过全方位挖掘传承枸杞文化、打造百瑞源和玺赞庄园等“文旅+枸杞”品牌，以及推动康养旅游等措施，充分发挥了宁夏枸杞这一地理标志产品的道地优势和品牌优势，初步形成了科技研发、生态种植、生产加工、市场营销、文化旅游“五位一体”全产业链模式，产生了良好的经济效益。

2. 贺兰山东麓葡萄酒旅游方兴未艾

2020年，贺兰山东麓产区被评为“世界十大最具潜力葡萄酒旅游产区”。2021年，宁夏被授予“全球葡萄酒旅游目的地”荣誉称号。截至2022年，在贺兰山东麓产区内已建成的116家酒庄中，获评2A级以上旅游景区的酒庄达13家，有三分之一以上的酒庄具备旅游接待功能。目前，贺兰山东麓酒庄年接待游客超过135万人次，综合产值342.7亿元。2022年，“贺兰山东麓葡萄酒”品牌价值301.07亿元，位列全国地理标志产品区域品牌榜第9位。①

3.“盐池滩羊”与文旅融合发展渐入佳境

近年来，盐池县为实现“盐池滩羊”地理标志高质量发展的目标，将滩羊产业与电商物流、休闲旅游深度融合，不断提升“盐池滩羊”地理标志综合价值。2022年，“盐池滩羊”地理标志产品品牌价值已达98.25亿

①马忠：《“紫色名片”带火酒庄游》，《宁夏日报》2023年2月27日。

元，位居“中国品牌影响力百强榜”第35位。[①]

三、宁夏地理标志与黄河文化旅游融合发展存在的问题

（一）地理标志与黄河文化新时代价值之间的联系不够紧密

如前所述，宁夏部分地理标志产品与黄河文化旅游的融合度较高，但未能突出地理标志与黄河文化新时代价值之间的关系。比如，目前解读宁夏枸杞与黄河文化之间的关系，仍然停留在其与黄河流域宁夏段生态环境之间的联系上，而忽略了宁夏枸杞与黄河文化新时代价值之间关系的挖掘。

（二）地理标志与黄河文化旅游的融合形式较为单一

目前，宁夏地理标志产品融入黄河文化旅游的常见方式是直接作为旅游商品或旅游美食进行售卖，形式较为单一。这种形式，实际上仅仅是让地理标志产品参与了旅游活动六要素中的“购”或“食”环节，并没有充分实现二者价值的深度融合。仍以宁夏枸杞为例，当前，游客能参与体验的场景主要有两类：一类是枸杞种植基地产果期的观光与采摘，另一类是枸杞文化博物馆的参观与学习，其最终目的都是为了带动枸杞产品的销售，客观上局限了宁夏枸杞产业链的延伸。

（三）地理标志的认知度与管理运营水平有待提高

首先，社会大众对宁夏地理标志保护产品的价值和意义认知度较低，导致信息不对称，从而抑制购买动机。其次，宁夏地理标志的运营主要靠政府推动，缺乏必要的市场自觉性和规范性，市场认可率也偏低。最后，宁夏部分地理标志保护产品存在同质化倾向，比如盐池滩羊肉、同心滩羊肉和涝河桥羊肉，一般大众难以区分。

四、宁夏地理标志与黄河文化旅游深度融合发展对策建议

（一）加强地理标志与黄河文化新时代价值之间的有机联系

从深度融合发展的要求来看，政府相关部门应通过设立研究课题的形式，加强宁夏地理标志自身文化内涵与黄河文化新时代价值之间关系的研

---

①杨超、武治瑾:《“致富羊”富了农民家》,《宁夏日报》2023年2月27日。

究，充分利用黄河文化提高地理标志产品的文化价值、情感价值等附加值，进一步丰富黄河文化旅游的新时代内涵，提升黄河文化旅游的高度。

以宁夏枸杞为例，应将枸杞文化与新时代黄河流域水利工程联系起来。例如，红寺堡区作为全国最大的易地单体生态扶贫移民集中安置区，其建设过程中，红寺堡扬水工程起到了关键性作用。该工程将黄河水提升300多米，灌溉了70万亩土地，使一片片荒滩开发成枸杞田园，让枸杞成为帮助移民创业增收的致富果，满足了群众对美好生活的向往，也让“共产党好，黄河水甜”成为红寺堡23万移民群众的心灵呼声，使得黄河文化的新时代价值融入了群众的精神基因。

再比如，贺兰山东麓产区在不断增加葡萄酒文化内涵的同时，一直着力将葡萄酒产业发展同黄河滩区治理及生态恢复有效结合起来。贺兰山东麓葡萄酒产业的这种创新性发展，实质上是对宁夏段黄河文化新时代价值的发掘与转化，也是让黄河文化能真正与时代发展实现有机有形可感可触的联结，同时也是贺兰山东麓葡萄酒获得文化自信的力量源泉。

（二）延长地理标志产品旅游产业链，全方位融入黄河文化旅游

要延长宁夏地理标志产品的旅游产业链，就要将地理标志产品视为旅游资源去开发，只有遵循这样的发展逻辑，才能把地理标志产品融入黄河文化旅游的全要素中去。在此过程中，地理标志产品要转化为旅游吸引物，让品尝、购买地理标志产品成为游客出游的首要动机。

例如，盐池县充分利用盐池滩羊文化生态保护区建设的契机，以盐州古城历史文化旅游区为核心，围绕盐池滩羊，通过打造“盐池滩羊地理标志+文旅+餐饮+休闲农业”的发展模式，不断提升盐池滩羊地理标志的文化价值，延长旅游产业链。

（三）在黄河文化旅游宣传中积极融入地理标志内容

对外，首先应由政府组织带着宁夏地理标志产品积极参加国内与文化旅游相关的博览会。其次，应充分发挥行业协会的作用，在各类文化旅游节等重要节点，积极举办线上线下展销等活动，向外界大力推介宣传宁夏地理标志产品。

对内，首先应与黄河文化旅游宣传相结合，在区内交通要道、重要客运站点设置地理标志宣传展位。其次，在城市广场及公园等公共场所，建设地理标志文化宣传长廊。最后，应借鉴非物质文化遗产的做法，加强地理标志公益宣传，开展宁夏地理标志进黄河国家文化公园（宁夏段）、进景区、进社区、进学校等活动。

关于固原创建历史文化名城的思考与建议

王永玮

党的二十大报告指出，中华优秀传统文化源远流长、博大精深，是中华文明的智慧结晶，是中国人民在长期生产生活中积累的宇宙观、天下观、社会观、道德观的重要体现，同科学社会主义价值观主张具有高度契合性。创建历史文化名城其实质是保护传承中华优秀传统文化，进一步利用地方文化资源优势，发挥文化在助推地方经济社会发展中的软实力作用，对加快副中心城市固原市高质量发展具有重要意义。

一、固原有创建历史文化名城的基础条件

（一）固原是历史上的军事重镇、交通枢纽、经济重地

固原作为北方游牧文化和中原文化的结合地带，在长达两千多年的历史长河中都被高度重视，战国时期设置乌氏县、朝那县，秦始皇设置北地郡，汉武帝设置安定郡，北魏设高平镇，北周改原州，明置固原卫，明成化年间设三边（陕西、甘肃、宁夏）总制府，明弘治年间设固原镇为九边重镇之一，清代升为直隶州。固原也是丝绸之路东段北道上的节点城市，固原古城、萧关遗址是古丝绸之路的重要见证。1983 年，在固原考古发现的波斯物品鎏金银壶、玻璃碗，证明了固原在丝绸之路中西文化交流中的

作者简介 王永玮，宁夏社会科学院办公室副主任。

重要地位。

（二）固原历史文化源远流长

距今2.7万年—3.2万年的旧石器时代固原就有人类活动，新石器时代已有以原始农业为主的氏族部落，境内广泛分布着公元前2500—前2200年的马家窑文化、齐家文化。《诗经》中“薄伐猃狁，至于大原”，大原乃固原。历史上还有周穆王西巡大原、秦始皇西巡六盘山、汉武帝六出萧关、唐太宗至原州观牧马、成吉思汗避暑六盘山等与固原有关的政治事件。

固原萧关是汉、唐、宋时期的四大名关之一。《汉书·武帝纪》中有“通回中道，遂北出萧关”，记录了汉武帝巡视西北边境，威慑匈奴的故事。唐代诗人卢照邻《上之回》诗曰：“回中道路险，萧关烽堠多。”王维《使至塞上》诗曰：“萧关逢候骑，都护在燕然。”这里曾经百官云集、农商发达，历代文人墨客留下讴歌固原的诗词歌赋，沉积为丰富的历史遗存和厚重的文化富矿。

（三）固原历史文物资源丰富

固原市重要的历史文化遗迹都纳入了各级文物保护单位，共有181处，其中国家级文保单位9处、自治区级文保单位37处、县级文保单位135处，公共博物馆7家，文物藏品2万余件（套）。各县区留有多处历史文化遗迹，其中原州区国家级文保单位有须弥山石窟、开城遗址、秦国长城遗址、固原古城遗址、大营城址、固原北朝隋唐墓地等；自治区级文物保护单位有黄铎堡古城遗址、文澜阁、城隍庙等。西吉县国家级文物保护单位有位于将台堡镇、马莲乡的秦长城遗址、将台堡革命旧址；自治区级文物保护单位有硝河古城址、偏城古城址、火家集古城址、火石寨扫帚岭石窟等7家。隆德县国家级文物保护单位有新石器时代页河子遗址，自治区级文物保护单位有德顺军古城遗址等。彭阳县国家级文物保护单位有位于孟塬乡、白阳镇的战国秦长城以及中国十大考古发现之一的新集乡姚河塬遗址等。

到了近现代，中国共产党在固原领导了蒿店兵变和靖远兵变，成立中国工农红军陕甘游击队。从1934年10月到1936年10月，红一、二、四方面军和红二十五军先后长征途经宁夏，留下了诸多可歌可泣的革命历史故事和红色圣地。1935年毛泽东等老一辈革命家率领中央红军转战宁夏，留下了“单家集夜话”的红色佳话，在翻越六盘山时创作的《清平乐·六盘山》壮丽辞章，见证了“不到长城非好汉”的革命精神。1936年红一、二方面军在将台堡胜利会师。固原各县区先后荣获“全国文物先进县”“全国文物工作先进县”等荣誉。

二、固原有创建历史文化名城的文化优势

固原由于具备深厚的历史文化底蕴，各县（区）先后被命名为“全国民间文化艺术之乡”“中国诗歌之乡”“全国文化先进县”“中国现代民间绘画画乡”“中国书法之乡”“中国社火文化之乡”和首个“中国文学之乡”。近年来，固原连续举办了“六盘山诗歌节”等全国性文化活动，邀请全国各地文化名家参与，进一步扩大了固原的文化影响力。

（一）具有深厚的传统历史文化

历史上曾有帝王将相、贤臣鸿儒、名医巨贾、文化名人集聚固原。著名历史人物有秦朝的大牧主兼商人乌氏倮、东汉名医皇甫谧、东汉文学家梁竦、汉末魏初书法家梁鹄、前凉政权的奠基人张轨、北周柱国大将军李贤、北周和隋朝政权的开国功臣田弘等。有关固原的诗词歌赋有数百首之多。这些历史文化名人及其文化作品成为固原重要的文化资源。

（二）多民族文化交融铸牢了中华民族共同体意识

春秋战国时期，固原是义渠、乌氏等少数民族的聚居地，秦汉时期有匈奴、羌族、戎族，唐宋及之后各朝代又有突厥、吐蕃、鲜卑、党项和蒙古族、满族、回族、汉族等众多民族在此生活。每个民族的风俗习惯不同，但历经长期民族交往交流交融，各民族尊重差异、包容多样、增进一体，形成了珍视团结、维护团结的良好社会氛围，中华民族共同体意识成为当地各民族最为鲜明的特色。进入新时代的固原，打造了“六盘儿女一家亲”民族团结品牌，固原市被国家民委命名为“全国民族团结进步创建示范市”。

（三）民俗文化成为鲜明文化标识

由于固原特殊的地理位置和长期复杂的历史变迁，当地形成了特色鲜

明的地域文化。主要体现在大量非物质文化遗产的传承中。固原市非遗存续状况相对完整的资源有 225 项，其中国家级代表性项目 6 个、自治区级代表性项目 32 个、市级代表性项目 55 个、县级代表性项目 132 个。国家级非物质文化遗产生产性保护示范基地 1 个，自治区级保护传承基地 23 个。列入国家级非物质文化遗产保护项目的有隆德杨氏彩塑、高台马社火、固原砖雕、泾源县回族民间故事、固原传统建筑营造技艺、六盘山区春官送福。列入自治区级保护项目名录 32 个。固原市有非物质文化遗产项目传承人 554 人，国家级代表性传承人 5 人、自治区级代表性传承人 68 人、市级代表性传承人 172 人。近年来，当地编写村志村史，建设村史馆，整理出版《固原民俗》等非遗系列丛书，保护和发扬了民间文化，使之成为一道独特的文化风景线。

（四）红色文化赓续革命精神

固原市有可移动革命文物共 80 件，不可移动革命文物 50 处（含革命遗址 26 处），列入自治区革命文物目录的有 107 个。西吉将台堡革命旧址被认定为首批中央文物。列入宁夏回族自治区革命遗址 23 处。被命名为爱国主义教育基地的有 24 个（其中国家级 2 个、自治区级 9 个）。这块土地上丰富的红色文化资源，厚植了当地人民爱党爱国情怀，“传承红色基因、赓续革命精神”成为思想自觉，涵养了淳朴的民风，形成了不怕牺牲、敢于斗争、吃苦耐劳、乐于奉献的好传统。

三、几点建议

（一）要以习近平文化思想为引领推进历史文化名城建设

习近平文化思想内涵丰富，思想深邃，博大精深，为我们在新时代新征程继续推动文化繁荣、建设文化强国、建设中华民族现代文明提供了强大思想武器和科学行动指南，既有全面的理论概括，也有对具体实践的方略引导，为开展创建历史文化名城工作提供了根本遵循。要深刻领会历史文化的价值和意义，历史文化遗产承载着中华民族的基因和血脉，保护历史文化遗产是推动文化传承发展的重要举措。新时代的文化工作者必须以守正创新的正气和锐气，赓续历史文脉、谱写时代华章。

（二）要以坚定的文化自信深入挖掘继承好优秀的历史文化遗产

中华民族五千多年文明史，也是中华优秀传统文化的传承史，这里面蕴含着中国人的文化自信。创建历史文化名城就是要把这种文化自信融入市民的精神气质与文化品格中，让一座城市具备鲜明的文化标识。固原作为宁夏历史文化资源较为集中的地级市，要从历史文化继承转化中做文章，要赋予悠久的历史文化以现代性。比如红色文化方面，革命文物承载了党和人民英勇奋斗的光荣历史，记载中国革命在固原的伟大历程和感人事迹，是党和国家的宝贵财富，要充分挖掘利用好这些红色资源和生动教材，大力弘扬革命传统和革命文化、加强当地精神文明建设、激发广大干部群众的爱国热情、振奋民族精神，凝聚干事创业合力。要有坚定十足的文化自信，通过挖掘整理优秀的文化遗产、遗迹，赋予固原社会发展以精神力量，让地方历史文化成为颇具竞争力的软实力。

（三）要在现代文明背景下着力提升城市文明程度

纵观全国历史文化名城，如杭州、西安等大城市，除了具备深厚的历史文化底蕴，城市整体彰显的现代文明程度也是非常值得学习的，其中的开放包容、敢为人先、激情干事的城市品格就是鲜明特色。作为经济欠发达地区，固原市完成由脱贫摘帽到全面小康的历史蜕变后，要想巩固拓展脱贫成果，首先要从思想认识上突破，要进一步解放思想，改变保守僵化、故步自封、小富即满等传统思维观念，要有跳出宁夏看固原、站在全国看固原的胸襟和眼界，要有跳起来摘桃子和弯道超车的勇气和魄力，才能走好新时代的长征路。要进一步发扬不到长城非好汉的革命精神，提炼总结新时代的脱贫攻坚精神，在文化振兴中提升全民文明素养，推动经济发展方式转型提升，建设具有中国式现代化特色的历史文化名城。

（四）要在丰富生态文旅特色市的文化内涵上下功夫

长期以来，固原最大的优势在生态、最大的特色在文化、最大的潜力在旅游，建设生态文旅特色市符合固原发展实际。“宁夏二十一景”中固原有须弥石窟、丝路古道、红色六盘、固原梯田、火石丹霞，足见固原文旅特色鲜明，但在这些美丽的风景背后，都有固原丰富深厚的文化内涵，比如须弥石窟，要从艺术价值的推广与宣传中提升文旅价值；比如固原梯田，这是固原人民通过几代人的努力换来的生态的成果，也见证了新时代的脱贫攻坚精神，赓续传承了伟大民族精神和时代精神。要从这些生态文明成果中厚植文化底色，进一步丰富文旅特色市的文化内涵，展示新时代历史文化的现代性。

新时代农村文化篇

XINSHIDAI NONGCUN WENHUA PIAN

乡村文化赋能建设乡村全面振兴样板区研究

郭勤华

党的二十大提出全面推进乡村产业、人才、文化、生态、组织振兴。2023年，中央一号文件强调加强农村精神文明建设，继承创新优秀传统乡土文化，传承提升农耕文明。自治区第十三次党代会确定加快建设乡村全面振兴样板区。为扎实推进文化产业赋能乡村振兴，全力推进乡村全面振兴样板区建设，笔者跟进调研，全面梳理全区乡村文化建设发展成效、剖析存在问题，提出建设乡村全面振兴样板区的对策建议。

一、文化赋能建设乡村全面振兴样板区成效显著

近年来，全区实施乡村振兴战略，有效促进了乡村文化事业大发展。

（一）党委、政府高度重视样板区建设

自治区党委、政府坚持习近平总书记关于乡村文化建设理论，以强烈的文化自觉和政治责任感，立足宁夏乡村现实，统筹城乡发展，深入实施文化强区战略，以乡村全面振兴样板区建设为统领，制定《文化产业赋能乡村振兴试点工作方案》，安排部署加快构建农村公共文化服务体系，为建设乡村全面振兴样板区提供有力保障，大力促进了全区乡村文化振兴。

作者简介 郭勤华，宁夏地方志编审委员会办公室编审。

基金项目 国家社科基金“习近平总书记关于扶贫工作的重要论述与‘闽宁模式’研究”（项目编号：21XZS019）阶段性成果。

（二）特色文化业态助力样板区建设

宁夏坚持文化惠民宗旨，精心培育各类特色文化业态。形成一批具有市场竞争力的特色文化产业品牌，如隆德高台马社火民俗节庆活动、全国和美乡村篮球大赛（村 BA）等，成为助推农村精神文明建设，传承和发展乡村文化的典型。建成一批特色鲜明、优势突出的文化产业特色乡镇、特色乡村，推出具有一定影响力的典型范例，如闽宁村、红崖村、南北长滩村等。这些乡村文化业态发展较快，文化产业对乡村经济社会发展的综合带动作用日趋显现，对推动文明乡风、良好家风、淳朴民风的支撑作用更加突出，成为宁夏着力推进建设乡村全面振兴样板区的有力抓手。

（三）传统文化助力样板区建设

加强物质文化遗产发掘保护和民间艺术传承。成功申报了民间绣活（宁夏刺绣）、建筑彩绘（中卫建筑彩绘）、酿醋技艺（吴忠老醋酿制技艺）、传统面食制作技艺（中宁蒿子面制作技艺）、民俗春节（六盘山区春官送福）等国家级非遗保护项目，现有国家级代表性传承人 22 名，自治区级代表性项目名录 142 项、代表性传承人 249 名。拥有国家级非遗保护示范基地 1 个、自治区级保护传承基地 98 个，命名非遗扶贫就业工坊 15 个，全国非遗年度人物百名候选人 3 名。“非遗+产业+文化”的模式在乡村正呈现良好的发展势头。

（四）精品荟萃助力样板区文旅融合发展

近年来，全区依托文化旅游资源禀赋和国家级、自治区级特色旅游村，努力培育“旅游+”新格局，以“农民丰收节”庆典活动为契机，抓好乡村旅游宣传与名特优新农产品的推介招商，使麻黄山杏子、西吉芹菜、青铜峡糯玉米、下马关平菇、海原红葱等全国名特优新农产品在地理标志的基础上，打造成为“产地+产品”的知名品牌，重点稳步推进垂钓、乡村民宿、特色餐饮、生态采摘、农耕体验、乡村休闲度假等不同类型的乡村旅游业态，带动样板区及周边沿线特色旅游村镇建设。

二、建设乡村全面振兴样板区存在的问题和不足

（一）乡村公共文化服务机制有待提升

全区乡村公共文化服务体系建设基本形成县（市、区）、乡镇（街道）、村（社区）三级公共文化设施网络。乡村公共文化产品供给和服务能力得到提高，公共文化服务体系的法治化、标准化、均等化、数字化水平明显提升，公共文化服务保障机制不断完善，但乡村公共文化设施利用率有待提升，乡村公共文化数字化建设有待加强，乡村群众公共文化需求仍要跟进，乡村文化建设管理水平亟待提高。

（二）乡村文化振兴观念有待转变

笔者就乡村文化遗产保护、乡村治理及文化传承等先后赴平罗、盐池、固原等地调研，发现基层政府在推进乡村振兴中，仍把注意力集中在农业产业发展、村庄改造等经济活动中，对乡村文化建设重视不够，乡村社会传统文化弱化、乡风文明意识不强、家风家规理念淡薄、自强创造幸福的精神状态不佳，影响建设乡村全面振兴样板区的全面推进。

（三）乡村基础设施建设依然薄弱

一是乡村道路路幅偏窄，路面因自然、人为等因素损坏较为严重，需进一步改造完善。二是旅游基础设施建设仍很薄弱，与外界连接的道路以及景区间的道路基础设施落后，一些乡村旅游景点的公路陈旧，沿线自然人文景观导图标志滞后，影响和制约旅游业发展。

（四）乡村文化产业量小质弱

一是文化产业基地规模偏小，没有形成规模。乡村文化产业前期抚育管理成本高，农民缺乏资金，许多非遗文化难以传承，影响乡村文化产业进一步发展。二是文化产品加工规模小，设备和加工工艺落后。三是乡村文化活动单一，除节庆期间文化活动，其他时段乡村文化活动单调冷清。

（五）乡村文化资源亟待开发

一是村落文化、地域特色、非遗传承等文化资源缺乏系统性政策支持和整体布局设计。乡村文化资源分布零散，文化产业难以形成较完整的产业体系，大部分仍然以农家乐为主，文化旅游比较单一，缺乏强烈的感官

体验。二是乡村传统工艺传承没有得到充分展现。现有的乡村文化产品基本依托特色农家庄园，伴之以村艺表演，但都未能很好地与乡村产业结合，也没有与乡村人文资源、自然资源从旅游层面上融合起来并形成规模，文化产品质量尚需提高。

（六）乡村文化人才短缺

文化建设人才缺乏，尤其是乡村文化旅游产业发展策划经营人才。从业人员缺乏创新意识和能力，有的甚至对本村历史文化不甚了解，一定程度上制约了乡村文化建设的开展。同时，乡村文化在生产方式、生活习惯、礼仪、宗教、风俗、观念等方面与城市文化的差异，影响着乡村文化的传承与发展，影响建设乡村全面振兴样板区的全力推进。

三、建设乡村全面振兴样板区对策建议

（一）夯实样板区公共文化服务体系建设

深入贯彻落实样板区公共文化服务体系创新发展各项工作部署，统筹考虑乡村公共文化服务体系建设高质量发展要求，逐项分析差距，不断巩固强项，补齐短板，推动全区乡村现代公共文化服务体系建设走上快车道，加快乡村公共文化服务高质量发展。一要制定乡村公共文化服务创新发展规划，制定创新发展三年行动计划，做好顶层设计，作为“十四五”期间乡村公共文化服务高质量发展的抓手。二要组织开展国家、自治区、市县（区）专家指导。建立专家咨询机制，定期组织召开行业专家研讨会，对全区乡村公共文化高质量发展把脉，发挥智库的积极作用。三要聘请第三方加强服务效能督导。对全区各级乡村公共文化服务设施进行摸底梳理，对标对表落实设施、服务、队伍、机制、投入等工作要求，掌握最新数据，为存量增量对比提供翔实数据，强弱项补短板，完善提升公共文化服务体系建设。

（二）完善乡村文化振兴的动力机制

一要发挥政府作用，加强对乡村文化建设的领导，认真研究人民群众对乡村文化的新要求新期待，研究遵循乡村文化发展规律，把打造乡村文化品牌纳入乡村振兴总体发展规划，努力打造具有民族性、地域性、市场

化的乡村文化品牌。二要发挥好市场作用，利用市场在配置文化资源方面的决定性作用，打破城乡分割、地区封锁、条块分离的文化市场格局，构建开放有序的现代乡村文化市场新秩序。

（三）挖掘培育乡土文化人才

坚持以人民为中心的创作导向，充分发挥农民作为乡村文化创新者的主体作用，传播乡村气息，传递乡村情感，培养新型农民，使之成为乡村文化的传承者、建设者和传播者。倡导文化产业从业人员、企业家、文化工作者、文化志愿者、艺术类专业院校师生深入乡村，聚集文化产业赋能乡村振兴人才库，发挥乡村非物质文化遗产代表性传承人、工艺美术师、民间艺人等领头作用，夯实城乡专业文化人才队伍建设，讲好宁夏乡村故事。

（四）鼓励社会资本参与乡村文化振兴

鼓励社会资本进入乡村文化产业领域，为乡村文化事业引入源头活水。在自愿申报、动态管理、重点扶持的前提下，遴选一批文化产业赋能乡村振兴重点项目，加大支持和服务力度，使城乡公共文化设施、队伍、活动、投入得到全面保障。引导各类投资机构投资乡村文化和旅游项目，统筹县域城镇和村庄规划建设，通盘考虑土地利用、历史文化传承、产业发展、人居环境整治和生态保护，合理规划布局乡村文化和旅游发展空间，丰富文化活动供给，促进项目落地实施。

（五）传承创新传统乡村文化

坚持规划先行、统筹指导，活态传承、合理利用，守正创新，制定传统乡村保护实施意见和管理办法，保护传承创新传统乡村文化，唤起民众对传统乡村多重文化价值的社会认知，努力打造乡村公共文化服务圈，挖掘、整理、研究文化资源保护，倡导民众自觉参与传统乡村文化遗产的保护。

（六）培育新时代文明乡风

着力从乡村生产方式入手，以先进的科学技术改变传统农耕方式，促进农业发展，培育新时代乡风文明。首先，以基层党建宣传社会主义核心价值观、社会主义先进文化等，推动农村基础教育，提升农民科学文化水平。其次，加强劳动技能教育培训，创新农业生产模式，营造现代文明的生活方式。再次，弘扬和吸纳传统乡村礼仪文化精华，重视乡村民俗、村规民约，传承乡村文明，不断创新乡村管理形式，从而使文化引导与社会效益相结合。

乡村文化振兴贯穿于乡村振兴的各领域、全过程，促进乡村文化振兴与产业振兴、人才振兴、生态振兴、组织振兴相融合、相促进、相协调，为建设美丽宁夏提供精神动力。

2023年乡村文化人才发展报告

张治东

宁夏回族自治区党委、政府印发《关于做好2023年全面推进乡村振兴重点工作的实施意见》，提出要从产业、人才、文化、生态、组织等五个方面扎实做好乡村发展、乡村建设和乡村治理等领域的重点工作，为建设农业强国，推动乡村振兴走在西部前列，加快建设乡村全面振兴样板区作出宁夏贡献。作为提振村民精气神和稳定农村社会秩序的乡村文化，在乡村振兴“五位一体”中具有基础性作用。建立结构合理、技艺精湛、服务到位的高素质乡村文化人才队伍，对构建宜居宜业和美乡村意义重大。

一、宁夏乡村文化人才队伍建设基本概况

（一）乡村文化人才总量不断增加

依据《“十四五”文化发展规划》，宁夏将“扎根基层的乡土文化能人、民族民间文化传承人、乡村文化和旅游能人、基层文化设施和文物管理人员”视为建设重点，通过内培和外引等方式，使涉猎乡村文化建设、文学

作者简介　张治东，宁夏社会科学院文化研究所副研究员。

基金项目　宁夏哲学社会科学规划一般项目“政府规划与农民适应：新内源发展理论对宁夏打造乡村振兴样板区的经验启示”（项目编号：22NXBSH02）阶段性成果。

创作、文艺表演、非遗传承、文化旅游、文化经营和指导的乡村文化人才[①]队伍得到迅猛发展，人才数量得到显著增加。截至2023年10月，有文化及相关产业法人单位5336个，从业人员6.5万人，国家级文化产业示范基地5个，自治区级文化产业示范园区3个、示范基地50个，共有各类文艺工作者10617名（其中乡土艺术人才4939名）、文艺团队1686个（其中民间文艺团队1498个）、农民文化大院586个，非遗传承基地95个，非遗工坊15个，国家级非遗代表性传承人22人（8人已去世），自治区级非遗代表性传承人376人，本土作家4000余人（包括省级会员1430人、国家级会员130人）。乡村旅游点1000余家（其中五星级34家、四星级78家），全国乡村旅游重点村（镇）46个，宁夏特色旅游村76个，直接从业人员超过1.5万人。持证导游8620人（其中高级导游13人，中级导游228人，平台注册执业导游3994人），乡村文化旅游能人29人，乡村旅游带头人千人以上，乡村旅游从业人员超过万人。

（二）乡村文化人才结构得到优化

随着乡村振兴战略的深入推进，乡村文化人才的年龄结构、学历结构、性别结构和知识结构得到明显优化。从年龄结构看，呈现规范化、阶梯化和合理化趋势，主要是因为大批有知识有文化的大学生回到家乡被补充进了村“两委”班子中，在这些充满朝气和活力的大学生村官的引领带动下，很多文艺团体、文化大院、文艺爱好者陆续进入农村从事乡村文化建设事业，并招徕更多年轻人加入文化队伍。一些具有公益、半公益性质的文化事业、文化产业在乡村得到发展，出现了青年志愿者“四点半课堂”[②]和个

①乡土文化人才主要是指扎根基层、在文化领域拥有专长的各类文化人才，可分为工艺美术类、表演艺术类、文学创作类、通俗文化研究类、文化传承类、文化活动组织类、公益性文化类和综合类等类型。

②为减轻农村家长务工、农忙时节无暇顾及、管理孩子的压力，助力农村儿童心理健康成长，进一步营造和谐友爱互助的社会氛围，全区各地在有条件的村镇（社区）或乡村书房开展了“四点半课堂”志愿服务活动。在这里，青年志愿者会组织孩子们完成课后作业，为孩子们答疑解惑，同时还会安排书法、手工、美术等多种课外课程，供孩子们根据兴趣进行选择，以“学+玩”相结合的模式，培养、挖掘孩子们观察、动手、沟通以及团队协作等综合能力，让他们能够“在玩中学，在学中乐”。“四点半课堂”既缓解了家长的焦虑，又给孩子们提供了培养兴趣、全面发展的舞台。

人文化书院——木兰书院[①]等。从学历结构看，因为九年义务教育的普及，乡村文化人才在初中学历居多的情况下，高职、大专、本科生比例逐步提升，甚至一些具有研究生学历的高层次人才也进入农村参与乡村文化建设。从性别结构和知识结构看，以前的“三留守”主力逐渐被打破，随着“大学毕业生到乡、能人回乡、农民工返乡以及企业家入乡”，具有一定专业知识、技能技术和管理经验的高层次文化群体不断涌入乡村，使乡村文化人才呈现多元化、多主体化趋势，入乡后的“新乡贤”们有的从事文化管理与项目运营，有的从事文化传播与教育，有的从事文艺演出与交流，有的从事文旅文创产品的开发与营销，从各方面充实和丰富了乡村文化人才的类型结构分布。同时，热衷于乡村文化研究的科研工作者也在不断增加，他们对乡村文化的研究无疑成了乡村文化传承的主要推手。据资料，研究宁夏乡村文化的专著已有数十部[②]、学术论文（包括硕士、博士学位论文）已有数百篇。[③]科研工作者致力于乡村文化研究，为乡村文化的持续发展注入了理论力量。

---

①西吉县吉强镇杨河村木兰书院由史静波个人创建而成，目前已设立“西海固文学教育馆”和“石榴籽文学馆”，并引进布贴画、山花儿等7个非遗项目，建成“非遗文化园”，为16名非遗传承人设立了工作室。作为非遗传承基地，木兰书院积极推动“文学赋能乡村振兴”实践，每年都坚持举办乡村非遗节、农民作家诵读会等群众文化活动，还将农民作家和文艺爱好者联结在一起，为大家提供创作、交流和学习平台，并吸引李成东等农民作家成为书院签约作家，进行“一对一”地帮扶培养。2023年开展了“百名作家进西吉大型采风活动”，得到中国作家协会的充分肯定，被授予“全国文艺志愿服务优秀团体”荣誉。近年来，众多科研工作者先后走进木兰书院，使杨河村这座偏乡僻壤的小村落逐渐成为一块闪耀着文化气韵的精神家园。

②包括《宁夏村落文化研究》《宁夏乡村特色文化资源与旅游》《宁夏乡村文旅协同发展概述》《宁夏乡村公共文化服务与旅游》《传统农耕与乡村治理——以宁夏为例》《宁夏文化发展报告》《宁夏地方历史文化论丛》《黄河文化高质量发展研究》《宁夏通志·文化卷》《根脉与记忆:宁夏历史文化遗产》等。

③包括《宁夏不同地理分区乡村聚落时空演变对比研究》《宁夏村落文化与保护研究》《宁夏村落文化保护与传承研究》《村落文化中的人文精神——以宁夏现存旧志为例》《宁夏农业文化遗产的保护、传承及实践》《高校美术教育对宁夏乡村文化振兴的助力作用研究》等。

（三）乡村文化人才政策逐渐完善

习近平总书记在2022年中央农村工作会议上提出，有序引导大学毕业生到乡、能人回乡、农民工返乡、企业家入乡。人才作为乡村振兴的重要支撑和基础，是推动乡村振兴全面发展的重要保障。近年来，宁夏围绕加快建设乡村全面振兴样板区和人才建设工作，先后出台《宁夏回族自治区人力资源和社会保障事业发展“十四五”规划》《宁夏回族自治区高层次人才服务指南》《宁夏回族自治区引进人才突出贡献中介机构和个人奖励办法》《宁夏关于加快推进乡村人才振兴的实施意见》《宁夏推动返乡入乡青年投身乡村振兴的实施方案》等，以及在宁夏5个地级市全面推进农民职称评审工作，突出能够带动产业发展、引领乡村发展的“农把式”“土专家”“田秀才”和“乡创客”，使他们在乡村振兴中发挥引领示范带头作用。譬如，固原市从2021年开始，大力实施“一村一名大学生培育计划”，鼓励多渠道招录大学毕业生到乡村工作，依托“三支一扶”计划、志愿服务西部计划等人才引进项目，安置“三支一扶”基层服务项目人员1161名，招募志愿服务西部计划人才267人，不断扩大对乡村一线人才的支持规模。同时，实施“引凤还巢”工程，建立固原籍在外学子库，搭建在外大学生回引平台，引导固原籍应届未就业大学生返乡创业就业1124名，372名大学生到村任职，使乡村文化人才在内的各类人才在强化乡村一线人才智力支撑方面发挥了积极作用。

二、宁夏乡村文化人才队伍建设存在的主要问题

（一）乡村文化人才总量仍旧偏少，结构仍然不尽合理

尽管各地在文化人才引进方面做了很大努力，但有影响力的领军人才和高素质的文化专业人才、文创人才仍然十分稀缺，虽然本土乡村文化人才在乡村人才队伍建设中的比重不断攀升，但与其他诸如种植、养殖、农技、种业、管理、电商营销、民居建筑等热门技术类人才相比，仍处于较低层次的发展阶段，在年龄结构、专业结构、学历结构等方面仍存在不尽合理的现象。就年龄结构而言，有明显青黄不接的现象。很多热衷乡村文化的人员以农村文化大院为依托，聚集在一起展示自己的兴趣爱好。据笔

者调研，其中大多数为留守老人和妇女，且普遍年龄偏大。就拿梁云文化大院[①]来说，农闲之余来此唱秦腔的人员多是50岁以上的中老年群体。一些入选国家级非遗代表性保护项目，像杨氏泥彩塑、魏氏砖雕、吴忠老醋酿造、滩羊皮糅制等具有宁夏地方特色的传统技艺，多是子承父业、代代相传，很多传承人都是在家庭熏陶、耳濡目染的情况下以家族传承为主要方式进行传承和发展的。虽然他们在自己的竞技行当内都能拿出一些“绝活佳作”，但较少有进入高校进行系统专业学习的。杨氏泥彩塑传承至今已达6代之久，但并未有大学本科以上学历的非遗传承人。

乡镇文化馆人员的在编配备也是少之又少，平均每个乡镇专门从事文化工作的体制内人员也就1—2个。在专业配备上，有些地方配备的文化管理人员不仅专业不对口，甚至还让即将退休的人员来充数，这极大遏制了乡村文化人才队伍建设及创新能力的有效激发。宁夏要加快建设乡村全面振兴样板区，农村基层乡村文化人才较低层次的学历水平、文化素养和专业知识储备，是难以撑起乡村文化振兴“样板”重任的。

（二）地区、行业分布不均，整体发展不协调

随着乡村振兴战略的深入推进，乡村文化建设有了明显进展，跟乡村文化建设有关的各类人才队伍得到不断补充和壮大。然而，纵观全区乡村文化人才布局，仍然存在区域、专业分布不均衡等较为复杂的问题。

一是专业领域分布不均衡。以县域为单位，在当前经济发展形势下，各地均将目光聚焦在经济发展和社会稳定的发展布局上，人才队伍建设也多集中在农业科技、教育卫生、产业经济、党建工作等方面，而乡村文化人才则作为点缀放在相对次要的位置，这导致县级政府以下的乡村文化人才队伍建设相对薄弱，并出现年龄、性别、专业等方面的结构性矛盾，譬如女性多擅长剪纸、布艺、针织、刺绣等传统技艺，而男性则专注于雕刻（包括砖雕、石雕和木雕）、传统建筑营造技艺（包括传统建筑彩绘）、泥彩塑、拳术、针灸、骨疗等传统技艺。

---

①梁云文化大院位于固原市原州区中河乡庙湾村，是集秦腔、梆子戏等文艺表演与革命文物、历史馆藏收集于一体，在当地远近闻名的农民文化大院。

二是地区发展分布不均衡。经济、文化相对发达的地区和经济辐射能力较强的中心城市像银川市由于聚焦能力强，自然能够吸引更多更好的优秀文化人才，而发展相对落后的地区，尤其是乡村地区在文化人才建设上则表现不佳、发展滞后。很多身怀绝技的手艺人，如木版年画、花灯扎制等非遗传承人，因生态移民从南部山区迁移到银川市、石嘴山市以及吴忠市红寺堡区等条件相对较好的地方。有学者表示，受历史传统、民俗传承、地域文化影响，“固原市、银川市的文艺工作者相对活跃，中卫市、吴忠市、石嘴山市的特色手工艺凸显。”①

（三）人才服务平台不足，缺乏跟踪培养机制

相对而言，宁夏对乡村文化人才在培养机制、政策扶持、管理运行机制等方面的研究和实践较为滞后，县乡级政府因资源、资金等方面的限制，对高层次文化人才的引进力度较弱，存在学历、专业等结构优化不够的问题。在选人用人机制方面，多偏重经济发展和党建管理。在干部考核过程中，没有将乡村文化建设与优秀人才评价深度结合，使一些擅长文艺专业的人才因工作待遇得不到较好解决而出现人才外流现象。

在专业器材配备上，部分乡村缺少举办有关文化活动的必备装备，只有在举行规定动作时，才适当配备一些常规性的文化器材。对很多文艺专业人才来讲，像钢琴、古筝、手风琴、吉他等器材，都是必不可少的“随声带”，而在很多乡镇这些都是可望而不可即的“奢侈品”，这严重影响和制约了乡村文化人才的发展，也使很多具有一技之长的文艺人才因个人能力得不到施展而选择到条件更好的城市去发展。有些科班出身的专业人员，在投身乡村文化事业后，因薪酬待遇与行业环境不能达到预期而“汲深绠短”。文艺人才的缺失也使乡村文化事业得不到专业化、规模化发展。

三、关于宁夏加强乡村文化人才队伍建设的对策建议

（一）加大对乡村文化馆和民间艺术团队的建设力度

以县域为单位完善文化基础设施，配置“三馆两中心”的文化必备器

①牛学智:《宁夏文化发展报告(2022)》,宁夏人民出版社,2022,第 49 页。

材，并安排专人维修管护。以村域为单位建立配齐文化活动广场、文化活动室、乡村戏台及相关文化器材、广播器材、体育设施器材等。在全区公共文化服务体系实现县乡村三级全覆盖的基础上，可试点在有条件的建制村根据群众意愿成立民间艺术团队，并搭建其与各级专业院团（或文艺集团）互动交流的平台，大力开展秦腔、眉户、道情等多形式的戏曲表演和群众广场健身舞、民间手工艺制作等丰富多彩的文化活动，组织各级专业院团（或文艺集团）通过开展文化下乡、戏曲进乡村等活动，切实将文艺活动与乡村文化建设结合起来，通过文化振兴提振村民的精气神。

同时，依托乡镇文化馆或农民文化大院，搜集建立乡村文化人才库，对具有一定文艺素养的乡村文化爱好者采取跟踪培养机制，对具有产业经济价值的传统手工艺制作如刺绣、书画、剪纸、葫芦烙画等要瞄准市场，走产业化发展之路，借助智慧乡村建设机遇，建立农村电商服务网点，重点聚合苏宁、京东、淘宝等电商平台，促使文化产品“入网”，通过促进线上线下销售，实现“农文旅+销”的深度融合。

（二）聚焦文化弱项“补短板”，激发乡村文化“新动能”

认真贯彻落实中央及宁夏出台的人才工作方案，做细做实高层次人才各项优厚待遇保障措施。成立人才工作站，在人才引进、人才善用和留住人才等方面“做文章”“下功夫”。以县域为单位，高薪全职引进文化领军人才、专业技术人才，并柔性引进中高级以上技术职称的文艺人才，做好引进人才在“食、住、行、业”等方面的服务保障，倾力打造办公服务、生活休闲、成果展示和创业创新四大人才服务功能区，确保引进人才在科研、办公、住房、餐饮、休闲娱乐等方面的问题能够得到及时有效解决，使人才不仅要“干得好”，更要“过得好”，从而实现可持续性促进人才服务乡村文化振兴的不断发展。

通过高层次人才的引领带动，发掘和培养契合当地传统饮食、传统美术、传统技艺等方面的本土人才。同时，大力实施“引凤还巢”工程，吸引本籍在外务工经商人员、高校毕业生、退伍军人、专业技术人员、离退休干部等本乡本土人才回流，努力为乡村文化繁荣做好人才储备工作。

（三）积极与高校加强合作，建立人才培训基地，完善人才培养计划

建设乡村文创基地，加强人才培训，重点培育非遗传承、文创研发、旅游管理、营销运营等专业人才，通过政策引进文旅企业进驻乡村。培育文旅市场主体，加强与宁夏大学、北方民族大学、宁夏师范学院、宁夏艺术学院、宁夏职业技术学院、宁夏工商职业技术学院等人文旅游音乐美术院系、文创文艺专业的合作，建立文化旅游定向、订单式人才培养机制，共同培养、培训实用型、复合型人才。

根据自治区人力资源和社会保障厅、农业农村厅联合出台的《宁夏回族自治区高素质农民职称评审试点指导意见》，通过高素质农民职称评审工作，带动和造就乡村文化队伍建设。与乡村文化生活深入结合，注重把“论文写在大地上”，让在乡村文化传承过程中能力突出的职业农民能够获得与企事业单位专业技术人员相对等的专业技术职称，以此成为培育乡村文化队伍的“孵化器”。

2023年宁夏乡村旅游发展报告

马 珍

乡村旅游作为一种独特的旅游形态，不仅能够保护传统农耕文化，传承乡村记忆，更为农村经济发展注入新动力，促进农民增收、农村产业转型升级。近年来，国家大力推动乡村旅游发展，培育乡村旅游目的地，打造乡村旅游精品线路，将优质乡村旅游资源汇集，带动乡村旅游产业高质量发展。据统计，中国每年的乡村旅游游客达到12亿人次，占全部游客数量的30%以上。①在全面实施乡村振兴战略和全域旅游的大时代背景下，乡村旅游发展前景广阔。

一、宁夏乡村旅游发展现状

宁夏乡村旅游资源丰富，有美丽的黄河风光和壮丽的沙漠景观，有丰富的历史文化遗址和多样的民俗文化，具备发展乡村旅游的优势。在建设乡村旅游重点村（镇）、创建乡村旅游景区、培育乡村民宿过程中，乡村人居环境显著改善、基础设施不断完善、品牌效益日益凸显，乡村旅游产业初具规模。2023年宁夏已建成全国乡村旅游重点村镇46个、宁夏特色旅

作者简介 马珍，宁夏社会科学院文化研究所副研究员。

①王圣军:《小隐隐于野——中国乡村旅游专题研究》,经济科学出版社,2018,第2页。

游村镇100个，特色产业示范村10个，五星级乡村旅游示范点34个。[①]“乡愁六盘　农耕固原”丝路文化体验之旅、“诗画银川　魅力民俗”田园风光研学之旅、“山水相依　乡约石嘴山”诗画生活康养之旅、中卫“大漠黄河　星空之约”诗意田园动感之旅、“诗意夏天　美丽吴忠”民俗观光休闲之旅5条线路入选2023年“乡村四时好风光”全国乡村旅游精品线路。宁夏乡村旅游吸引力越来越大。

（一）乡村旅游成为宁夏休闲旅游和假日消费的新亮点

“五一”、中秋、国庆假期期间，宁夏特色旅游村镇、休闲农庄、农家乐等乡村旅游点热度持续攀升。4月27日，“沙湖不夜城”开街仪式在石嘴山市平罗县沙湖景区举行，沙湖不夜城成为宁夏首个集美食、游乐、互动演艺、非遗、文创、农特产品、夜间游玩等闭合式消费产业链于一体的特色文化街区。“五一”期间，日均客流量7万人次，受到广大游客和社会各界的广泛关注。沙湖不夜城与吴忠市牛家坊民俗文化旅游区、固原市隆德县老巷子民俗文化村等全区9个街区获得第一批自治区级夜间文化和旅游消费集聚区名单，开启了宁夏智慧夜游模式。在国庆期间，银川市纳入统计的51家乡村旅游示范点（星级农家乐）共接待游客16.83万人次。[②]实现餐饮娱乐消费营业收入1151.85万元。全年举办黄河流域九省（区）首届农民篮球邀请赛、首届鸣翠湖大地艺术节、贺兰山岩画“细赏百里画廊·乐享漫山花海”首届春游会、灵武市《梦回灵州》大型实景演出等近50项主题活动。“五一”假期，中卫市酒店预订量对比2019年同期增长超过180%。沙坡头区市区所有停车场免费对外开放，全力保障游客出行，提升游客满意度。固原市原州区启动“双节”消费促进系列活动，采取线下促销和线上直播模式，展销原州区特产、特色民俗和非遗文化，并对参加农特产品展销和电商直播的企业给予补贴。“双节”前夕，青铜峡市叶盛镇蒋滩村举办了2023年“中国农民丰收节”暨“稻花香里文化艺术节”

①张慧:《基于乡村振兴战略的宁夏泾源县乡村旅游发展探究》,《旅游纵览》2023年第8期。

②鲍淑玲:《银川乡村旅游热力四射》,《银川日报》2023年10月10日。

主会场活动，并在大坝镇上滩村开展大青葡萄采摘活动、小坝镇先锋村举办先锋大青葡萄文化旅游节、邵岗镇甘城子村举办农民趣味运动会、峡口镇任桥村开展农特产品及特色美食展示和“峡口味集”厨艺评选活动等形式多样的分会场活动，丰富农村文化活动，培育乡村旅游新业态，促进农民增收、农村繁荣。

（二）乡村旅游发展形式走上多元化与综合化

今年以来，银川市实施休闲农业和乡村旅游提升工程，深入挖掘乡村旅游产品，推进乡村旅游与教育、文化、健康、养老等产业深度融合。位于贺兰县习岗镇的宁夏园艺产业园，开展产研学活动，让学生了解植物拓染的魅力。兴庆区举办“美丽乡村”农民文化大集10场次、西夏区镇北堡镇昊苑村入选2023年中国美丽休闲乡村名单。昊苑村探索生态发展特色之路，创新“葡萄酒+旅游”融合发展，建成“葡萄藤文化之旅”文化墙，铺设彩虹路。漫葡小镇推出《看见贺兰》沉浸式演艺项目，打造出室内大剧《贺兰山盛典》、《灵州会盟》、民俗婚礼《山河人家》等文旅演艺项目，营业一个月，累计接待游客20.82万人次，实现营业收入2628.84万元，抖音短视频播放量超1.6亿次。[①]6月22日至24日，中卫市中宁县恩和镇举办了首届枸杞开园节暨乡村文化旅游节，以枸杞为媒，打造“互联网+红色教育+休闲娱乐+文化旅游”产业模式。石嘴山市惠农区以红果子镇大地天香乡村旅游景区为核心，带动周边其他村镇旅游产业集聚发展。吴忠市红寺堡区通过举办杨柳村（西川）油桃和黄花菜采摘节，推动农文旅产品和业态不断创新升级，吸引游客体验乡村旅游。宁夏乡村旅游发展形式走上多元化与综合化，将旅游观光、个性度假、娱乐放松、研学体验等进行融合发展。

（三）乡村旅游发展融入科技、创新理念

随着数字化技术的不断加快发展，元宇宙构建的虚实互动空间以及带

---

①《宁夏突出“四个抓手”推动文旅市场消费强劲复苏》，中华人民共和国文化和旅游部网站，2023年7月24日，https://www.mct.gov.cn/preview/whzx/qgwhxxlb/nx/202307/t20230725_946140.htm。

给人们特有的沉浸式体验，为广大游客提供了全新的呈现方式和消费模式。为更好借助数字技术，体验新技术新手段，10 月 25 日“元游宁夏”正式发布。“元游宁夏”集中展示“宁夏二十一景”文旅资源，使大众体验无差异、跨地域、个性化的多元文旅服务。在“元游宁夏”元宇宙书画作品征集中，就以“乡村时光——记忆中的乡村”为主题之一，征集 200 余幅作品，成为宁夏乡村旅游宣传、体验新平台。2023 年，中卫市永乐村积极打造文化阵地，先后邀请中卫市摄影家协会、美术家协会、朗诵家协会、书法家协会等到村里成立工作室，利用周末和假期，举行书法、绘画、摄影、朗诵等培训班。村民自发主动学习，不仅丰富村民业余生活，而且培养了村民文化方面的兴趣爱好。一进村，文化墙上展示村民自己拍摄的生活、劳作、美食照片，淳朴灿烂的笑脸让人们感受到积极向上的乡村文化氛围。吴忠市同心县打造出旱塬秘境彩虹村、折腰沟村等文化旅游景点和精品旅游红色线路，增强农民文化自信、提升乡村形象品质。在宁夏乡村旅游开发中，按照“一村一品一特色”工程，融入科技、创新发展理念，促进乡村特色资源转向经济发展优势。

2023 年，宁夏下发《关于加快县域经济和城区经济高质量发展的实施意见》，提出发展乡村特色旅游，叫响“乡约宁夏”乡村旅游品牌。通过“旅游+农业”“旅游+农村”“旅游+农民”，逐步提升宁夏乡村旅游品牌。11 月 1 日起实施《宁夏回族自治区乡村振兴促进条例》，作为宁夏首部“三农”领域的基础性、综合性、系统性法规，将为宁夏加快建设乡村全面振兴样板区提供坚实有力的法治保障。[①]总体来看，2023 年宁夏乡村旅游游客数量持续增长，特色农家民宿入住率高，当地美食和手工艺品深受游客喜欢。

二、宁夏乡村旅游发展存在的问题

宁夏乡村旅游经营形式多样，涵盖了观光、休闲、康养、民俗、研学、露营等诸多产品体系，带动了生态养殖、民俗展演、直播带货、特色种植

①胡冬梅:《宁夏出台〈乡村振兴促进条例〉》,中国日报网,2023 年 11 月 17 日。

等新业态的发展。在赋能乡村振兴战略的同时，还存在一些制约因素亟待解决。

（一）宁夏乡村旅游产品同质化现象严重

目前，宁夏大多数乡村旅游的发展仍停留在以农业为基础的“吃农家饭、住农家屋、赏乡村景”的层面。在乡村旅游的开发和经营过程中，有些乡村旅游乡土气息淡化，植入外来文化元素不利于传统文化的保护传承弘扬。乡村旅游产品主要以传统的自然景观和民俗文化为主，缺乏新颖、创意的旅游产品。造成同质化现象严重的问题，如不同地方的乡村田园综合体的建设中，都设有动物养殖，但数量较少，不能成为吸引游客的筹码。还有的乡村民宿简单“克隆”城市酒店建筑和服务，对游客吸引力并不强①，不利于形成乡村的长期吸引力。

（二）宁夏乡村旅游宣传推广不够

宁夏乡村旅游的宣传推广力度相对较弱，缺乏有效的市场营销手段，使得潜在游客对宁夏乡村旅游的了解和认知度不高。乡村旅游产品的竞争力不足，面向市场的能力还是较弱。同样也存在化客体消费为主题宣传能力不足的问题。如，没有充分考虑消费者需要，在乡村实地游玩中没有营造多个拍照点、分享点。

（三）宁夏乡村旅游基础设施还有待提升

尽管宁夏在基础设施建设上已经取得了一定的成绩，但仍存在一些问题，如交通不便利、餐饮住宿设施不足等，影响了游客的旅游体验。

三、宁夏乡村旅游发展对策和建议

（一）加强乡村旅游产品创新

乡村旅游产品涵盖内容多样，其中农产品是乡村旅游的重要组成部分。在加强乡村旅游产品创新中，首先要将农产品与多种创意相结合。农产品

①王丽萍、徐如明：《乡村振兴视域下欠发达地区乡村旅游可持续发展的现实困境与路径选择——基于宁夏的考察》，《中共银川市委党校学报》2023 年第 2 期。

具有区域独特性，凝聚着自然美，也凝聚着人工美，是自然力与农民劳动共同创造出来的作品，也承载着游客的旅游记忆。乡村农产品贯穿于乡村旅游的各个环节，餐饮、购物甚至装饰品，将创意分别导入“种植、加工、包装、营销”四个环节，以突出创新，形成产品美学价值，产生更高附加值，有效增加农民收入，带动区域经济发展，提高农产品竞争性，进而实现对乡村旅游发展的推动。①

其次，要打造乡村特色旅游品牌。充分利用自然资源和人文资源，把乡土风貌、传统文化与现代旅游需求有机结合起来，立足于本土特色优势资源及文化的异质性，如农家乐的特色菜、民宿的特色体验等。中卫市永康镇永乐村土棚书本子馍馍、迎水桥镇鸣钟村的羊皮筏子、姚滩村手工毯织造技艺等，都要经过不断积累、慢慢推广然后做成大产业。满足游客多样化的需求，最终形成规模效应。

最后，乡村旅游的开发和经营应遵循“以人为本”的理念。乡村之美在于优美的自然风光和田园野趣，于游客是一种内心乡土情结的记忆。所谓“百里不同风，千里不同俗”，真实的乡土生活是有沉浸感的，是有新鲜感的，是有烟火气的。因此，乡村旅游要有乡愁这一重要的文化体验。如“乡村旅游+文化”产生文创基地、乡间工坊，“乡村旅游+美食”产生美食村、美食街，以及“乡村旅游+教育”产生户外亲子课堂等产品。多思考乡村文化的重要补给功能，只有这样，乡村旅游产品的创新才能从“低、散、小”走向“新、聚、大”，才可能实现产业融合。

（二）加大宣传推广力度

宁夏应该加大对乡村旅游的宣传推广力度，利用互联网和新媒体平台，广泛传播宁夏乡村旅游的特色和优势，吸引更多游客前来体验。不断丰富宣传手段，征集宁夏乡村旅游广告词，制作乡村旅游宣传片、乡村旅游画册，开通公众订阅号，利用微博、微信等传播媒介策划宣传乡村旅游。充分考虑消费者的需要，让游客在实地游玩中享受、回归自然，营造多个拍

---

①李霞、朱丹丹等：《乡村旅游该升级了》，化学工业出版社，2016，第114—121页。

照点、点赞点、感悟点和分享点，提高游客对景区的喜爱度，游客将感受和体验通过互联网进行分享，由此达到宣传的效果。推动区域合作营销，与周边知名旅游景区（点）及旅行社联系合作，实现市场共育、品牌共塑、客源共享。[①]

（三）完善基础设施建设

政府应该继续加大对乡村旅游基础设施的投资，改善交通条件，提升餐饮住宿设施的品质，提高游客的旅游体验。建设镇村史馆，在村史馆的建设过程中，向村民征集老物件、老照片、老证件等等，展现每个乡村独特的魅力，也让绵延的地方历史文脉得以传承。此外，实现“一村一景”“一村一品”，还是要多集思广益，汇聚集体的力量，使乡村的特色和韵味得以充分彰显。还需要加强管理标准和监管机构，加强对乡村旅游的规范和监督，提升服务质量。

乡村旅游发展是一项系统性工作，必须统筹考虑，全方位推进。宁夏乡村旅游发展潜力巨大，通过加强乡村旅游产品创新、加大宣传推广、完善基础设施和健全管理体制，宁夏乡村旅游必将迎来更加繁荣的发展，为当地经济增长和农民增收作出更大贡献。

---

①王磊等:《宁夏乡村旅游高质量发展路径研究》,《旅游纵览》2023 年第 6 期。

2023年宁夏生态旅游发展报告

李昀霏　任　婕

宁夏回族自治区党委十三届五次全会部署了宁夏生态文明建设领域重点工作。其中，环境整治类、生态修复类、绿色发展类、组织保障类专项文件中都有基于生态环境保护谈到旅游发展，足见其作为现实问题研究的重要性。其实，早在20世纪90年代初期生态旅游的概念就引入我国了。多年来我国关于生态旅游的探讨在认识和实践层面不断深化，中国优秀传统文化中积淀的人与自然和谐共生的生态智慧深深地影响着中国生态旅游的发展，我们对生态旅游范畴的认知也从单一的自然生态拓展到自然生态与文化生态的结合体。

《全国生态旅游发展规划（2016—2025年）》（以下简称《规划》）将生态旅游的概念界定为“以可持续发展为理念，以实现人与自然和谐为准则，以保护生态环境为前提，依托良好的自然生态环境和与之共生的人文生态，开展生态体验、生态认知、生态教育并获得身心愉悦的旅游方式”。这是在《国家生态旅游示范区建设与运营规范》（GB/T 26362—2010）的基础上，将“统筹人与自然和谐”调整为“实现人与自然和谐”，将“依托良好的自然生态环境和独特的人文生态系统”调整为“依托良好的自然生

作者简介　李昀霏，宁夏智信管理咨询公司工程师；任婕，宁夏社会科学院助理研究员。

态环境和与之共生的人文生态”而来的。从对概念的定义和微调可以看出，以人与自然和谐共生为准则是生态旅游发展的既定前提，生态旅游本土化的理论和实践不能将自然和文化生态分割开。

一、宁夏生态旅游的起步与发展

谈 2023 年宁夏生态旅游的发展，避不开生态旅游在宁夏发展的起步。宁夏生态旅游的起步依托自然资源开发而来。20 世纪 80 年代，沙坡头、贺兰山自然保护区、沙湖先后开发和开展旅游活动，宁夏生态旅游年接待游客量持续增长，依托自然资源发展生态旅游业成为推动地方经济发展的重要途径被持续关注和重视，旅游投入不断增加。到 20 世纪 90 年代，旅游业虽规模不大，但已暴露出一些生态环境问题。沙湖水质综合指标明显下降、沙坡头鸣沙山高度显著降低、大罗山地下水位下降等，尽管这些破坏不仅仅来自旅游活动本身，但从生态旅游的角度出发控制旅游环境容量的认识已经被提出和重视。[①②]此后，宁夏在理论和实践层面坚持推进生态旅游的发展，尤其是在 1999 年和 2009 年两个国家生态旅游年，生态旅游发展方针从重视和倡导“生态环境”到引导和推进“感受生态文明”，宁夏在此过程中也更加重视生态环境保护。21 世纪以来，宁夏谨守生态底线进行旅游开发建设，沙坡头、沙湖旅游区分别在 2013 年、2014 年被评为国家生态旅游示范区，生态旅游环境持续优良。现在，生态文明理念已深入人心。绿色旅游作为 2023 年中国旅游日主题周活动的五大核心内容之一，其内核就是生态文明理念指导下的生态旅游。

二、2023 年宁夏生态旅游发展情况

无法找出一个确切的产业数据来说明宁夏生态旅游的规模，因为自然

①何彤慧：《宁夏南部山区自然保护区的建设及旅游开发》，《宁夏大学学报（自然科学版》1999 年第 2 期。

②何彤慧、黄婧：《宁夏旅游生态环境的保护与建设》，《宁夏大学学报（自然科学版）》2000 年第 4 期。

与人文景观在地理空间上多有融合，相关统计数据多是以交叉情况出现的，不能独立核算。就当前来说，宁夏生态旅游与红色旅游、乡村旅游、国家文化公园游、葡萄酒文化旅游等都有交叠或重合部分。为了避免生态旅游概念泛化的问题，本文所列生态旅游资源将以《规划》中涉及的载体分类为依据。

（一）宁夏生态旅游资源基础丰富

截至2023年底，从载体来看，宁夏形成了以自然保护区（国家级9处、自治区级5处）、风景名胜区（国家级2处、自治区级2处）、森林公园（国家级5处）、地质公园（国家级1处、自治区级3处）、湿地公园（国家重要湿地7处、自治区重要湿地32处）、沙漠公园（国家沙漠公园4处）、水利风景区（国家级12处）等为主要载体的生态旅游目的地体系。[①] 从资源类型来看，主要包括山地、森林、草原、湿地、荒漠、人文生态等六大类。

（二）对标《规划》实施，取得长足发展

从对《规划》的实施来看，在全国范围内遴选出200个重点生态旅游目的地，宁夏的六盘山、沙坡头、贺兰山、青铜峡、沙湖、苏峪口、哈巴湖入选。贺兰山、六盘山风景道已经发展为集交通、美学、游憩和保护等复合功能于一体的生态风景道。作为全国20个生态旅游协作区之一的贺兰山生态旅游协作区，依托国家重点生态工程，加强生态建设和环境保护，重点发展了生态休闲、葡萄酒旅游等产品，带动区域经济社会发展和生态文明建设。此外，银川市、中卫市作为重要节点城市入选2023“中国之路”十大自驾游精品线路，基于独特的自然地理环境主打生态旅游牌。固原市在“打造生态文旅特色市”的定位基础上加快推进生态旅游发展。中卫市沙坡头区、石嘴山市平罗县获评2023“深呼吸生态旅游魅力名县”。吴忠市盐池县、银川市闽宁镇分别入选2023年全国“生态文明建设示范

---

①相关统计数据来源于国家林业和草原局网站、国家水利风景区建设管理网站、宁夏回族自治区生态环境厅网站、宁夏回族自治区林业和草原局网站、宁夏回族自治区水利厅网站、宁夏回族自治区文化和旅游厅网站。

区”、“绿水青山就是金山银山”实践创新基地。2023年，宁夏5个村子新入选“中国美丽休闲乡村”。这些都是宁夏生态旅游环境持续向好的佐证。

（三）生态旅游发展的宁夏模式正在形成

宁夏生态旅游在取得长足发展的同时，呈现出自己的特色。

一是以建设黄河流域生态保护和高质量发展先行区为统领，形成了多领域多部门协同间接推进生态旅游发展的机制。自治区文化和旅游厅、自然资源厅、农业农村厅、发展改革委、乡村振兴局、林草局，相关市、县（区）等，协同推进生态环境保护、荒漠化综合防治、贺兰山生态保护修复、六盘山生态保护修复，在合力推进新征程生态文明建设的同时，维护了生态旅游核心吸引物，又以特色生态产业发展促进了旅游活动大环境的改善。

二是生态文明建设和生态旅游发展整体协调、融合。生态旅游发展是宁夏生态文明建设的驱动力。2023年，宁夏继续践行“两山”理念，统筹开发景区山水林田湖草沙资源、人文和生态资源。《“宁夏二十一景”创新升级工程三年行动方案（2023—2025年）》中，生态旅游是重要载体。2023年，宁夏星空旅游大会在银川市和中卫市两地举办，不断增强生态旅游影响力。此外，“第四届全国旅游生态与生态旅游学术年会暨生态旅游与高质量发展研讨会”在中卫市召开、“宁夏二十一景”元宇宙数字文旅营销服务平台——“元游宁夏”发布等，从理论与实践双向层面让我们看到宁夏生态旅游的发展对区域生态环境保护、生态文明建设起到了正面积极的作用。

三是生态旅游产品日渐多样，在产品开发中更加注重对生态文化的传递。无论是基于水体、山地、沙漠等自然环境打造的探险、露营等体验产品，还是依靠国家生态旅游示范区、美丽休闲乡村等已有基础推出深层次的生态产品，或是借助葡萄酒、枸杞等特色农产品，从农文旅结合的角度打造的多元化生态旅游产品，其本质仍然是“生态旅游+”思维的运用，且其中都有着对生态文化的传递。这样的传递也体现在2023年的电视剧《星星的故乡》、纪录片《贺兰山下》等影视作品中。

三、宁夏生态旅游发展存在的问题

（一）生态旅游资源潜力挖掘不足

部分县区生态旅游开发层次低，生态旅游停留在“概念”居多，没有真正意义上实现生态价值。虽开发了具有一定市场规模的旅游产品，但经营管理较为粗放，产品类型、游览方式单一，存在同质化与重复建设现象，大部分产品仍以传统观光游为主，生态旅游没有真正发挥作用。旅游资源未做到合理利用，旅游产品潜力挖掘不够，档次不高，绝大多数旅游产品只能满足游客的基本需求，缺乏参与性、娱乐性和有特色的体验性旅游产品。旅游消费还偏于传统，门票所占份额较大，旅游二销花费偏少。生态旅游发展受季节性影响明显，受冬季气温影响，生态旅游产品匮乏，未能充分开发满足消费者多样需求的不同时间、不同季节的生态旅游产品。

（二）公共基础欠佳，环境解说薄弱

生态旅游区或由于开发受限原因，旅游设施基础薄弱，部分景区景点环境解说系统不完善，标识牌、导视系统欠缺，科普解说普及不足。生态环保提示、景区生态展览、展示点较少。大多生态旅游区配备的讲解员、导游人员等未系统地学习过生态环境相关知识，多数生态旅游经营、管理人员对生态旅游本质内涵认识模糊。部分管理者与经营者生态环保知识欠缺，同时未能激发旅游者环境意识，产生积极环境教育效果的参与性体验项目较少。

（三）生态旅游融合发展水平较低

宁夏生态旅游资源分布广泛，生态旅游作为一种可持续发展的旅游方式，与其他产业融合深度不足，发展缺乏后劲。生态旅游区的发展类型从自然人文的单一要素向综合类型转变，也在从单一的资源驱动，逐步向自然、文化、创意、技术等综合驱动转变。[①]生态旅游的发展逐渐趋于多元化，但生态旅游文化内涵不够，旅游产品融合元素较少，在生态资源嵌入

---

①陈田、虞虎、王甫园：《迈向可持续目标的中国生态旅游发展研究》，《中国生态旅游》2021 年第 11 期。

产业融合特色、转化成特色产品方面还存有差距。

四、宁夏生态旅游发展对策和建议

旅游业要在生态文明建设中真正发挥作用，必须走绿色低碳发展道路。宁夏“一屏障两全境”[①]的生态定位，决定了生态旅游的开发与保护、发展和建设，意义重大。因此，必须将“谨守生态底线、科学适度开发”作为开展生态旅游的前提条件。宁夏全区资源环境承载力的发展度都较低[②]，对利用自然风景资源进行生态旅游、文化旅游等开发的项目，要严格按照相关政策规定和要求，建立绿色发展机制，因地制宜实行强度控制性开发与选择性开发相结合的方式，使保护与发展相结合。

（一）立足资源禀赋，打造产品体系

要立足资源环境禀赋和比较优势，注重差异化、特色化发展，突出宁夏特色、地域特征，有序推进，保持宁夏自然生态旅游资源和文化生态旅游资源的原始性和真实性，以打造特色鲜明的生态旅游产品体系。统筹推进黄河流域生态保护和文化旅游高质量发展先行区建设，建设滨河生态文旅岸线，努力让黄河宁夏段成为全流域最安全、最健康、最美丽的河道。推进贺兰山、六盘山、罗山生态修复与生态产业融合发展。在贺兰山东麓葡萄酒文化旅游长廊构建过程中，要注意与贺兰山东麓废弃矿山修复和防洪沟道治理相结合，为葡萄酒产业与生态文化旅游的有机融合打好环境基础。加快推进六盘山生态与农业、特色苗木、旅游度假等产业深度融合。依托罗山发展沙漠光伏风电、沙漠种植、探险旅游等产业，以特色产业发展促进生态环境改善。[③]全方位布局，打造葡萄酒品鉴、沙漠度假、森林康养、山地越野等特色体验型产品，走集生态、康养、休闲、度假于一体的

---

①西北地区重要生态安全屏障，全国唯一的全境属于黄河流域地区、全境属于“三北”工程建设地区。

②李瑾、文琦、杨骁：《基于资源环境承载力的干旱区乡村振兴路径研究——以宁夏为例》，《干旱区地理》2022年第1期。

③任金玲、邹姣姣：《宁夏推动“三山”从高颜值向高价值转化》，《中国自然资源报》2023年11月6日。

发展之路。

（二）增加生态设施，重视环境解说

良好的基础建设是旅游发展中的重要环节，加大基础设施投入，鼓励生态停车场、生态厕所、绿色饭店、生态绿道等生态设施建设。在生态旅游区注意清洁能源的使用，建设垃圾无害化处理基地。生态旅游的发展，能够促进地方社会经济发展，提高在地居民经济收益，改善当地居民生活水平。生态旅游的环境教育功能是公认的，环境解说作为生态旅游自然教育的核心手段，能通过生态旅游活动，提高人们的环保意识、生命意识、生态文明意识。应该意识到完全依靠国家和政府的单一保护主体，是难以实现生态旅游以及环境可持续发展的终极目标的。①作为一种需带责任感的旅游方式，生态旅游可以激发游客的自然保护意识，促进文明旅游的发展。要赋予生态旅游的环境教育以认同功能，促使其从一般的环境解说进阶成为新型生态文化观的启迪，将环境解说打造成为生态旅游活动过程中的重要一环。

（三）推进融合发展，强化生态旅游形象

以转型升级、提质增效为主线，围绕自治区“六新六特六优”产业，推动生态资源与文化、旅游、农业、科技、教育、体育、葡萄酒等产业深度融合。强化数字交融、生态科技、新型能源等新技术运用，提高生态旅游项目的科技含量，延伸生态旅游产业链，形成旅游综合服务体系。在推介生态旅游景区景点的同时，鼓励有条件的县区进行独具地域特色的生态旅游形象宣传，强化生态旅游形象，大力发展生态体验、生态科研、低碳旅游等，形成合力，多角度、多渠道进行宁夏生态旅游宣传推广。

---

①徐红罡:《中国生态旅游的理论问题》,载李洪波、詹卫华主编《生态旅游研究前沿》,科学出版社,2017。

2023年宁夏节假日旅游发展报告

鲁忠慧

节假日旅游是指人们利用节假日外出在游、购、娱、食、住、行等方面产生的消费旅游活动。人们利用节假日集中消费的行为就形成了假日旅游经济这种旅游经济增长模式，这对旅游经济以及国民经济具有重要的不可忽视的拉动作用。2023年，在宁夏文旅发展战略定位、“消费需求促进年”的推动下，以及随着社会生活趋向正常化、旅游市场持续释放的积极信号，和人们谨慎心态的消散，疫情积压的“治愈”和“自愈”外出旅游的首选需求在节假日被集中释放。全国旅游市场迅速恢复、大幅回暖的态势促进下，宁夏节假日旅游市场全面回暖、持续向好、加速复苏。

一、从数据看2023年宁夏节假日旅游发展态势

2023年，宁夏节假日旅游市场恢复势头强劲、持续升温。据统计，春节期间，宁夏接待游客152.63万人次，实现旅游收入6.33亿元，同比分别增长22.51%和5.65%[①]；恢复至2019年同期的90%以上，恢复水平分别高于全国1.4个百分点和16.9个百分点。[②]2023年春节假期全国国内旅游出

作者简介 鲁忠慧，宁夏社会科学院文化研究所研究员。

①周一青、王刚:《全区接待游客152.63万人次》,《宁夏日报》2023年1月29日。

②阎梦婕:《春节假期宁夏接待游客152.63万人次 实现旅游收入6.33亿元》,2023年1月29日,人民网宁夏频道,http://nx.people.com.cn/n2/2023/0129/c192493-40280809.html。

游3.08亿人次，同比增长23.1%，恢复至2019年同期的88.6%；实现国内旅游收入3758.43亿元，同比增长30%，恢复至2019年同期的73.1%。[①]

“五一”期间，宁夏累计接待游客478.82万人次，较2022年同期增长137.95%，按可比口径恢复至2019年同期的156.17%；实现旅游收入30.36亿元，较2022年同期增长527.27%，按可比口径恢复至2019年同期的488.37%。[②]接待游客人次和实现旅游收入恢复至2019年的同期水平分别高于全国37.08个百分点和387.71个百分点。2023年“五一”假期，全国国内旅游出游合计2.74亿人次，同比增长70.83%，按可比口径恢复至2019年同期的119.09%；实现国内旅游收入1480.56亿元，同比增长128.90%，按可比口径恢复至2019年同期的100.66%。[③]

端午节3天假期，宁夏接待游客177.01万人次，实现旅游收入12.64亿元；分别较2022年同期增长91.16%和237.97%[④]；按照可比口径，分别较2019年同期增长157.54%和516.58%。[⑤]恢复至2019年的同期水平分别高于全国44.74个百分点和421.68个百分点。2023年端午节假期，全国国内旅游出游1.06亿人次，同比增长32.3%，按可比口径恢复至2019年同期的112.8%；实现国内旅游收入373.10亿元，同比增长44.5%，按可比口径恢复至2019年同期的94.9%。[⑥]

古尔邦节期间宁夏累计接待游客181.40万人次，实现旅游收入13.11亿元，分别较2022年同期增长55.92%和99.84%。[⑦]

①马振涛:《以“四个持续”推动行业高水平复苏高质量发展》,《中国旅游报》2023年1月31日。

②王刚:《“五一”假期宁夏接待游客478.82万人次》,《宁夏日报》2023年5月5日。

③陈芳、宋薇萍:《“五一”假期消费增长强劲　市场潜力持续释放》,《上海证券报》2023年5月4日。

④马军:《端午节期间宁夏实现旅游收入12.64亿元》,《华兴时报》2023年6月26日。

⑤王刚:《端午节假期全区实现旅游收入12.64亿元》,《宁夏日报》2023年6月25日。

⑥庄灵辉、卢志坤:《旅游市场持续升温　游客出游更趋理性》,《中国经营报》2023年10月16日。

⑦東蓉、马军:《小长假我区接待游客181.40万人次》,《华兴时报》2023年7月4日。

中秋节、国庆节“双节”假期宁夏接待国内游客489.96万人次，实现旅游收入40.87亿元；按照可比口径，较2019年同期分别增长18.82%和35.10%[①]，恢复至2019年的同期水平分别高于全国14.72个百分点和33.6个百分点。2023年中秋、国庆“双节”假期，全国国内旅游出游8.26亿人次，按可比口径同比增长71.3%、较2019年增长4.1%；实现国内旅游收入7534.3亿元，按可比口径同比增长129.5%、较2019年增长1.5%。[②]

从2023年宁夏以及全国节假日旅游统计数据可以看出，无论春节、“五一”，还是端午节、中秋节、国庆节，宁夏在接待游客人次以及实现旅游收入上恢复至2019年同期可比口径的数据，都远远高于全国的平均水平。宁夏2023年节假日旅游市场在旅游复苏加速键启动后，呈现出的是稳开高走、全面强势回暖的发展态势。

二、“优惠措施+开展活动”激活宁夏节假日旅游消费活力

节假日期间，为了充分挖掘旅游潜力，更好地促进旅游消费，在旅游产品供给方面，宁夏推出系列优惠措施、文旅促消费活动、组织发放消费券、特色旅游路线，开展“旅游+演艺”“旅游+看展”“旅游+刷博物馆”等活动，以及围绕“宁夏二十一景”开展的活动，持续丰富假日旅游产品供给，使宁夏各地文化场馆、景区、乡村旅游点等人气持续攀升，有效激发了文旅市场的消费活力，进一步促进了假日经济的发展繁荣。

春节期间，自治区文化和旅游厅推出17条文化旅游优惠措施，指导各地出台门票减免惠民措施，春节期间累计发放文化和旅游消费券12万张，直接带动消费1604万元，间接拉动消费1.24亿元。宁夏累计开展公共文化活动1391场次，受众达171.66万人次，其中村晚活动41场次，观众

①自治区文化和旅游厅:《“双节”假期，宁夏接待国内游客489.96万人次实现旅游收入40.87亿元》,2023年10月10日,https://whhlyt.nx.gov.cn/zwgk/fdzdgknr/tjxx/202310/t20231010_4302382.html。

②李乔宇:《国内旅游:8.26亿人次保持常态化稳健增长态势》,《证券日报》2023年10月9日。

32.61万人次；举办“在宁夏·非遗过大年”系列主题活动638场次，观众达到317.93万人次，全网点击量突破1599.62万次[①]；贺兰山岩画景区首届冰峰节活动，旅游人次、收入同比增长236.06%和267.31%；宁夏各级图书馆、文化馆、博物馆、美术馆等共接待市民及游客4.21万人次，比上年同期增长27%。[②]

“五一”期间，宁夏各地累计开展文旅活动148项。宁夏图书馆、文化馆、博物馆、美术馆接待游客18.07万人次；银川市开展了16项“文旅+”“+文旅”活动，日均吸引游客超5万人次；自治区文化和旅游厅面向全国游客发放750万元“宁夏文旅消费券”；银川市发放“五一”专项消费券2500万元；石嘴山市发放238万元文旅惠民消费券；中卫市发放文旅消费券122万余元，带动旅游消费600万元；宁夏旅游休闲街区共接待游客203.63万人次，实现营业收入1.42亿元，其中，怀远旅游休闲街区4月30日、5月1日连续两天单日接待游客超过18万人次，兴庆区敬德街旅游休闲街区接待游客超过20万人次，阅彩城宁夏观光夜市“五一”假期接待游客同比增长435%，兴庆区敬德街旅游休闲街区接待游客超过20万人次，中卫市向阳街接待游客超20万人次。[③]镇北堡西部影城景区共接待游客16.95万人次，同比2022年增长461%；水洞沟景区共接待游客15.67万人次，同比2022年增长415%，其中5月1日单日突破7万人次，创历史新高；宁夏乡村旅游经营单位累计接待游客228.46万人次，实现旅游收入1.12亿元。[④]

端午节假期，在各项活动和优惠措施的助力下，宁夏文旅消费新活力持续释放。宁夏图书馆、文化馆、博物馆、美术馆接待市民及游客5.38万人次[⑤]，其中宁夏图书馆累计接待1.46万人次；宁夏围绕端午主题，推出

①柬蓉:《我区春节期间实现旅游收入6.33亿元》,《华兴时报》2023年1月30日。

②周一青、王刚:《全区接待游客152.63万人次》,《宁夏日报》2023年1月29日。

③④王刚:《“五一”假期宁夏接待游客478.82万人次》,《宁夏日报》2023年5月5日。

⑤马军:《端午节期间宁夏实现旅游收入12.64亿元》,《华兴时报》2023年6月26日。

了系列活动，银川市推出了 50 余项文化旅游活动，石嘴山市推出了 12 项主题活动，固原市开展了 29 项主题活动；沙坡头景区累计接待游客 8.9 万人次，实现营业收入 632 万元；沙湖景区累计接待游客 2.79 万人次，实现营业收入 205 万元[①]；贺兰山漫葡小镇累计接待游客 4.05 万人次，实现营业收入 492 万元；5 市重点监测的乡村旅游点累计接待游客 19.03 万人次，实现旅游收入 984.36 万元；银川市建发阅彩城、怀远休闲街区等城市旅游街区，端午期间共接待游客 31.02 万人次，营业收入 3156.68 万元；六盘山国家森林公园累计接待游客 1.2 万人次，实现营业收入 83.6 万元。[②]

古尔邦节期间，宁夏各地将文化活动和旅游相互融合，使游客乐享度假时光。漫葡小镇《看见贺兰》演出共接待游客 6.54 万人次；吴忠市盐州古城的实景演出“盐州胡旋”，共接待游客 3.98 万人次；5 市重点监测的乡村旅游点接待游客 22.02 万人次，实现旅游收 1119.87 万元，其中，牛家坊民宿文化区民宿集群共接待游客 3.7 万人次，同比增长 178%；吴忠市盐州古城历史文化旅游区的“盐州胡旋”实景演出，共接待游客 3.98 万人次；银川市怀远夜市、阅彩城休闲街区接待游客近 63.12 万人次。[③]

中秋、国庆“双节”期间，宁夏开展了百余项文旅促消费活动，丰富假日旅游供给。宁夏 5 市开展的线上线下活动共计 20 余项。自治区文化和旅游厅为游客享游宁夏，推出了涵盖各地活动和优惠措施的《好玩宁夏菜单》，涵盖各类演出的《演艺宁夏菜单》，以及 47 条自驾游和自助游线路的《玩转宁夏菜单》；银川市推出 60 大项 136 单项系列文化旅游活动，在电商平台发放文体商农旅消费券 5000 余万元，开展旅游消费惠民措施 50 余项；石嘴山市举办文旅活动 10 余项，吸引游客 4 万余人，带动消费 2054 万元；

①马军：《端午节期间宁夏实现旅游收入 12.64 亿元》，《华兴时报》2023 年 6 月 26 日。

②自治区文化和旅游厅科教处：《端午节，宁夏接待游客 177.01 万人次，实现旅游收入 12.64 亿元》，2023 年 6 月 25 日，https://whhlyt.nx.gov.cn/zwgk/fdzdgknr/tjxx/202306/t20230625_4157239.html。

③自治区文化和旅游厅科教处：《古尔邦节，宁夏接待游客 181.40 万人次，实现旅游收入 13.11 亿元》，2023 年 7 月 3 日，https://whhlyt.nx.gov.cn/zwgk/fdzdgknr/tjxx/202307/t20230704_4166682.html。

吴忠市举办中秋、国庆系列文旅活动 39 场次，直接拉动消费 2700 万元，发放文旅消费券 145 万元；固原市推出各类农文旅活动 60 多场次；中卫市各景区推出“组合套票、联动经营、旅游年卡”等惠民措施。宁夏图书馆、文化馆、博物馆、美术馆累计接待市民及游客 65.85 万人次；银川花博园共计接待游客 11.20 万人次；镇北堡西部影城《大话西游》实景演出，共计接待游客 22.51 万人；水洞沟景区《北疆天歌》演出，共计接待游客 14.69 万人；贺兰山漫葡小镇《看见贺兰》演出，共计接待游客 11.10 万人；宁夏 4 家国家级夜间文旅消费集聚区和 2 家旅游休闲街区共接待访客 169.43 万人次，实现旅游收入 1.42 亿元，怀远夜市接待游客 61.82 万人次，吴忠市光耀美食街单日最高客流量达 1 万人次；5 市重点监测的乡村旅游点接待游客 58.77 万人次，实现旅游收入 3148.40 万元①，其中，银川市各乡村旅游点共计接待游客 15.39 万人次；石嘴山市乡村旅游共接待游客 18.04 万人，营业收入 290 余万元。②

三、推动宁夏节假日旅游高质量发展的思考

节假日旅游对旅游经济增长以及其他附加性服务业发展具有重要的推动作用，但同时由于节假日游客在较短时间内集中消费，人流、物流和资金流集中释放，这种时间短和爆发力强的特点，也带来了住宿紧张、公路交通拥堵、景区游客超载等系列问题，在很大程度上影响了游客的度假休闲的品质。现阶段，节假日选择旅游休闲已经成为我国国民的日常行为，人们对旅游品质的要求在全方位升级，为了更好地满足人民群众对美好生活的需要，需要今后在调查研究的基础上，努力寻找破解问题的方法，重构节假日旅游发展理念，科学调整措施，合理配置资源，加大优质旅游产品和服务供给，以假日旅游市场持续稳定发展推动宁夏节假日旅游高质量发展。一是以预约机制便利化水平的提高调适景区的游客承载量，提升景

---

①自治区文化和旅游厅：《“双节”假期，宁夏接待国内游客 489.96 万人次实现旅游收入 40.87 亿元》，2023 年 10 月 10 日，https://whhlyt.nx.gov.cn/zwgk/fdzdgknr/tjxx/202310/t20231010_4302382.html。

②王刚：《宁夏乡村旅游热度持续攀升》，《宁夏日报》2023 年 10 月 6 日。

区游览品质。目前，预约、定制服务已然成为节假日游客出行前的好助手。大数据分析等新兴技术为出游服务提升品质化、一体化、便捷化、智能化上的转型升级提供了助力。游客在节假日的有限时段和有限区域内的集中消费活动，致使许多热门景点客流量常常出现承载量超载的情况，为了破解景区承载能力与游客需求之间的矛盾，就要运用好科学便利的预约、定制机制。节假日期间，景区要通过采用新技术，简化预约程序，提高预约便利化水平，在景区游客量未达到预约购票的最大承载量时，保留人工购票窗口服务的填补功能。或通过分时段预约、退票动态回池、弹性增加预约名额等措施，提升购票预约的便利化[①]，或通过延长景区开放时间，以及增加弹性供给等措施进行客流量的合理调节。二是不断推进交通运输与旅游的融合发展，改善交通拥堵现象，提高出行品质。以便捷通畅的交旅融合服务，大力促进交通运输对旅游发展的基础性作用。通过构建铁路、公路及民航等“快进”交通网络，提高到景区的通达性和便捷性、加强交通干线与热门旅游景区衔接、优化配置客运枢纽到热门旅游景点的直达线路，以及积极为游客提供铁公联运、空公联运便捷的联运服务等交通与旅游融合发展措施，合理实施限流、错峰机制，让游客享用顺畅、便利的优质旅游交通服务。三是不断健全政府主导的旅游工作部门协同机制，为游客创建美好的旅游环境。为破解节假日旅游出现的需求集中所导致的景区、住宿、交通、餐饮等供给短缺，需要协同机制进一步发挥其应有的综合协调作用，在协同机制效能上下功夫，聚焦关键重点，有针对性地制定出解决问题的细化措施和解决路径，不断探索新的做法、新的机制、新的模式，以改革创新成效持续释放节假日旅游消费活力，通过丰富的旅游产品供给、高品质的公共服务效能、规范的旅游市场秩序等，使游客的消费体验持续转型升级，让游客节假日旅游的满意度、获得感不断提升，推动节假日旅游市场实现质的有效提升和量的合理增长，全方位促进假日旅游经济发挥出更大的综合效益。

---

①《〈关于释放旅游消费潜力推动旅游业高质量发展的若干措施〉政策解读》,《中国旅游报》2023 年 10 月 2 日。

宁夏方言变迁与大众文化发展趋势研究

张　婷

方言与大众文化在现代化、现代文明的发展进程中进行着继承与更替。宁夏方言与宁夏大众文化（地域文化）因其内部地理属性和历史的不同，既带有差异，又具有趋同发展的必然性。

一、宁夏方言的分布及其特征

“宁夏方言”也称“宁夏话”，一般用来指称宁夏回族自治区境内的方言。这并不是一个具有严格学术定义的名词，而是基于行政区划的地域性来指称宁夏的方言。

实际上，宁夏方言包括北部兰银官话银吴片方言和南部中原官话秦陇片、陇中片与关中片方言，主要是因为历史上的地理环境、人口迁移、行政区划所属区域不同所致。严格意义上的兰银官话银吴片方言包括石嘴山市所辖大武口区、惠农区、平罗县方言，银川市所辖兴庆区、金凤区、西夏区、贺兰县、永宁县、灵武市方言，以及吴忠市利通区、青铜峡市方言。固原市所辖西吉县、隆德县方言，中卫市海原县方言属中原官话陇中片方言；固原市所辖原州区、彭阳县方言属中原官话秦陇片方言；固原市所辖泾源县方言属中原官话关中片方言。而吴忠市所辖同心县、盐池县方言，

作者简介　张婷，宁夏社会科学院文化研究所助理研究员，博士。

以及中卫市所辖沙坡头区、中宁县方言，属于过渡带方言，既带有银吴片方言特征，又带有各自邻近的中原官话不同小片方言特征，通常方言学界将其划归为兰银官话银吴片方言。

此外，宁夏境内还存在一些方言岛。从20世纪50年代开始至70年代，有大批外省干部、工人及各类专业知识分子为支援宁夏建设举家搬迁来到这里生活，主要迁入石嘴山市与银川市。通常以所在单位为中心形成了一些相对集中的生产生活区，形成了移民方言岛，这些方言岛所使用的方言并不能称为“宁夏方言”。在这些方言岛中，有些是某一种方言的方言岛（比如西北轴承厂以东北官话为主），而有一些则是多种方言混用的方言岛（比如宁夏钢铁厂以东北官话和冀鲁官话保唐片为主，夹杂着石嘴山市方言）。这些方言岛居民在与迁入地居民的日常交往中，因为各自的方言差异在交流中会带来一些困难，都自发地使用普通话作为日常交流的中介语，逐步形成了多种方言与普通话并存发展的分布。这也是石嘴山、银川两市的普通话相对于其他三个市普及得更早的原因。发展至移民二代、移民三代，则以普通话为主，加以兰银官话银吴片方言并存分布。

二、城市化与城镇化对方言、文化发展趋势的影响

宁夏内部的方言并不一致，而且包括过渡带方言和方言岛。方言是当地历史、地理、风俗、文化的重要载体之一，方言的不同则标志着宁夏境内的文化分布与文化内涵具有差异性。宁夏方言分南北，文化、习俗也必然分南北。宁夏北部与南部具有差异性是宁夏人长久以来的共识。加之以前交通不便利，人们的活动范围有限，北部与南部的交流交往不多，彼此之间的了解与认识并不多，结亲通婚的现象也不多，形成了各自相对独立的生活圈，故而各自的方言与文化习俗也保持了相对稳定的独立发展与传承。

从20世纪80年代开始的宁夏境内“吊庄”移民，是将宁夏南部山区居民通过跨县跨区整体搬迁至宁夏北部生产生活条件较好的县区生活。通过这样的方式，也使宁夏境内的迁入县区产生了新的方言岛。“吊庄”移民的迁入，必然会带来方言的接触以及文化的接触演变。这时就需要中介

语来作为沟通的桥梁，也就必然会带来普通话的加速普及。虽然宁夏南北方言的差异并没有大到彼此之间完全不能交流，但在交流中遇到沟通困难时，就会自发使用普通话来解释彼此方言中的词汇与表达。在这样的信息交换过程中，也会促使双方对彼此的方言产生了解，时间越长对彼此方言了解的程度也就越深，方言混用但不影响理解对方表达之意的现象、对文化差异的了解与共存将在宁夏境内长期存在。不过，伴随着移民二代、移民三代的成长，移民家庭则会进入迁入地方言取代迁出地方言的替代阶段。移民后代语言的更替标志着迁出地文化在这一群体中的衰落，方言替换的完成也必然伴随着文化形态更替的完成，最终融入迁入地完成身份转换。这是融入新生活需要带来的方言与文化的变迁，也是完成了移民搬迁步入新阶段城镇化生活的标志。2021 年 1 月在全国播出的电视剧《山海情》在宁夏卫视播出时是方言版，使宁夏观众回到了那一段历史的记忆，增强了对易地搬迁的精神内涵和文化价值的共鸣。

如今，伴随着城市化进程加速，因工作原因带来的生活区域的改变大大增加，原本相对独立稳定的生活圈发生了改变，跨区域跨语言的交流与交往也必然发生，使原本带有差异性的宁夏方言与宁夏文化逐渐趋同。传统生产方式在城市化的进程中也发生了改变。在宁夏境内从事农业与畜牧业的人口比例减少，新的词汇、文化跟随着新的生产方式兴起。“电脑”“手机”“系统”“文档”“数据”这些与新的生产方式有关的词进入人们的日常工作，新的生活方式比如“广场舞”“出国游”也进入了人们的日常生活。而在不参与农事的人群中，“耱田”（平整土地）、“秫秫”（高粱）、“牛目浪子”（牛犊）、“麦赞赞”（蚂蚱）这些方言词已经不再使用。说明越来越多的人已经远离土地，从事了新的工作，城市化水平提高。

居住环境的改变，带来了居住环境的优化，旧事物被新事物所取代成为日常，民居文化也已经发生改变。堂屋（正房）、厢房、门销板子（门闩）、仰纸（顶棚）、炕角头（炕里面）这些词对于年轻人来说已经越来越陌生。取而代之的是客厅、卧室、暖气片、地暖、空调等现代居住环境中使用的词汇。居住环境的改变，家庭设施的更新，意味着城市化与现代化生活已经不仅仅表现在基础设施建设中，而是进入了人们的语言与文化中。

方言的衰落既伴随着地域文化的衰落，也伴随着国家通用语的普及与全民现代化文化的兴盛。旧的方言词在城市化、城镇化、现代化的发展中走向衰落，成为历史。年轻人不再说方言已经成为日常。虽然宁夏的城市化、城镇化进程相较于其他省区并不算快，但在人们日常生活的语言与言语中已经发生了更替，这是社会发展与全国性的交流交往带来的必然。

三、媒体对方言、文化发展趋势的影响

20 世纪 90 年代，出租车进入了宁夏寻常百姓的生活，“打的”文化开始成为出行潮流，“打得起的”成为生活条件好的标志之一。2006 年 5 月 1 日，大型系列广播方言情景喜剧《的哥哈喜喜》在宁夏交通广播开播。节目以一对开出租车的半路夫妻哈喜喜和夏莉莉为主人公，通过他们身边的人和事展开情节，围绕交通出行、百姓生活、社会新闻、焦点事件，将交通法规、交通常识也融入剧中，以轻松自然、诙谐幽默的风格，折射当代都市生活的众生百态。主人公哈姓是宁夏代表姓氏，哈喜喜这个名字带有宁夏地方喜剧特色。夏莉莉的名字则是因为当时在宁夏的出租车中夏利汽车占到五成以上，夏利车成为宁夏交通的一道风景，故而取谐音夏莉莉。节目语言也以宁夏银川方言为主，包括宁夏各地方言、俗语。在宁夏，《的哥哈喜喜》是出租车司机最爱听的节目之一。伴随着《的哥哈喜喜》的声音，宁夏方言在宁夏本地的出租车里掀起了一波方言热。[①]

网络新媒体时代，传播方式更加便捷多样。微博、微信、喜马拉雅、视频号、抖音、快手等新兴媒体成为人们日常生活中的一部分。方言在年轻人的文化语境中越来越流行。通过平台，越来越多的方言内容被看见，方言内容也成为流量密码。宁夏特色的方言节目、小视频也参与其中，成为宣传工作的新形式。同心县公安局创作的反诈宣传短视频“康哥”系列，在宁夏小有名气。每集一个主题，以警察康哥和两个经常参与电信诈骗的本地村民为主角，以生动活泼、幽默的小视频宣传反电信诈骗，使反诈宣传的内容深入人心，小视频深受欢迎，在宁夏是非常成功的官方媒体传播，

①马茵:《宁夏有个“哈喜喜”》,《中国广播》2015 年第 9 期。

起到了积极的向好向善的导向作用。

图片、表情包作为网络交流工具的同时，也是方言文化传播的重要手段。方言表情包在此背景下流传。使用方言是人们对家乡文化的认同和自信，方言借助网络平台走出故乡，成为公共空间中表达乡梓之情的重要载体。可以看到在流行语文化网络上，带有方言特色的表达已成为当今年轻人日常社交中必不可少的部分。生动有趣的表情包在网络中广泛使用，突破了以往方言文化传播路径的单一渠道，发挥出了图片、动态图片与文字、表意结合的特点，提供了表达方言文化的新路径。尤其在同一方言区内的人群中收到了良好的传播效果，拉近了网络聊天中的距离，比如方言表情包中出现的“木有滴”（没有的）、“逛该走”（逛街走）、“pia 手”（拍手），在方言使用者中的亲切感是普通话所不能代替的。电商助农、网络媒体代言人的出现，在乡村振兴、城市文化宣传中都起到了积极的宣传作用。另一方面，自媒体的发展，使每个人都可以成为主播，使用方言制作小视频、网红、网络带货充斥着网络。但随之而来的，是表情包、小视频的制作者因为文化水平、学识见识、站位和个性不同，带来的表情包、小视频的质量参差不齐、对大众产生不良导向的问题。普通话、方言、民族语都遇到了错别字、错误解释的现象，不利于语言文字的正确使用，也加剧了地域文化的错误传播，有时会引起地域攻击、人身攻击。可谓是名副其实的“双刃剑”。

包罗万象的网络世界，也给了方言音乐更多展现的舞台与空间。近年来，“方言+音乐”在平台上也不断涌现出大量生命力强的优质内容。目前在全国范围内有影响力的宁夏音乐代表歌手是赵牧阳和苏阳乐队。“西北鼓王”赵牧阳的代表作《黄河谣》《忍着》《侠客行》等在网络音乐平台上广泛传播。苏阳乐队的代表作《新鲜的花儿开》《凤凰》《贤良》《宁夏川》等作品在网络音乐平台上传播的同时也活跃在各大摇滚音乐节上。为中国摇滚音乐、民谣音乐爱好者注入了宁夏文化、宁夏方言元素，在特定文化群体内也促进了宁夏文化、宁夏方言的传播，成为时尚的一部分。

方言作品在特定方言区中流行、受到欢迎，一方面是方言的使用者在方言正在衰落的背景下找到的文化共鸣，是对将要消失的文化的眷恋。原本的日常已经不再是日常，变成了附属文化产品。方言节目成为他们身份认同、文化认同的一部分。另一方面，方言区不再使用方言的年轻人，他们已经不再满足于对基本生活需求的追求，而是追求精神生活，追求个性，展示自我。方言表情包、方言小视频、方言音乐，成为他们追求的个性元素。同样的方言节目、方言表情包、方言小视频、方言音乐，在不同人群中流行的原因并不相同。这是基于不同群体的成长背景、生活经历反映出的社会文化变迁，是时代的产物。

四、社会发展进程引领方言与大众文化的发展方向

语言是文化的载体，人们的思维、逻辑、生活形态、风俗习惯都体现在语言与言语中。社会的变迁、观念的改变、新旧事物的更替都记录在语言中，有些成为历史，消失在生活中；有些则成为新时代的符号，出现在生活中。方言作为地域文化的载体，是体现地域文化特色的一种标志。方言与地域文化相互依存，彼此承载着一个时代的记忆。

方言的变迁与大众文化的发展一定与社会的变化息息相关。一方面，方言在逐渐消失，地域文化也在被遗弃，作为非物质文化遗产都是十分可惜的。另一方面，现代化进程的加快，城市化水平越来越高，旧有的生产生活方式发生改变，社会文明程度大大改观，也使方言与地域文化中的糟粕被现代化与现代文明所取代。现代化与现代文明在社会发展中引领着方言与大众文化的发展方向，形成新的语言形式与文化形态。

媒体文化篇

MEITI WENHUA PIAN

2023年宁夏新型主流媒体传播效果报告

王雅蕾

党的二十大报告强调，加强全媒体传播体系建设，塑造主流舆论新格局。党的十八大以来，党中央高度重视新闻舆论工作，作出推动媒体融合发展的重大决策部署。而今，中央级媒体融合传播成绩显著，省级主流媒体仍在努力跑好媒体融合的接力赛。本文对2023年宁夏新型主流媒体传播效果进行研究。新型主流媒体运用了新兴媒体技术，适应了新的传播环境，是相对于大众传播时代传统主流媒体而言的概念。①

一、宁夏新型主流媒体发展现状

（一）政策指导

党的十八大以来，习近平总书记围绕如何实现媒体融合发展问题，发表了一系列重要论述。从2014年《关于推动传统媒体和新兴媒体融合发展的指导意见》强调着力打造新型主流媒体，到2020年《关于加快推进媒体深度融合发展的意见》提出“推动传统媒体和新兴媒体在体制机制、政策措施、流程管理、人才技术等方面加快融合步伐”，媒体融合发展成为国家

作者简介　王雅蕾，宁夏大学新闻传播学院新闻系主任，副教授。

①代羽:《新型主流媒体平台化转型研究述评》,《传媒》2023年第17期。

战略。①

（二）平台赋能

新型主流媒体是主流媒体与互联网平台常态接合的产物。②宁夏新型主流媒体一方面依托商业型技术平台进行传播，如今日头条、微博、微信、抖音、快手乃至青年群体聚集的B站等。另一方面，在自主建设的平台方面，宁夏新型主流媒体在学习强国客户端及人民日报客户端的“人民号”等平台表现不俗。基于短视频用户的规模背景，本文以抖音平台为例对2023年宁夏新型主流媒体传播效果进行研究。

（三）账号建设

通过在抖音平台按照行政区划分别检索宁夏主流媒体账号，共获得63个宁夏新型主流媒体账号。其中，中央级主流媒体在宁记者站抖音号2个，自治区级主流媒体抖音号28个，地市级主流媒体抖音号17个，县级主流媒体抖音号16个。中央级主流媒体在宁记者站抖音号为@人民网宁夏频道（粉丝数15.5万）和@中新宁夏（中国新闻社宁夏分社，粉丝数2.3万）。需要说明的是，除了在矩阵传播中表现亮眼的@鸿胜来了，如果有宁夏新型主流媒体抖音号在命名时没有将地名纳入，则该抖音号不会被本文研究检索到。

二、宁夏新型主流媒体传播效果

（一）传播表现

在检索到的63个宁夏新型主流媒体账号中，以@直播银川抖音号传播表现最为突出，截至2023年11月15日，@直播银川抖音号粉丝144.4万，获赞2484.5万，作品7465个，作品平均获赞3328次；短视频作品方面，有合集《物业那些事儿》（78.4万次播放，更新至第13集）、《深度调查》（1.7亿次播放，更新至第152集）和《鸿胜说交通》（6.1亿次播

①石佳：《加快推动媒体融合发展国家战略——学习习近平总书记关于推动媒体融合发展的重要论述》，《学习时报》2023年6月19日第5版。

②强月新、胡阳：《平台化视角下新型主流媒体公信力评估指标体系建构》，《当代传播》2023年第4期。

表 1　自治区级主流媒体抖音号认证信息和粉丝数

（仅保留粉丝数 1 万以上的账号，数据截至 2023 年 11 月 15 日）

序号	账号名称	账号认证	粉丝（万）
1	文旅频道	宁夏广播电视台影视频道	102.3
2	宁夏观察	新消息报社	72.8
3	宁夏日报	宁夏日报	47.3
4	宁夏广电新闻中心	宁夏广播电视台新闻中心	41.5
5	网观宁夏	宁夏新闻网官方抖音号	39.3
6	新宁夏	新消息报抖音官方账号	20.7
7	NXTV 都市阳光	宁夏广播电视台经济频道《都市阳光》官方抖音号	16.1
8	宁夏法治报	宁夏法治报社官方抖音号	14.8
9	宁夏卫视	宁夏卫视官方账号	14.1
10	今日宁夏	宁夏广播电视台公共频道直播 60 分	9.9
11	宁夏新闻广播	宁夏广播电视台新闻广播官方抖音	3.2
12	宁夏网络广播电视台	宁夏网络广播电视台官方账号	2.3
13	宁夏广电	宁夏广播电视台黄河云视 APP 官方账号	1.5
14	宁夏春晚·融媒体项目创作中心	宁夏广播电视台融媒体项目创作中心	1.1

表 2　地市级主流媒体抖音号认证信息和粉丝数

（仅保留粉丝数 1 万以上的账号，数据截至 2023 年 11 月 15 日）

序号	行政区	账号名称	账号认证	粉丝（万）
1	银川市	直播银川抖音号	银川市新闻传媒中心《直播银川》栏目官方抖音号	144.4
2	银川市	银川新闻网	银川新闻网	77.6
3	银川市	银川晚报	银川市新闻传媒集团	68.1
4	银川市	这里是银川	银川市新闻传媒集团	58.1
5	银川市	银川日报	银川日报	40.5
6	吴忠市	直播吴忠	吴忠市新闻传媒集团	40.0
7	银川市	银川新闻联播	银川市新闻传媒中心《银川新闻联播》栏目官方抖音号	36.5
8	银川市	银川生活帮	银川电视台《银川生活帮》栏目官方抖音号	25.3
9	固原市	固原日报	固原日报官方抖音号	17.5
10	银川市	鸿胜来了	银川电视台《鸿胜来了》栏目官方抖音账号	14.3
11	银川市	银川发布	银川市新闻传媒集团	9.7
12	中卫市	中卫发布	中卫市新闻传媒集团官方抖音号	8.6
13	银川市	银川锐评	银川市新闻传媒集团	5.6
14	固原市	固原市广播电视台	固原广电	4.3
15	石嘴山市	今日石嘴山	石嘴山市新闻传媒中心官方抖音号	4.3
16	银川市	银川第一财经	银川电视台《银川第一财经》栏目官方抖音号	3.3

表 3　县级主流媒体抖音号认证信息和粉丝数

（仅保留粉丝数 1 万以上的账号，数据截至 2023 年 11 月 15 日）

序号	行政区	账号名称	账号认证	粉丝(万)
1	吴忠市	红寺堡视线	吴忠市红寺堡区融媒体中心官方抖音号	10.9
2	银川市	灵武市融媒体中心	灵武市广播电视台官方账号	4.5
3	中卫市	中宁县融媒体中心	中宁县广播电视台	3.2
4	银川市	永宁县融媒体中心	永宁县融媒体中心官方抖音号	2.6
5	石嘴山市	平罗县融媒体中心	平罗县融媒体中心官方抖音账号	2.6
6	固原市	隆德县融媒体中心	隆德县广播电视台	2.4
7	吴忠市	魅力青铜峡	青铜峡市广播电视台	1.9
8	吴忠市	同心融媒	同心县融媒体中心官方抖音号	1.9
9	固原市	彭阳融媒	彭阳县融媒体中心官方抖音号	1.8
10	吴忠市	盐池融媒	盐池县融媒体中心官方账号	1.6
11	银川市	最美金凤	银川市金凤区融媒体中心官方抖音号	1.4
12	银川市	贺兰县融媒体中心	贺兰县广播电视台	1.2
13	固原市	西吉融媒体	西吉县融媒体中心	1.0

放，更新至 697 集）；团购推荐方面，可供用户抢购贺兰山岩画景区、镇北堡西部影城等景点的门票；直播动态方面，月均直播 40 场，内容除了同步银川市新闻传媒中心《直播银川》栏目，还包括宁夏选调生招录、“蓝朋友”的日常、第 24 个中国记者节、“舌尖上的进博”等，内容丰富，具有较强的吸引力。

（二）创作表现

主流媒体是新闻内容的生产者，平台的算法机制也有利于将本地主流媒体账号推荐给本地受众，因此，主流媒体在粉丝受众基础方面具有先天性优势。同时，随着互联网发展，海量、碎片、多元的信息传播增加了网民的不确定感，而主流媒体是重要的官方信源，因此，主流媒体在受众信任度方面也拥有绝对优势。在严肃内容领域，宁夏新型主流媒体能够坚持正确导向，增强“四个意识”、坚定“四个自信”、做到“两个维护”，围绕中心，服务大局，弘扬主旋律，传播正能量，讲好中国故事。未来，宁夏新型主流媒体需以更多元的内容、更多样的形式，更好地发挥其舆论引导力。

（三）运营表现

在上述@直播银川抖音号的例子中，短视频作品合集《鸿胜说交通》拥有6.1亿次播放，更新至697集，成绩亮眼。按图索骥可以发现，@鸿胜来了有自己的账号，认证信息为银川电视台《鸿胜来了》栏目官方抖音账号，在@鸿胜来了发布的作品中，《鸿胜说交通》系列作品均标有与@直播银川抖音号“共创”字样。此外，可以在宁夏政务新媒体账号@银川交警的作品中，见到其与@鸿胜来了、@平安银川、@平安宁夏等账号的共创作品。@鸿胜来了粉丝数14.3万，@银川交警粉丝数30.5万，这两个账号在宁夏交警领域账号中遥遥领先，不难判断是有潜心运营、矩阵传播的功劳。

运营表现方面再以宁夏第二个粉丝数过百万的新型主流媒体抖音号@文旅频道为例，账号名没有将地名纳入，致使在抖音以“文旅频道”为检索词、“用户”为检索式进行检索时，@文旅频道排在@央视网文旅、@江西电视台文旅频道、@山东电视文旅频道、@文化和旅游部、@文旅北京、@宁夏文旅、@人民文旅等一系列账号之后，甚至用户在看到@文旅频道时，不一定能第一时间反应过来该账号IP在宁夏，本身是一个不利条件。@文旅频道何以成为粉丝数过百万的账号？经过观察可以发现，其在2023年10月16日至11月15日期间发布的短视频中，与银川市兴庆区新渠稍花卉农贸市场有关的4条短视频点赞数过百，除此之外，点赞数过百的短视频新闻内容来自吉林、贵州、四川、江西、山东、江苏等地。这不失为丰富账号内容、提升内容质量、积累粉丝存量资源的一种较好的方法，但从侧面反映出宁夏新型主流媒体发展存在的些许困境。

三、宁夏新型主流媒体发展困境

（一）有平台无运营的现象仍然存在

在新媒体传播环境下，鼓励开设新型主流媒体账号显得尤为重要，但还需避免“一哄而上、一事一号”的情况。应集中力量做优做强主账号，对功能相近、用户关注度低、利用率低的账号应予以清理整合，对确属无力维护的账号应予以关停。目前，在检索到的63个宁夏新型主流媒体账号中，有至少6个账号粉丝数不足100，另有至少6个账号粉丝数不足1000。

（二）优质内容创作的压力仍然较大

将@直播银川抖音号的7465个作品按“最热”降幂排序可以发现，10万赞爆款作品在2019年有7件、2020年17件、2021年12件、2022年2件，而2023年是0件；将@文旅频道的8577个作品按“最热”降幂排序可以发现，10万赞爆款作品在2019年有1件、2020年124件、2021年28件、2022年4件，而2023年是0件。但根据CTR发布2023年上半年主流媒体网络传播力榜单，截至2023年6月底，8家央媒及38家省级以上广电媒体机构在抖音渠道发布作品近百万篇，其中产生1.4万个10万赞爆款作品。[①]

（三）新技术新手段的运用仍然不足

根据CTR报告“2023年上半年主要央媒网络传播力评估”，以排名第一的@央视网为例，总台央博“何以文明”项目推广中华文明文化的短视频作品将文物通过后期技术做成“纸片人”，让文物与主持人一同走秀，网民评论“这是官方号，看来真给00后（创作运营）了”；以排名第二的@人民日报为例，其与@画画的邱锦鹏、@大顺在画画等合作，将短视频中的现实场景定格于一幅幅插画。宁夏新型主流媒体还需进一步遵循移动互联网发展规律，创新方法手段，积极运用新技术新应用。

四、宁夏新型主流媒体发展路径

（一）软传播与硬传播相结合

1. 软传播

软传播注重内容的生活化和情景化、亲和力和鲜活性。从全国范围来看，表现优异的微博、短视频账号不同程度地包含有“三美二萌”的元素。“三美二萌”即美人美景美食、萌娃萌宠，与宣传内容结合起来，不仅是“流量密码”，也使传播内容更好地融入公众的日常生活。

---

①央视市场研究股份有限公司（CTR）:《CTR发布2023年上半年主流媒体网络传播力榜单》,2023年8月11日,https://www.ctrchina.cn/rich/report/568。

2. 硬传播

移动互联网的发展使得越来越多具有复杂性的专业知识进入公众视野，被公众需要。一批优质自媒体账号在科普启蒙方面积极努力，同时，新型主流媒体和政务新媒体也有了更加明确的科普任务，以期更好地发挥权威信息发布与解读、意识形态培养与塑造、社会服务与治理的职能。

（二）图片传播、视频传播与直播赋能相配合

1. 图片传播

以“蚂蚁森林‘红树林·秋茄生态系统壁纸’”为例，通过制作海报壁纸的方式展现图片素材，新颖且极具趣味性，壁纸还兼具实用性。在文字传播的基础上，图片传播可以获得公众更多的目光，可以用九宫格、海报、漫画等创新形式的内容进行信息传递。摄影爱好者拍摄和野外红外拍摄等可以成为宁夏新型主流媒体的优质叙事素材。

2. 视频传播与直播赋能

短视频、Vlog 等多元化传播方式早已占据了大众视野，网友可以说是“能看图片不看文字，能看视频不看图片”。另外，短视频可以同时在微博、微信视频号、抖音、快手、小红书、B 站等全平台传播。

但在当下，之于新型主流媒体，短视频所带来的“涨粉”已不及直播。党的十八大以来，随着互联网基础建设持续推进，直播这一新业态新模式快速发展，通过赋能个体、赋能社会、赋能行业，促进共享共创。

（三）虚实互动和特色资源来加成

1. 虚实互动

可以做好线下、线上宣传活动，仍以支付宝的绿色行动系列活动为例，其将线上支付、低碳出行等绿色生活方式和植树造林、公益助农结合在一起，在游戏和互动中，促进生态文明理念的传递和环保行动的实践。在未来的活动策划中，也可考虑增加活动的趣味性和参与主体的广泛性，以公益游、随手拍、Plog 或 Vlog 比赛等形式，“线下+线上”结合开展活动。

2. 特色资源

近年来，地方与城市在文化传播领域被激活，而城市的传播有赖于城市的地方属性。在新型主流媒体宣传中，可以进一步打响黄河文明、大漠星空、长城遗址等“好牌”，推介贺兰山岩鹨、红尾鸲、鼠兔等可爱的野生动物。例如，本地优秀自媒体人 @ 小李飞叨·李洋所拍摄的“贺兰山精灵”岩羊，相关作品可为宁夏新型主流媒体采纳。

2023年宁夏新农人视听传播研究报告

于　璇　肖金伶

随着乡村振兴战略不断推进，一大批接受过高等教育、在大城市打拼的青年人返回乡村进行创业，成了新时代的新农人。他们将智能手机变为"新农具"，将日常生活、农特产品在抖音等视听平台展示并带货销售，以另一种形式留在乡村发展。第52次《中国互联网络发展状况统计报告》显示，截至2023年6月，我国农村网民规模达3.01亿人，农村网络基础设施基本实现全覆盖，同时，农村电商继续保持农村数字经济"领头羊"地位，全国农村网商（网店）已达1730.3万家，其中直播电商有573.2万家。① 当前，宁夏新农人正在通过新型视听平台积极讲好宁夏故事，他们以图片、视频、文字、音乐等形式，通过"短视频制作+直播带货"塑造具有鲜明地域特色的视听文化符号，同时也将宁夏的农特产品销往全国各地。本研究报告聚焦2023年宁夏新农人在抖音、快手、小红书等视听平台的传播实践，通过对其网络内容生产全过程进行观察，重点分析宁夏新农人视听传播的发展现状与瓶颈，助力宁夏新农人在视听平台传播效能的全面提升。

作者简介　于璇，宁夏大学新闻传播学院副教授；肖金伶，宁夏大学新闻传播学院广告专业本科生。

①中国互联网络信息中心:《第52次中国互联网络发展状况统计报告》,2023年8月28日,第31页。

一、宁夏新农人视听传播现状分析

本研究对2023年以来抖音、快手、小红书三大视听平台中标注有“宁夏”“新农人”信息标签的视听作品按照综合排序进行数据采集，通过内容分析法对内容生产者、屏幕形式、视频时长等视频内容进行初步分析，并从内容主题、展现形式、文案创作、平台运营、标签使用情况、变现方式和传播影响力7个维度对所选择的95个研究样本进行深度分析，结合对7位宁夏新农人的深度采访，一窥宁夏新农人视听传播现状。

（一）发布主题丰富，展现乡村百态

从发布主题来看，抖音平台宁夏新农人发布的视听作品可以大致分为美食分享、特产售卖、地方文化、种植养殖、家长里短等，视频主题较为丰富多样。新农人视听作品以“纪实性+趣味性”为主，其中画面比例、背景解说音频与当前视听平台的传播逻辑基本一致。此外，多数研究样本的文案都呈现出以故事线索去记录农村生活日常的特征，借助人物对话拉近与网络用户的关系，从而提升完播率。而在小红书平台，宁夏新农人发布的视听作品则主要集中在特产售卖和地方文化两个主题。特产售卖视频主要专注于对商品进行讲解介绍，以展示宁夏滩羊、葡萄酒、枸杞等宁夏特产为主，穿插反映乡村风光及淳朴生活的片段，从而更好地吸引平台用户关注。农村景象作为宁夏新农人短视频的重要组成部分，已经不单单是衬托人物的拍摄背景，而是作为一种特定的西北文化地域符号，向平台用户传达特殊意义。

（二）方言叙事为主，凸显地方特色

研究样本中，宁夏新农人短视频主要通过三种方式展开叙事：一是以方言为主；二是普通话与方言相结合；三是不直接使用语言，而是以画面与背景音乐进行呈现。总体来看，以方言呈现的视听作品占比最高。以宁夏南部地区方言为例，南部地区方言属于中原官话秦陇、陇中、关中片，与周边省市方言较为接近，因此使用宁夏南部地区方言进行视听创作可有效拉近与周边区域用户的心理距离，更具亲切感和归属感。同时，方言更能契合宁夏新农人质朴的形象特点，有利于展现宁夏的风土人情。比如

@宁夏牧飒在其视听作品中，使用了大量方言记录家庭生活与农村风貌，在记录妈妈做饭时“锅里面倒点胡麻油”“我妈做哈的鸡肉焖花卷，吃着好香滴”等方言表达极具感染力。主营种瓜的宁夏新农人@马清歌在每个视频中都以“我滴呱三哟”开场，用方言自创说唱，尽显瓜田农忙的真实场景。此外，宁夏新农人在直播间带货时，也以方言为主，增加了直播间真实、自然的氛围，引导用户积极互动。

（三）重视观看体验，用好文字表述

近年来，宁夏新农人获益于各级政府部门产业政策赋能，视听内容制作技巧也在逐步提高，更加重视平台用户的观看体验。其中，研究样本普遍使用了16:9画面比例，全部采用竖屏形式更加有利于呈现人物形象及人物情感，通过强烈的包围感与代入感，营造出沉浸式观看体验，拉近与平台用户的距离。此外，宁夏新农人往往会根据自己视听内容想要传达的情感进行配乐，也会为了突出某一内容的趣味性而使用短暂的音效配乐。但为增强观看体验的真实性与在场感，部分宁夏新农人的视听作品并没有使用背景音乐，而是全程使用收音设备对人物和环境原声进行收录和呈现，原声感可以让平台用户有身临其境的观感，但也丢失了一部分艺术体验。此外，由于宁夏新农人有一定的文化基础，更加乐于在视听作品中增加深情的文字表达与字幕解说，可以将解说词等声音要素视觉化，帮助观众更好地专注于视频内容，增强对视听信息的理解和接受。宁夏新农人还借助标题、话题标签、作品描述等方式，帮助平台用户能够在短时间内快速捕捉其视频内容所传达的核心要点。其中，快手平台的研究样本全部为全字幕解说，可帮助平台用户更好地理解视听作品中的方言内容，扩大传播力和影响力。并且对关键提示词的剪辑技巧也应用恰当，通过放大、闪动、变色等方式，以更直观的视觉形式加深平台用户印象，整体提升视听作品的美观度和可看性。

二、宁夏新农人视听传播困境分析

当前，宁夏新农人在“短视频制作+直播带货”的视听传播实践中已经取得积极成效，部分头部账号和达人已经形成强大的带动效应，宁夏新农人视听作品矩阵式传播新格局已初具规模。结合研究样本及深度访谈资料，也应理性看到宁夏新农人视听传播快速发展的同时还存在不足，其与东部地区同类型作品还存在一定差距，还应正视当前所面临的瓶颈与挑战。

（一）内部差异明显，变现难度较大

目前，宁夏新农人内部发展差异较大，头部达人或签约电商孵化机构，或自己组成运营团队，产业链已成规模。从拍摄脚本撰写、拍摄剪辑、选品与带货、物流与售后等全部由团队共同完成，引流与变现能力较强。而多数未签约或成立团队的宁夏新农人面临着更加激烈的竞争环境，存在着个人难以持续长时间投入，缺乏长期的专业孵化与指导，拍摄主题与账号关联程度不够等问题。一定程度上制约着宁夏新农人借助视听平台实现高质量发展，从而出现无法固定更新、拍摄剪辑效果较差、销售话术缺乏等情况，导致视听作品整体传播效果不佳。从评论区 IP 地址显示来看，多数宁夏新农人影响范围及主要粉丝群体集中在本地，破圈传播偏弱。在深度访谈中，也有多位宁夏新农人提到目前自己在视听传播中的困惑，如频繁遭遇创作瓶颈、直播间人气不足、遭遇网络暴力与质疑、与平台用户互动不够等。按照农业生产及经营方式的不同，可将宁夏新农人带货模式分为自产自销型、单纯销售型和综合型三大类。在变现能力方面，宁夏新农人普遍使用了直播带货、橱窗带货、私域变现等方式，但还有一些宁夏新农人账号变现方式尚未明朗。

（二）缺乏深层认知，引流能力较差

除头部账号和达人，大多数宁夏新农人在视听传播领域要完成从 0 到 1 的积累与转变，他们在完成农业生产劳动以外，还要掌握大量视听平台传播技巧与策略，理解视听平台“爆款”逻辑，了解智能推荐算法与热门话题传播规律，对于他们来说有着很大的挑战与困难。因此，对于大多数宁夏新农人而言，其对视听传播与视听作品创作都缺乏更深层次的认知，其最直观的表现便是引流能力较差。以标签话题使用为例，增加话题能够在多个话题下增加视听作品的网络曝光量，但只有少数宁夏新农人会在标题中加入有关创作主题的话题标签，如“新农人计划 2023”“乡村守护人”等本身具有平台导流性质的话题标签在宁夏新农人群体中使用较少。

快手平台研究样本全部没有添加标签，部分样本有@相关官方账号，但提及的相关账号对自身视听作品的引流作用甚微。从视听作品时长来看，目前研究样本时长普遍集中在1分钟左右，虽然提升了完播率，但其作品结构并不完整。相反，@宁夏牧飒、@乡村阿瑞的很多视听作品超过3分钟却获得了较高的曝光量。可以看到，宁夏新农人对视听平台流量推送机制和引流方式有一定的理解，但缺少更深层的认知及更加全面、专业的推广战略。

（三）缺乏系统规划，重点难以突出

由于缺乏系统规划，难以形成持续性、系统性、战略性的主题设置，导致宁夏新农人发布的视听作品普遍与其账户主题的关联性不够。如今智能算法极大地提升了互联网使用的便捷性，使互联网更具有"一对一"定制化的使用体验。[①]但发布内容庞杂一定程度上会影响智能算法的准确程度，导致网络流量垂直程度不够高，进而影响宁夏新农人个人IP的打造以及精准到达用户端。深度访谈中，一位宁夏新农人展示了其发布的全部视听作品，除反映农业种植过程的视频外，还有大量反映日常生活的零散内容、对口型模仿类内容、个人旅行内容等，发布时间、发布主题、剪辑方式非常随意，缺乏足够的故事性，叙事线索不清晰，未形成系列主题故事，表达情感丰富但重点难以突出，使平台用户很难与视听作品形成持续性的情感共鸣，导致粉丝量长时间难以增长，直播间流量寥寥，也同时打击了宁夏新农人借助视听平台寻求价值变现的热情。

三、宁夏新农人视听传播发展策略

视听传播平台作为宁夏新农人实现价值的重要场域，将带动宁夏优势产业发展，是拓宽乡村振兴战略下农民致富增收的重要渠道。其未来发展策略应在以下几个方面集中发力：

---

①于璇、郭海威:《智能算法对意识形态安全的挑战与应对策略》,《科技智囊》2020年第10期。

（一）利用政策导向，护航农人发展

目前，从自治区到各市、各县区均围绕“六新六特六优”产业推出了农村电商发展大礼包，利用政策导向，提供电商孵化平台，激发新农人创业热情。借助新农人脑筋活、思路宽的优势，重点围绕优势农业领域，推进优势农特产品网络销售，促进农民增收致富，进一步提升农特产品品牌知名度和市场影响力。以吴忠市红寺堡区为例，在由工业信息化和商务局牵头农村电商发展的同时还设立了“电商产业工作专班”制度，由区委、区政府组织牵头，负责制定红寺堡区电商产业总体发展规划，统筹电商产业建设与团队孵化，连同红寺堡电子商务协会，打造区域公共品牌及产业链，送课下乡，推动农村电商工作横到边、纵到底，为当地新农人发展保驾护航。

（二）优化资源配置，培育本地团队

东部地区在视听传播方面拥有突出的资源优势、人才优势与流量优势。从宁夏电商产业发展来看，邀请东部知名电商团队进驻宁夏，以东部发展经验赋能宁夏农村电商发展，提升宁夏新农人视听传播技能是目前较为普遍的实践模式。但也应看到，此类发展模式只适合短期合作，受制于人员配置及产业规模，外地团队很难与宁夏现实需求达成长期合作，持续深耕。深度访谈中，有宁夏新农人提到曾主动寻求与东部电商团队合作进行账号代运营，但合作中断后很快销量就下降了。可见，在加强外部资源持续“输血”的同时，宁夏还应加强自身“造血”能力，优化资源配置，培育本地新农人电商团队，为宁夏新农人视听传播的价值变现提供持续性的智力支持与技术支撑。

（三）加快队伍建设，形成矩阵效应

从@宁夏牧飒个人账号到@宁夏阿蛋哥、@乡村阿瑞、@车车姐，宁夏新农人视听传播从单打独斗转变为以叙事内容为主线，多头发展的局面，各个账号间通过共创视频等方式加强联系，使平台用户在多个宁夏新农人账号间跳转，从而增加各账号的曝光量。深度访谈中，多位宁夏新农人也表达了对电商直播人才的需要以及现阶段组建队伍的困难，比如人才来了留不住，团队成熟了又要离开，单靠自己及家人，很难在价值变现方面形

成突破。总体来看，对于从事农业种植、养殖的新农人而言，农业与乡村依然是其发展主业，视听传播平台组队发展、抱团取暖、矩阵式传播或可成为新的突破点与价值增长点。

（四）重视前期孵化，深耕原创内容

基于视听传播发展规律，宁夏新农人想要在抖音、快手、小红书等视听平台打开广阔的用户市场，就必须重视前期的孵化和规划，重视培育账号，打造新农人人设，为平台用户提供长期的情绪价值才能够产生信任，进而促进成交。不做账号培育，不提前与平台用户建立良好的信任关系，很难单独依靠电商直播变现。定期更新作品以及直播带货，保障直播效率与频率，才能在众多的同质化作品中脱颖而出，为自己创造出更多被平台用户看见的机会。目前，视听传播领域同质化问题突出，仅仅依靠模仿复制已经无法吸引到更多的平台用户，在加强宁夏新农人自身技能、保证直播内容的专业性和规范性之外，还应深耕原创内容，讲好属于宁夏新农人自己的故事最为重要。

2023年宁夏地区文旅类短视频发展报告

杨　播　纪梦欣

本报告对宁夏文旅类短视频进行调研，从发展现状、问题困境、未来展望三个方面对2023年宁夏地区文旅类短视频进行分析研究。研究发现，宁夏地区文旅类短视频的创作主体多元化、创作内容多样化有助于文旅品牌从“云上旅游”转化为“实地体验”，实现传播效益的最大化。与此同时，宁夏文旅类短视频也存在官方创作者内容较为单一、同质化内容较多等问题。未来，宁夏文旅类短视频在创作主体上需多元联动，扩大宁夏文旅品牌的知名度；在传播内容上需要去同质化，打造差异化文旅IP；构建传播矩阵，将“流量”转化为“留量”。

一、宁夏地区文旅类短视频发展现状

中国互联网络信息中心（CNNIC）发布的第52次《中国互联网络发展状况统计报告》显示，截至2023年6月，我国网络视频用户规模为10.44亿人，占网民整体的96.8%。其中，短视频用户规模为10.26亿人，占网民整体的95.2%。[①]短视频平台已经成为各行各业竞相营销的新阵地，它的持

作者简介　杨播，宁夏大学新闻传播学院讲师；纪梦欣，宁夏大学新闻传播学院本科生。

①中国互联网络信息中心:《中国互联网络发展状况统计报告》,2023年8月28日。

续火热也为文旅产业的发展增添了一扇展示的窗口。当前，中国短视频逐渐形成了“两超多强”的格局，短视频用户持续向头部平台集中。公开数据显示，抖音的日活跃用户早已突破6亿①，成为我国最具影响力的短视频平台之一。基于此，本报告选取抖音平台中截至2023年11月5日宁夏本土短视频创作者创作的点赞量排名前十的文旅类短视频，并以此为主要研究对象。笔者对其相关数据进行了统计分析，结果如表1所示。总体来看，宁夏文旅类短视频主要呈现以下三个特征。

表1　宁夏文旅类短视频Top10整体数据

序号	作品标题	表现主题	台词	类型	时长	作者	来源	点赞量	评论量	收藏量	分享量
1	做一回水洞沟人	人文历史	同期声	原创	5分4秒	旅途(宁夏牧飒)	个人	18.2万	1.6万	4394	1.2万
2	无	风光景色	无	原创	1分19秒	旅途(宁夏牧飒)	个人	16.7万	7247	3437	5006
3	无	风光景色	无	剪辑	22秒	子赫	个人	12.7万	4258	5560	7250
4	无	风光景色	无	剪辑	24秒	这里是银川	官方	9.8万	6244	2407	3143
5	清平乐·六盘山	风光景色	无	剪辑	20秒	神奇宁夏(宁夏文旅官方号)	官方	7.3万	6.9万	1584	2711
6	宁夏有什么好?	风光景色	无	剪辑	29秒	神奇宁夏(宁夏文旅官方号)	官方	6.2万	5.3万	2693	7557
7	“听肖战《策马正少年》”邂逅沙漠传奇	风光景色	无	剪辑	25秒	中卫文旅(官方)	官方	5.5万	4762	450	553
8	宁夏立秋后	城市生活	旁白	剪辑	30秒	神奇宁夏(宁夏文旅官方号)	官方	4.6万	1.7万	741	4016
9	无	旅行攻略	旁白	剪辑	1分05秒	宁夏景丰国际旅行社	官方	4.5万	853	2948	4996
10	第1集丨快来寻找毳尘珠	人文历史	同期声	原创	3分18秒	西北猫王——宁夏导游	个人	4.0万	3695	5335	2254

①《2020抖音数据报告(完整版)》,2021年1月5日,https://mp.weixin.qq.com/s/70-OfjFPcdflUqCUDocnRA。

（一）多元化创作主体共塑区域形象

传统媒体时代，传播主体以代表权威性和官方性的电视、广播、报纸等主流媒体为主。进入新媒体时代，“人人都有麦克风”，公众也成了新闻生产传播的主体，这一现象在以用户原创内容（UGC）为生产模式的新媒体平台上尤为突出。

宁夏文旅类短视频的创作主体中，官方创作者主要是政府文旅主管部门、媒体、旅游企业，个体创作者包括网红、民众，以及游客。官方创作者掌握着宁夏旅游宣传的主流话语，在拍摄的过程中能够调度宁夏较多旅游宣传资源，其宣传立意也较为宏观，如“神奇宁夏（宁夏文旅官方账号）”。相对于官方创作者，个体创作者的创作形式更为多样、创作内容更为丰富，他们会从有限的资源中深挖更多独具地方特色的符号，由于其视频内容更接地气，更容易引起民众的情感共鸣，如@旅途（宁夏牧飒）。

此外，官方和个人创作者除了“单打独斗”，也会以合作的形式共创宁夏文旅新形象。2023年，宁夏文化和旅游厅发起“2023神奇宁夏抖音达人走线”活动，邀请网络达人近距离感受宁夏的美食美景，并用镜头语言向更多人传递他们眼中的宁夏，政府和关键意见领袖（KOL）的多元创作和传播主体战略性地实现了宁夏形象的扩散式传播。

（二）多样化视听内容描绘宁夏符号

无论是官方创作者还是个人创作者都凭借自身优势在呈现着宁夏的独特景观和人文历史，召唤着远方的他者对宁夏地域的想象。从视听表现来说，官方创作者其表现主题主要为风光景色，是对宁夏文旅资源的整合。视频中的视听内容呈现出轻快明亮的色调和独属于宁夏的视觉符号，围绕着西北地区豪迈、粗犷的特色，书写着宁夏文旅的新篇章。其次，视频比较短小，通过表2可知，官方创作者发布的视频时长集中在30秒内。另外，创作者对于背景音乐的使用别具匠心，比如“这里是银川”（银川市新闻传媒集团官方账号）以影视明星肖战在电视剧《玉骨遥》中的原声台词为宣传背景音乐，低沉清冷的声音配上辽阔壮丽的宁夏山川，利用新媒体短视频助推宁夏文旅事业发展增量。

而个体创作者尤其是网红达人侧重表现宁夏的人文和历史，从细节处洞见宁夏的文化内涵，其视频多为原创内容且时长较长。在讲述与记录的镜头素材中，让用户看见新宁夏。此外，网红达人也凭借平台流量与粉丝认同，深度连接着用户和宁夏文旅，成为宁夏文旅的非官方代言人。

表 2　宁夏文旅类短视频 Top10 视频时长

时长	官方创作者数量	个人创作者数量
0—30 秒	5	1
30 秒—1 分钟	0	0
1 分钟—3 分钟	1	1
3 分钟—5 分钟	0	1
5 分钟—10 分钟	0	1

（三）线上线下联动促进产业转化

传播效果具有双重含义，从微观上看，是指带有说服动机的传播行为对受传者所引起的心理、态度和行为的变化；从宏观上看，是指传播活动对受传者和社会所产生的一切影响和结果的总和。文旅类短视频的微观传播效果体现在用户的具体行为上包括用户的点赞、评论与分享。[1]因此，个人创作者尤其是网络达人对于宁夏文旅的宣传和传播效果更佳，这很大程度上依赖于网络达人本身具有的良好的粉丝基数。从用户的评论中也可以窥见他们对于宁夏文旅及其宣传的媒介记忆和情感感知，展现用户对宁夏旅游的信任感及亲切感，有助于实现传播效果的最大化。用户评论中出现频率较高的文字评论包括“宁夏”“旅游”“六盘山”“一起”等，如用户“浅浅”在如 @ 旅途（宁夏牧飒）视频下的评论：“因为关注你想去宁夏，这次‘五一’也去了沙坡头景区😁”；用户“冰雪奇缘”在 @ 宁夏景丰国际旅行社视频下的评论：“夏日旅游的好去处👍👍👍❤❤❤”。除此之外占据评论区较大篇幅的则是表情包，包括“捂脸”“泪奔”“抱抱”“流泪”“鼓掌”等，用户以更为生动、直观的视觉化表达方式实现虚拟空间中的互动。文旅短视频的宏观传播效果主要表现为促使用户“云上旅游”

①曾润喜、莫敏丽：《短视频多平台传播效果差异及其影响因素研究》，《广西师范大学学报（哲学社会科学版）》2022 年第 1 期。

到“实地体验”的转换，有些用户在评论区中会表现出明显的“来宁夏旅游”的情感倾向，如“我要去宁夏旅游”“去宁夏旅游打卡了”。

二、宁夏地区文旅类短视频问题困境

（一）官方创作者创作内容较为单一

从宁夏文旅类短视频的创作和传播来看，个人创作者在头部占据了主要位置，官方发布的视频流量相对较低。本次报告选取的10个文旅类短视频中，点赞量排名前三的均为个人创作者发布的视频。这些视频以独特的视角和表达方式展示了宁夏的美丽风景和文化魅力，并在整体风格上更得用户的青睐。同样是运用肖战在电视剧《玉骨遥》中的原声台词为背景音乐的短视频，“子赫”发布的视频点赞量高于“这里是银川”发布的视频，有网友在“子赫”视频中评论类似“这个比宁夏文旅好多了，快给他们教一教”的话语。

在作者选取的宁夏文旅类短视频Top10中，个人创作者发布的视频在内容和形式上更加多样化和创新。他们能够以更具趣味性的方式展示宁夏形象。例如，一些视频中展示了宁夏的民俗、历史等元素，让观众对宁夏有了更全面的了解。相比之下，官方发布的视频往往侧重于单一的风景展示，缺乏更能展示宁夏城市百态以及烟火气息的内容。此外，个人创作者依靠原本具有的粉丝基础，可以在较短的时间内获得巨大流量，这对于官方创作者来说是挑战也是机遇。

（二）同质化内容遮蔽个性化特征

身处“流量为王”的时代，“爆款”的出现会成为大家竞相仿照的对象，短视频内容同质化问题日益突出，宁夏文旅类短视频也不例外。宁夏文旅类短视频内容的同质化主要体现为选题、视频画面、背景音乐，以及拍摄手法的大同小异，也包括诸如高山、沙漠等宁夏网红视觉符号的高频次曝光。抖音热榜音乐被重复利用，会导致用户因审美疲劳而产生厌倦。沙坡头、六盘山等景点因其知名度被广泛宣传，影响了对宁夏旅游资源多维度、立体化的呈现。而且宁夏地区缺乏代表性文旅IP，单靠视频多美、多有趣，也难以维持原有热度。此外，在借助短视频宣传宁夏的同时，宁夏的历史特色、文化内涵必须作为宁夏文旅宣传所要贯彻的基本要义。

三、宁夏地区文旅类短视频创作未来展望

（一）合力共塑新宁夏

据《短视频与城市形象研究白皮书》显示，抖音平台城市形象主题的短视频播放量前 100 中，超过八成是由个人用户创作的①，这足以反映出 UGC 生产模式在短视频平台的重要性。与此同时，UGC 生产模式总体也缺乏对于宁夏形象塑造和传播的整体规划和目标②，需要官方媒体的支持和引导。

宁夏文化和旅游厅作为宁夏文旅形象的组织者，可通过官方账号创建贴近民众生活的话题，实现和民众的互动，增加用户的关注度。官方创作者可以借鉴融合自媒体的表达方式，使用人格化传播的语言符号和视觉符号，合理运用情感叙事，调动用户的情绪。政府也可通过各级各类短视频比赛等多种形式，引导本地民众、外来游客广泛加入宁夏文旅类短视频创作和传播之中，实现优质内容的持续输出，比如针对季节性、阶段性、长期性话题的策划与拍摄。尤其是新媒体平台中有一定影响力的 KOL，邀请他们沉浸式体验宁夏的自然风光、人文历史、特色美食，并将一手素材剪辑成短视频发布在他们的个人账号上，借助他们的影响力扩大宁夏文化和旅游资源产品的知名度。总之，宁夏文旅的宣传与传播需要政府、公众及 KOL 的共同参与，官方创作者和个人创作者形成联动，共建政府搭台、民众参与的多元创作和传播模式。

（二）打造区域性差异化 IP

多样化、差异化的传播内容是塑造宁夏文旅形象的重要切入点。一方面横向拓展宁夏文旅资源，开发宁夏各市、各县区的特色旅游资源，并进

---

①《短视频与城市形象研究白皮书》,2018 年 9 月 11 日,https://mp.weixin.qq.com/s/dKoM-LUbh7Dcy5LbeAtJ3Ig。

②张惟琦、樊传果:《运用短视频平台打造“网红城市”的策略研究》,《东南传播》2023 年第 1 期。

行创意式传播。当一种表现形式或者视频内容爆火后，不能盲目效仿，而是要结合情况分析，形成矩阵式、辐射式传播，建立个人 IP 或账号 IP 带动整体效应，而非一味模仿复制。另一方面纵向深耕优质内容，官方创作者可以在人文历史、风光景色、美食、城市生活等领域垂直细分，培养具有宁夏本地特色的账号，满足用户细分化、垂直化、定制化的社交需求。就个人创作者而言，可以通过分析用户画像，不断细分选题方向，保障选题的新颖。对于较为火爆的旅游地点，挖掘其独具特色的竞争优势的同时，要进行多角度的解读、创作、传播，增强文旅形象宣传的吸引力。除了本地创作者内容同质化，“哪里都有山川，哪里的山川都一样”也是宁夏文旅面临的痛点。要想从同质化竞争中突围，打造代表性文旅 IP 是一条直接的路径。2021 年，宁夏文旅启动“神奇宁夏·星星故乡”数字文旅项目，以“星星故乡”串联宁夏丰富的自然资源，打造新品牌。如今，宁夏文旅正在延续“神奇宁夏·星星故乡”这一品牌，并根据市场需求重新定位，吸引更多新客群。①

（三）构建矩阵打通营销环节

依托新媒体构建传播矩阵，是实现流量聚合、强化流量变现、助推宁夏文旅发展的重要方式。无论是官方创作者还是个人创作者，都可以采取广撒网的模式，进驻抖音、快手、小红书、B 站等短视频平台，构建传播矩阵。不过值得注意的是，同一传播内容诉诸不同平台要综合考虑平台的调性，从而实现不同平台的产品之间的互补，完成账号自身影响力的叠加，提升宁夏文旅的曝光度。除去线上资源的聚合，也要注意线下服务的完善。越来越多的用户会通过短视频首先了解旅游地点，创作者要考虑创作与真实的关系。宁夏各地文旅不仅要追求线上流量，也要关注线下服务，在基础设施、服务质量等方面发力，减少出现用户实地体验感差的情况出现，注重宁夏文旅的口碑，真正将“流量”转化为“留量”。

---

①東蓉:《数字化为宁夏文旅再赋能》,《华兴时报》2023 年 2 月 9 日。

数智时代的城市社区文化建设

——以宁夏完整社区为例

薛雯乔

随着现代化程度的提高，熟人社会被陌生人社会取代，社会流动性增强，城市居民独立意识增强，现代化生活方式被接纳，这些对城市居民的社区归属感或社区认同感造成破坏，而城市社区文化的建设能够重新构筑社区归属感与社区认同感。城市社区文化建设是城市社区建设的重要内容，不同于城市行政区划，城市社区文化主要集中于人，在于人的精神、满意度、归属感和凝聚力①，根本途径在于城市社区文化的发展上。大数据、云计算、人工智能的数智时代改变着人们生活的方方面面，数据已然成为各个领域的核心要素。城市社区文化建设如何让技术为自己服务，是值得关注的问题。

一、城市社区文化建设的现状

2023 年 7 月 20 日，住建部等七部门发布《关于印发完整社区建设试点名单的通知》，在提出完整社区建设标准的同时，指出完整社区应该是居

作者简介　薛雯乔，宁夏社会科学院《宁夏社会科学》编辑。

①文军、唐亚林:《变迁与创新:我国城市社区文化建设的历史考察与现实分析》,《求索》2001 年第 2 期。

民归属感、认同感较强的居住社区[①]，这与城市社区文化的需求相吻合。本次研究选取银川5个进入试点名单的社区，分别是银川市金凤区通福家园、银川市金凤区民生花园、灵武市镇河塔社区、吴忠市利通区金花园社区、吴忠市青铜峡市怡园社区。同时，因为银川市兴庆区凤凰北街崇安社区被称为完整社区的“样板间”，故将其也纳入本次研究。

（一）硬件设施进一步完善，线下活动种类多样

新建不久的社区居委会因较好的规划布局，各类活动与服务的场地更宽敞，设备较好。老旧小区中，文化活动场地不足的正在新建场地，已有活动场地的社区翻新了活动建筑并添置了新设备。社区文化聚焦“一老一小”，基于全龄社区的打造要求，社区文化活动内容基本包含老年大学课程、歌舞棋牌、儿童活动与家庭教育、图书阅览、心理咨询，新建不久的社区还设有烘焙及职业培训。

（二）微信群成为主要沟通渠道，微信小程序初步投入使用

微信群因其便利性和使用广泛成为社区组织和宣传文化工作的重要工具，网格员通过微信群开展社区文化工作已经成为常态。但微信群存在功能单一、信息无法整合与分类的缺点。微信小程序“云筑家”“兴庆社区”刚投入使用（见表1），从服务类型可以看出，各类便民服务都是以方便生活、提升居民生活满意度、丰富社区居民精神生活的角度出发，同时服务功能的设定也注重对邻里关系的提升，以增强社区居民的凝聚力与归属感。例如在“兴庆社区”的邻里互助服务中，有居民发布小区内一个走失老人照片，请大家帮忙辨认，最终家属找到老人并带回家。

二、存在的主要问题

随着社区服务与经营的转型，数字化运营平台这一新媒介成为传统工作方式的有效支撑，并逐渐替代部分传统工作。但是在调研走访中也发现，

---

①住房和城乡建设部办公厅：《住房和城乡建设部办公厅关于印发完整居住社区建设指南的通知》（建办科〔2021〕55号），2021年12月17日，详见https://www.mohurd.gov.cn/gongkai/zhengce/zhengcefilelib/202201/20220110_764055.html。

表 1　社区微信小程序服务内容

<table>
<tr><td colspan="2">名称</td><td colspan="2">云筑家</td><td colspan="2">兴庆社区</td></tr>
<tr><td colspan="2">特点</td><td colspan="2">借助外力，对接其他小程序，服务类型多</td><td colspan="2">精准服务，针对性强</td></tr>
<tr><td rowspan="9">服务内容</td><td rowspan="5">相似项</td><td>共建共治</td><td>政务服务</td><td>办事服务</td><td>政务服务宣传</td></tr>
<tr><td>物业</td><td>缴费、报修、一键报警</td><td>物业服务</td><td>报修</td></tr>
<tr><td>生活</td><td>中国电信、顺丰快递、维修、中卫家政、中卫法治</td><td>预约服务</td><td>市民驿站、社区活动、社区就医、社区办事、商家活动</td></tr>
<tr><td rowspan="2">和谐邻里</td><td rowspan="2">投票、积分、我的银川、政务微站</td><td>积分服务</td><td>社区活动介绍、积分兑换与排名</td></tr>
<tr><td>共商共治</td><td>邻里互助、协商议事、问卷与投票</td></tr>
<tr><td rowspan="4">不同项</td><td>运动健康</td><td>看病与运动</td><td rowspan="4">社区党建</td><td rowspan="4">党建活动信息</td></tr>
<tr><td>交通</td><td>订票、交管、公交</td></tr>
<tr><td>教育学习</td><td>宁夏图书馆、银川图书馆、灵武图书馆、小学教材</td></tr>
<tr><td>文化驿站</td><td>利通文旅、青铜峡文旅、中卫文旅</td></tr>
</table>

宁夏的数智化社区文化建设存在以下主要问题。

（一）微信小程序启用时间较短，功能有待进一步完善

目前，已投入使用的小程序也存在诸多问题。为了对应上级要求并丰富功能模块，平台中的一些功能模块脱离了基层治理现实，无法解决当下迫切的治理需求。例如服务类型虽然多，但居民自己所在社区的服务较少；界面虽多，但打不开或打开没有内容的界面不少；社区文化活动只是工作结果的总结展示，增加了社区工作人员的工作量，未体现平台的组织与沟通功能。

（二）社区文化活动的多样性与专业性较弱

社区文化生活最直接的体现是各类文化活动的开展，但目前，社区文化活动的筹划与开展基本由社区工作人员或社区居民组成的社会组织完成。社区工作人员因事务繁多，文化活动基本以完成上面下达的任务为主，由社区居民自己组建的社会组织能够协助社区开展更多样丰富的活动，但是在队伍稳定性、活动连续性方面很难控制，因为社区居民情况不同，这类社会组织并不能在每个社区中得到有效推广。社区文化活动还未与数智化产生联系。

（三）平台种类与数量繁多，社区工作者疲于应对

近年来，基层数字化平台不断涌现，一定程度上起到了推进政社工作、创新社会治理的功效。但是对数字化的盲目推崇也造成了新平台的不断开发，形成了“一事一端”、一个部门有一个或几个平台程序的乱象。在实际操作中，这些工作都压在了基层社区身上，让本就人手不足的社区居委会更加疲惫。例如某社区要同时给 9 个平台上报数据与信息，其中不乏重复信息，但因为平台之间信息不互通，社区工作人员只能重复录入，精力被消耗在数据中。

三、数智化时代优化社区文化建设的途径

数智化时代，一方面不能忽视大数据带来的资源整合等便利，另一方面也要避免被数字化绑架，需要适度合理地使用这把双刃剑。

（一）加快完善平台功能，谨防平台闲置

平台的建设往往投入了大量的人力和财力，并辅助铺装监控警备系统等，例如某社区为高龄独居和残疾人安装检测与应急设备。但是由于行政主体代为履行市场职能，平台的弊端也会逐步显现，例如平台没有利益驱动可能导致后期推广受阻，对反馈问题改进不及时造成使用体验不佳，进而流失使用用户。已有的一些基层智慧平台也因如此，呈现出早期动力十足，后期运营不良的状况。对此，需要通过市场化的调节机制以及专业技术公司的运营和维护，结合主管部门的推广，让制度与技术协调运行、相互配合，弥补平台运行中产生的问题与缺陷。

（二）增强平台与社区文化的匹配性

平台在前期投入使用时，主要是基于社区居民的基本需要，依据服务专题对服务项目进行分类，因为能满足居民的基本需要，平台初期会吸引一批有基本需求的人群使用。但是随着平台被更多人知晓与使用，需求数量增多且更加多样化，平台初期的单一功能可能无法满足各类人群的多样化需求，需要社区及时反馈给专业公司，以便优化平台功能，积极开发小程序的多应用场景。

在社区文化活动方面，针对社区各类人群，可以让优质的专业活动策划团队加入平台，提供更精准的文化服务，一方面，专业团队可以为社区提供已经设计好的活动，丰富活动内容；另一方面，社区可以根据自身需求向专业团队定制社区活动。让平台不再是社区文化活动的工作总结窗口，而是成为社区与专业团队相互选择、资源有效对接的得力助手。活动对接完毕后，利用平台及时发布文化活动信息，增强社区居民的互动。

（三）打通信息壁垒，让多个平台之间共享基本信息

目前，各地已经意识到了协同联动的重要性，但落实到实际工作中，仍然存在严重的数据圈地和数据垄断现象。同时，各个平台之间因为技术水平、接入标准、统计标准等方面的不同，数据难以流动，形成“数据壁垒”，让社区文化工作者疲于应对政府的技术治理过程，弱化了对专业服务的投入。这方面，可以参考浙江省衢州市“邻礼通”的做法，以人、房、户为基础对数据进行归集，打通公安、卫健、就业等多部门的海量数据，生成一户一档的电子居民档案，进而对重点人员做到分级分类的精准管理服务。

（四）避免平台泛化

对比传统的社区文化建设，智慧治理平台让高度流动化社会中的人能随时接收、了解并参与社区文化事务，同时平台将各类数据集中整合，便于社区工作人员与社区居民使用。但是如果平台无限蔓延，为了打造智能化社区，不同区域打造不同平台，不仅是人力财力的浪费，也会造成平台的同质化与数据壁垒，最终会成为基层工作的负担。

文学艺术篇

WENXUE YISHU PIAN

2023年宁夏小说创作发展报告

周清叶

在中国共产党第二十次全国代表大会的报告中，习近平总书记强调："中国式现代化"是"人口规模巨大的现代化"，是"全体人民共同富裕的现代化"，是"物质文明和精神文明相协调的现代化"，是"人与自然和谐共生的现代化"，是"走和平发展道路的现代化"……这一判断同样有助于我们正确认识宁夏小说创作在现代化路上的曲折发展。2023年度，宁夏小说继承注重现实的创作态度和审美精神，以文学对现实发言，书写这片土地上的生命之歌和现代化进程中的心灵嬗变。

一、整体创作稳中有进

2023年度小说创作总体态势循序渐进，中长篇稳中求进，短篇小说数量最多，以现实主义题材为主，是720余万宁夏各族人民的生活大合唱，同时，成熟作家在风格探索上有新进展，新锐的补充带来青春和活力。

(一) 小说创作坚守原创努力不辍

长篇小说领域，张学东以《西北往事三部曲》珍视讲述历史的责任，

作者简介 周清叶，北方民族大学文学与新闻传播学院副教授，文学博士。

基金项目 国家社会科学基金项目"新时期以来小说的意象化现象研究"（项目编号：22XZW043）阶段性成果。

其中《家犬往事》的繁体中文版也由台湾崧博出版社在台北推出。阿舍的《阿娜河畔》生动描绘新疆生产建设兵团半个多世纪的发展变化历程。王英清《山那边等你》讲述几个青年在困难中坚守初心，在农村闯出一片天地。赵华在《普罗特》《贺兰山上的星星》两部严肃小说之余，又有《慈父龙》《黑星星》《巨虫危机》《太空野人》《天梯计划》5部科幻小说出版，保持了旺盛的创作状态。

中篇小说数量不多，但各具亮点。马金莲本年度专注于中篇写作，在《母亲和她的第一个连手》喜登2022年“收获文学榜”之际，姊妹篇《父亲和他的第一个连手》发表。《苏小河》《日夜之间》《西窗看云的傍晚》，三篇作品分别写了一个女性的性格命运、一对父女的山野村居、一间病房里的医患及家属，不断增多的人物形象是对中篇容量扩充的逐步拓展。张学东发表于《当代》的《互猎》始于两个不同阶层人物的“互猎”，而终于彼此救赎。吟泠《如花美眷》以如花之笔讲述娘娘们的故事。冶进海《城郊院子》将画家、诗人、程序员等人集结一处，他们为博取女主人的青睐而各自施展本领，具有民间文学的机智幽默，当他们放弃单打独斗，科技与人文协同合作，关于虚拟空间的描写散发出璀璨诱人的光彩。

结集出版的中短篇小说有赵华的科幻小说集《外星宝石》，石舒清的《公冶长》是写了较多家乡故事后做出的新尝试，包作军《静静的黄河湾》则注重书写贺兰山下、黄河岸边的故乡。

（二）宁夏刊物重点扶持新锐力量

《朔方》《六盘山》《黄河文学》是宁夏小说发表的重镇，是作品最先的质检官。刊物精心组织栏目，对新人给予鼓励和支持。对宁夏籍作者短篇小说的培育，《朔方》共刊发24篇，《黄河文学》1—9期共刊发9篇，《六盘山》共刊发29篇，其《新生代》栏目推出魏玉东、马金、李荣荣等人作品，《新发现》推出岸里澜、天郁格格、司空秋等的网络小说。《黄河文学》特别推出吟泠、冶进海的中篇小说，并在《新青年》栏目推出李沐蓉、田原、杨书琴、薛玉玉等人作品。通过这些平台，大批优秀写作者得以成长。

二、题材内容彰显人民性

2023年，小说题材较为丰富，作者竞相从生活的现象之海里打捞凡人琐事。普通人的生活境遇和情感世界是建构日常生活和汇聚成宏大历史的重要维度，对大时代普通人命运的书写构成了宁夏小说的人民性。

（一）回望物资匮乏的生活，备案历史和生命史

杨军民《鱼子到底啥味道》记述昔日乡人不吃鱼、不会做鱼的生活史，贫穷饥饿，但亲情质朴感人。李笑生《钻天猴》写孩子辛苦一年只盼用杀年猪的毛换买钻天猴却未果的失望，他的满心委屈以及哭过之后又升起对新一年的愿望和决心，让人感动和钦佩。石舒清专注于短篇而不断精进，《马氏》《牛事》《金镯》《黑记忆》《慢光阴》《李佩洛》写人声态并作，记事烛幽索隐。《行刺》《朱三太子》则录秘书、叙异事，洞达世情，白话讲述又缀以文言史料，刻露尽相，趣味盎然，赋历史史料以文学价值。

（二）讲述新农村故事，直面新问题与新生活

马慧娟的《担保》属诱骗他人担保贷款的乱象写真。张树俭《三分月亮，两分荞地》中，年轻人追赶生活潮流，老人却留在旧日的生活习俗、情感世界里。周思澍《老张说媳妇儿》以方言土语描写几个老友关于儿女上大学后留城不结婚、不回家的话题，“前檐的水流不到后檐”，农村“空巢”现象令人慨叹。王佩飞《玉佛》中，沙场挖沙发现古墓，周永年顺手拿走玉佛而被老板追杀，从仓皇忐忑到忏悔自首，因为佛是心中向善的信念。朱敏《锁头记》里，土地流转，不少农民进城打工，唯有锁头陪伴留守者的荒凉心境。木沙《捉住那只羊》较有喜感地描述一对半路夫妻的各自盘算。

（三）书写女性命运，现代意识在觉醒

马悦《羊的风铃》和木沙《晨歌》表明妇女和儿童作为弱者往往承受家庭离散的更多苦痛。李海燕《泉眼无声》中的智障女被强暴却无法表达自我，终于像无声的泉眼自生自灭。韩忠烈《茧》中毕业返乡女青年接连陷入情感泥淖和职业危机，如缚茧中，因为阴恶的陷阱，也因主体意识淡漠和人格软弱，终于难逃被侮辱与被损害。梨棘《眩晕》的女主人公贫病

交加，但心有所爱，音乐、友谊、爱情都是救赎的力量。樊文举《春芳》中命途多舛的春芳离异后用妇女创业无息贷款养牛，亲情无着，唯有好友冬梅的无私帮助是支撑。李沐蓉《罐子》中不曾生育的女人对罐子的迷恋隐约透露着生育情结的未完成。薛玉玉《碎日子》里守着孤独症儿童的奶奶格外慈祥温暖。许艺《何草不黄》中两姐妹先后罹患乳腺癌的故事揭示了身为女性的一种悲剧命运。宋鑫鑫《逃避》对女性如何平衡职场与生活给出了一份回答。吟泠《如花美眷》以中篇的容量优势描述诸娘娘们面貌不同、性格迥异却普遍生得艰辛、死得默然，她们的故事聚成一簇，女人如花，凄美亦是美，而结尾立家谱事件则揭示了女性存在的无根感。计虹擅长描绘女性精神的新面貌，《四季如春》中两位妇女，一者一生为家人失去自我，辛苦委屈，患病瘫痪，一者只为自己活，舒心惬意，两相对比，一味强调妇女为家庭付出的观念受到质疑。《零度爱》里的林淼和《晚安，老同学》里的沈岩都在丈夫出轨后果断离婚，积极洒脱地开启单身生活。尤其沈岩，作为市领导秘书，文章写得漂亮且严于律己，即便在和昔日闺蜜、初恋情人的聚会上也绝不谈工作，使对方无可乘之机。

（四）抒写爱情主题，令人怅惘或赞叹

有情人不能终成眷属的回忆不乏感伤气息，田静《兰花儿香》追述昔日家庭的阻挠使年轻人终于生离、死别。胡静《麻黄山》中男主人公的情感抉择有嫌贫爱富、良心不安和些许弥补。升玄《邂逅》是男性单恋心理的描摹，石春林《桃花红桃花白》中女主人公一次次飞蛾扑火直至殉情，她之所以轻易爱上那些人皆因他们与她青春萌动时爱上的那个人有些相像。这都属潜意识的爱恋。冶进海《女神的传票》印证了爱情中的“契可尼效应”。王佐红《理想》让一对20年前的校园恋人再见面，也是男主人公与昔日的自己、与曾经的理想再相逢。内心不乏涟漪，但他已然接受了忙碌、疲惫、油腻的自我，这是来自生活的残忍。袈裟南台的《同行》以一对步行返城青年的对话写出纯真年代里爱情的炽热欢乐以及二人的美好理想与同心同德。阿舍《礼物》以儿童视角讲述成年人的爱情故事，兼有儿童文学的纯净美质，是作为“疆二代”和“兵团二代”对故乡和童年的深情回望。计虹《两个世界》表明无论阴阳相隔、亲子代沟，人生而孤独，唯有爱能沟通弥合。张学东《阿斯巴甜》则犀利地指出情感如同似糖而非糖的阿斯巴甜，有种暧昧只是类似而并非爱情。

（五）描摹生死病痛，探索终极关怀

田原《小猫、小狗和小鸟》记录少年养小动物的经历，纤细敏感的体验多有动人之处。冶进海《月光下的兔子》讲述大学生的抑郁症疗愈。鲁兴华以《请你原谅我》《一九八七年的夏天》追忆已逝生命。陈帅《再见不相识》的主人公被拐多年，经历车祸后发现罹患胰腺癌并在医院偶遇需肝移植的兄弟，作者在小说中创造一个世界并掌控一切，是为突显生活的偶然性。杨军民《一半烟火》中患白化病的主人公用心给亡人穿寿衣，满足于一半烟火是他低到尘埃里的人生。马小英《返青》里，庄稼尚能返青，女病人却被衰弱颓唐浸透。张学东《久病》中男性生命力的委顿与爱的能力的丧失是现代文明病的一种，妻子在关键时刻的回归显示了女性宽忍的力量和救赎的可能。死亡是必然归宿，但可怕的是死亡的过程，韩银梅《姥姥姥爷你们好》毕现老来万事难，《最后一关》突显了要让一个将死之人面对真相的残酷。李沐蓉《月光铜像》中祖父老成了一座钟，“我”决心考驾照带他走遍祖国，新一代的担当暖心又给力。

（六）汇集人生百态，奏响时代跫音

薛玉玉《瓦窑堡》写不平等的友谊对人心的辜负，马金莲《父亲和他的第一个连手》又辅以乡村政治的展演。郭乔《桂花香》和董永红《十九层的沙尘暴》描绘老人进城带娃的身心交瘁。张久鹏《师傅》里中国式的葛朗台、薛玉玉《柴火墙》中与亲人不睦的农妇，都演示了一种拧巴的人生，查舜《代笔》以老辣之笔对郝文及其非常写作方式的不无质疑与反讽，张学东《秋日巷谭》追忆当年小巷里毫无隐私可言的爱恨。李继林《浮生》中昔日生产队长的人生荣枯证明一个时代已然逝去。买英杰《吃》中由缺吃而嗜吃终致脑梗死亡的故事杂以大量美食文化，流露出身逢盛世的欣幸。杨子《静姝》中，受创伤的女人沉迷于跳舞，优雅而神秘。杨子《祝你好运》向出身环境不利的青年给予资助与善意。王新军《感谢生活》写保安的日常与对尊重的渴望。冶进海《沙与海》通过“榜一大哥”的心理深掘当代人的精神困境。马一平《小琴老师》、邓琪《吃粮》和苏鹏云《葛为民的人生转机》、祁伟成《最后一个石匠》都描摹世态炎凉，表现普通人与时代密切关联、不乏起伏的人生。

（七）科幻小说创作日趋成熟，为宁夏文坛增添异彩

本年度科幻小说方面，赵华共出版5部长篇小说和1部中短篇小说集，发表《梦之球》等5个短篇小说。作品普遍以贺兰山为故事背景，具有浓郁的地理特征和中国特色，是将科幻与宁夏风土人情深度结合的艺术创新。

三、比较优势与前景展望

2023年度，通过沉潜或转型，众多作者的写作均有创获，也使宁夏小说创作整体上呈现一些令人振奋的新趋向，孕育着新希望。

（一）精神价值在提升

后疫情时代，不少作品中流露出的坚韧和乐观格外动人，提供了有营养的精神食粮。梨棘《眩晕》的女主人公最后选择去殡仪馆弹古琴，她的自我救赎更可贵。马悦《清水漫过河床》中残疾人“我”收养了一个不被爱的女孩儿，她的到来似一滴饱满的水滴落在“我”干涸的河床上，助人亦是自救。李沐蓉的《小夜曲》《月光铜像》中年轻一代都显示出成长成熟与责任担当，李荣荣《万龙甲》中的青年决意将自己和他人、与生活作斗争的血泪制成坚不可摧的万龙甲。张学东《互猎》起于劳资双方的矛盾，一步步直逼人性之恶，当老板脚踩油门冲向那个貌似贪得无厌的敲诈者，作者却踩了急刹车，互猎变成互救，结尾那束光是人性的闪光。杨军民《来客》和薛玉玉《秦老汉收秋》中的农事使主人公和读者都重拾劳动美和乡情美。了一容的《圈马谷》《野菊花》《归圈的马》《青青牧草》等，在西部草原的典型环境中塑造倔强阳刚的牧马少年，四时各异的风景和人声鼎沸的劳动场面都趣味盎然，为小说界带来精神元气。总体上，正视现实，直面人生，奋力自救与互相救助，热火朝天的劳动场景等等，使乐观进取和务实精神成为本年度宁夏小说的重要景观和价值取向。

（二）新的力量在崛起

其一，《朔方》《黄河文学》，特别是《六盘山》以专栏扶持新人的举措为刊物和小说创作补充了新鲜血液。岸里澜的《夸父新传》将夸父、后

羿、精卫等中国传统文化形象与甲乙丙丁戊己庚辛等章节题目配套，以鲜明的中国符号呈现男孩对于“力”的美的肆意想象。杨淑琴的《狐》颇有志怪小说善恶相报的遗韵。天郁格格《似惊鸿》是女孩对于浪漫爱情的憧憬，不乏洒脱的江湖气息，也预兆和呼唤着细腻温柔的救赎。魏玉东的《向死而生》以一个因见义勇为而丧生的年轻亡灵视角，用华美的语言对于死亡展开并非恐惧而是满含诗意的想象，有初生牛犊不畏死的轻盈。马金《妈妈女友》和司空秋《不合格上校》同样体现了年轻人无拘无束的大胆想象，前者描述男明星与女老板、女明星的所谓爱情，爱得任性，不爱则杀伐果决，还有处心积虑地谋算掌控及其带来的痛苦抑郁。两个作品都涉及走私、贩毒、诈骗、卧底、反叛等情节，如凌波微步一般写自己不熟悉的事，勇气可嘉，但他们未来的进路以及作为精神产品如何提供“钙质”等问题，值得期待和祝福。

其二，一批优秀之作使女性作者脱颖而出。薛玉玉、宋鑫鑫、李沐蓉等勤奋探索多种题材和手法，董永红以空间命名的小说里压缩了由时间密结而成的诸多细节。许艺《何草不黄》对隆城方言习俗的介绍令人兴味倍增，《摩天轮》则超越地域局限，写婚姻中价值观的不同使一对夫妻不能融合也无法治愈，加上孩子的牵绊，各种撕扯的细节逼真骇人。计虹则塑造了系列女性，她们能较好地自我把控、踏实稳健、睿智果决。此外，女性作者们还致力于深入开掘选材，带来多重审美意蕴。吟泠《如花美眷》《深蓝色的时光》以细腻的感觉和精准的语言描述女性的千人千面与婉曲心理，时有情致，余韵悠然，同时内涵对时代和存在的思考。阿舍《五月风暴》里父亲造船的行动在于昭示人性中巨大的逃逸愿望，马金莲《日夜之间》使人反思当下关于成功的评价标准和简朴生存之道的必要。《西窗看云的傍晚》在结尾忽现“一枝红杏出墙来”的惊艳，海姐居然为傍晚坐在西窗看云的男博士心动不已，在她看来，“他能拥有世界上所有的好，一辈子都好下去”，但他已然重度抑郁，证实了悲剧是把有价值的东西毁灭给人看，而农妇对青年男博士的怦然心动，更有着透过他而碰触到了她自己的内在愿望，恰如柏拉图所言，“美丽之物唤起的不过是观者心中的美”。诸多女性作者的书写文思深茂，令读者对其艺术潜能满怀信心。

总之，2023 年宁夏小说作者以个体的辛勤劳动集体交出了一份珍贵的现场记录，但仍需发挥主动精神，以高度的热情介入现实和生活，以更加高远、宽阔、深邃的作品来表现时代、人民及其生活，也必将以守正创新的正大气象走进新时代的春天。

2023年宁夏散文创作发展报告

李拜石

2023年的宁夏散文创作紧跟时代脉搏，同时依然坚守文化传统，继续扎根宁夏，书写本土地域特色，在数量上较之前一年无太大差距，在质量上则稳健提升，可圈可点的作品不少。作者个体和创作机构扎实开展散文创作及交流传播活动，显现出以文学创作建构宁夏形象、宣传宁夏的自觉意识，整体呈现出更加丰富多元的散文景观，进一步扩大了宁夏文学在国内的知名度和影响力。

一、宁夏散文创作的基本情况

（一）聚焦文学现场，积极开展创作交流与出版活动

天津出版传媒集团百花文艺出版社出版了“黄河书系”图书，其中的《宁夏之美》散文集，是旨在以文学的方式礼敬温暖大地，能够结集出版，缘起于《黄河文学》之前举办的“宁夏之美”全国散文征文大赛。在李进祥、马金莲、刘汉斌、高鹏程、张立新、曹海英、史振亚、韩银梅、胡斌、蒋振邦、彦妮、隋明照等四十余位作家的笔下，宁夏的自然之美、人文之美、和谐之美、发展之美一一被展现。

宁夏城市文学论坛暨文学名家石嘴山行系列活动正式启幕。徐峙、钟

作者简介 李拜石，北方民族大学文学与新闻传播学院副教授，文学博士。

法权与郎伟、白草、闵生裕等自治区内外文学名家共聚一堂，围绕“城市气质与文学精神”这一主题进行学术讨论，为城市文学创作提供养分。

全国生态文学创作基地授牌仪式在银川举办，同时还开展了“2023‘美丽宁夏’新时代生态文学”创作活动。《黄河文学》开辟的生态散文专辑作品水准有保障，在区内外具有一定的知名度和影响力。

第八届“北京十月文学月”的启动仪式上发布了第三批“十月签约作家”，共签约十位作家，宁夏作家季栋梁入选，这也是宁夏作家第一次入选。

马俊的作品《青白石阶》，入选2023年度“铸牢中华民族共同体意识·中国少数民族文学之星丛书”；田鑫的长篇非虚构散文《烟村墩》入选2023年度宁夏重大文学题材创作扶持项目，其单篇散文《小偷》获得2023年百花文艺出版社第二十届百花文学奖散文奖。

唐荣尧《黄河的礼物》由黄河出版传媒集团宁夏人民出版社出版，是一部属于黄河的时光之书，其中有对大河的敬畏与感恩，有鲜为人知的掌故风情，视野辽阔而诗意流淌。由吴忠市委宣传部、市文联编辑的《大河之光》出版，旨在助力吴忠文化发展，推进建设黄河流域生态保护区和高质量发展先行区。

张强的《中山南街47号》由黄河出版传媒集团阳光出版社出版，他的散文、随笔朴实自然，在对成长过程的梳理中，闪烁着对时代变迁的记录与思考感悟，趣味性中亦不乏思想性。

（二）立足本土刊物与平台，全方位建设散文传播阵地

逐渐走向大众化是近些年来宁夏散文写作的一个趋向，主题选择、发布方式、表达文体日益多样化。《黄河文学》《朔方》《六盘山》依旧维持着传统文学期刊和纸质出版的生态，引领着宁夏文学发展的基本方向。《银川日报》《银川晚报》《固原日报》等报纸的文艺副刊版面亦坚守文学传统，特别是《银川晚报·凤凰副刊》，成为宁夏散文推广大众化写作与传播的重要力量。刘汉斌、尤屹峰、张兴祥、阿棉、俞雪峰、王红霞、曹吉芳、靳义堂、田丰芳、李桂珍、杜会玲、李新国、李十三等一批作者坚持写作，为《银川晚报·凤凰副刊》供稿，产量颇丰，支持传统文学大众化，提供了更多的生活感悟和人生经验。

新媒体的文学样态，也在探索中稳步向前发展，孵化和培育了一些新的作家作品，开拓了更加接地气更易接受的文学风格，整体上表现出散文依然是较为繁盛的当代文体这一特点。新媒体平台“六盘山诗文”公众号、“壹度·贺兰山副刊”公众号、“石嘴山日报散文诗页”、宁夏日报报业集团的“六盘山文艺”公众号、“大武口文艺”、“原州文学期刊”电子版等发表的散文作品也持续输出，数量可观。

“学习强国”App的宁夏平台，继续助力宁夏散文的传播与推广，开展了“温暖我的瞬间”和“我正在读的一本书”两个主题征文，发表了四十余篇作品，有季栋梁、姜奕婷、王金霞、岑国义、舒梦等成熟作家的作品，也有袁宝艳、谢建忠、张家铭、邱国德、付志康、龙郁莹、王小玲、王永航、丁梅荣、李东花等来自各个行业的作者写作，从中可以看到当下大众的生活状态和个体认知，具有鲜明的本土特征和时代特色。篇幅虽短小，但第一人称写作具有强烈的真实感，生活片段的叙述带来一种沉浸式感受。

（三）文学共同体意识已成规模，创作队伍结构较为稳定

习近平总书记出席文化传承发展座谈会时发表重要讲话，强调在新的起点上继续推动文化繁荣、建设文化强国、建设中华民族现代文明，是我们在新时代新的文化使命。基于重要讲话中指明的这一方向，2023年宁夏散文创作继续在我们博大深厚的文化宝库中寻找着创作灵感，在兹见兹，老中青三代作家坚守文学传统，承担起赓续中华文脉的使命责任。

从作家的年龄构成来看，“60后”“70后”仍是中流砥柱，“60后”作家占比68%左右，“70后”作家占比19%左右，“80后”作家占比7%左右，“90后”作家占比仅为5%。从基本比例可以看出，宁夏散文创作的中坚力量在年度创作输出中保持较高水准，年轻作家的梯队构成略显薄弱，也缺乏在国内有影响力的作家作品，表明宁夏散文创作的传承和接续依然后继乏力。

从作家地域构成来看，银川作家占比43%左右，固原作家大致占比32%，吴忠作家大致占比9%，石嘴山和中卫作家占比均为8%。作家群以银川为主阵地，以固原为亮点特色，同时吴忠、石嘴山、中卫均有代表作家和稳定的作品产出，总体上合力汇聚成宁夏散文共同体，同时又代表着各自区域的特色与风土。

二、宁夏散文创作呈现的基本特点

（一）继续于个体回忆中开掘主题

王庆同的《我的师》回忆了自己从学以来遇到的良师们；《两样书信一样情》同样满怀深情重温了老师与自己、自己与学生之间的书信往来、师生情谊，见证了为人师表的责任意识和引导作用。郎伟《我是你这海船上的一名普通乘客》难忘在北大中文系读书的七年，从字里行间让读者瞥见北大的先生重德守道；听见优秀青年们的谈诗论道；嗅见校园里的学术空气。《刘和芳先生其人其文》亦是在回忆的潮水中怀念一位出版界的前辈故人。

马金莲的《寻常人间烟火里，愿与挚爱相珍重》简略回溯求学经历，体味了写作的苦与乐，表达了自己几十年来对文字的挚爱，在琐屑的生活间歇中从不曾停止阅读与思考的坚持。郭文斌的《过了腊八就是年》和《珍重待春风》依然带着我们一起回忆传统民俗文化，珍视当下。闵生裕的《盐池羊图腾》考历史、溯根脉，除了回忆从前的生活，同时联系国家政策、充分认可盐池发展地方优势搞好滩羊养殖，于流畅的行文中讲好了盐池羊文化，读来可亲可信。

刘汉斌以《山川草木》细细描摹了同化川土地的生长、山水的锋芒和盘踞衍生的人烟。杨占武的《纪事短章》在生活流的回忆片段里隔空与母亲凝望。中卫作家俞雪峰继续保持旺盛的创作力，在区内外刊物多有文章发表，其《消磨记忆的老房子》《父亲如牛》等文见情识故，倾诉乡土怀恋。

计虹的《市井生活——一个人的银川》系列和《随手记》保持着良好积极的写作状态，有一种碎碎念城市史诗记事体的味道，文字亲切，自然流淌。梦也《我的写作之路或曰实话实说》以回忆中的农事比照写作，认为写作于己是一种自然而然，文学带给了自己享受与慰藉。马俊的《背上的重量》回忆儿时，身体的不便带来了巨大的痛苦，但也没有压垮一个坚韧不屈的灵魂，在母亲的坚持和无尽的爱里，“我”才争取到了读书的机会，常人不能想象的艰难，读来令人唏嘘。张巍的《腌菜》讲述了从盐池到银川，念念不忘的是少年时唇齿间的那一口味道，回忆中也是满满的生活气息。

（二）散文的乡土化意识渐趋自觉

为了进一步助推地方文化建设，《朔方》第8期推出了“盐池籍作家作品专辑”，其中散文创作是这次盐池特别亮相队伍中坚实的力量。散文画像的七位作家都是盐池人，从而更细腻描摹了宁夏散文的区域风格版图，但他们的主题空间却并不拘囿于宁夏盐池的现实空间，更有着精神空间和历史维度。杨天林的《长安》是学者散文的气韵，梦回大唐感受长安历史深处的脉动；侯凤章的《读书即读人》品评书卷，追思渊源，咂摸书中之趣得；闵生裕的《二舅》以现实人物勾勒出闵庄人苦难的印记，感念人性的宽宥；马雪枫的《一次“旅行”》是短暂停驻的城市过客眼中不一样的所闻所见，以声音开启好奇从而引出对他者的细心观察和内心的波动；岑国义的《盐池有个窨子梁》，插上了想象的翅膀，飞越了一个小山梁穿越历史，还原了一场考古；王海文和张培松是宁夏大学校友，《我的大学》和《生命中最美的相遇》都回忆了求学期间美好难忘的人和事，颇有酬唱应和的味道。同期的“本期一家”刊登了刘国君的《流落在旮旯里的乡愁》，刘国君也是盐池作家，其文也自是盐池味道。行文以中国古老的劳动工具勾连记忆，字行中见艺见情见人，用他自己的创作谈来说是“讲述历史背景下的烟火人间”。

近年来，以自然写作、生态文学创作打开的文学创作理念和实践在全国各地展开。吴忠市出版了《大河之光》丛书，旨在从文学领域展现和助力黄河流域生态保护及发展，在“散文卷”收录的作品中，白述礼、杨森翔、苏正杰、张淑媛、马雪梅、丁希娟、白燕、周晓灵、马占祥、段庆林等本土作家从历史、地理、饮食、生活等多个方面书写了吴忠与黄河的历史渊源、情感连接和风貌变迁，彰显出黄河文化深远的精神内涵和时代价值。

白莹的《溯洄泾河垴》《大西沟手记》，稳健的写作依然可以代表宁夏生态写作的成熟走向。薛青峰的《遇见》在旅途中、在冥想中、在注目中把在沙湖的所见所思及时落在了纸页上。彦妮发表于《光明日报》的《葡萄熟了》描绘了八月盛夏贺兰山下的好风土，看到小小葡萄已经在宁夏厚植起了大生态。自然与人文都是时间的镜像，宁夏的作家们聚焦于此处的山川河流、土地风物，描绘出这里的沧桑巨变。

（三）散文文体探索继续向深处迈进

散文是有着很强包容性的一种文体，在其他有明确归属的文体之外，许多难以归类的文本似乎都可以被划入散文类，这让散文具有了更多开放性和表达形式的可能性。非虚构写作产生的时代背景正是散文写作的现状之所在，以散文为中心的跨界和对边界的创作探索，展现宁夏散文作者们对于文体自由的期许和思考。

《朔方》2023 年第 7 期推出了“母亲河边行思记”非虚构作品专辑，这一辑集结了宁夏作家于黄河流域探访后撰写的文章。整辑的基调特色是作家叙述于行走之间，因此创作者是在流动中体悟和审视文学书写。阿舍的《北农场释疑》、曹海英的《山水谣》、齐雨的《待飞的羽翼》、王淑萍的《受恩深处便是家》和吟泠的《外来户》，都着笔于石嘴山惠农区北农场，讲述了这片土地上开拓者和劳动者们的生活变迁，以及他们对北农场的坚守和希冀。了一容的《南长滩见闻》、朱敏的《河渡》、郭乔的《回响》和李振娟的《傍河的村落》则带着读者回望了南长滩人跌宕起伏的命运和目前奔向小康的幸福生活。这几位作家聚焦黄河，以个体记忆和历史故事，集体书写了北农场和南长滩这两个实存空间中时间的流动，并实践了文体的跨界与迈进。

田鑫的《城市形态》《贺兰三叠》等多部作品在山野和城市间自如游走，书写出城乡咏叹调、变奏曲，于另辟蹊径的思考中蕴藏当代人的精神家园。《朔方》2023 年第 6 至 8 期《此在专栏》连续刊登了金瓯的三篇文化随笔，从《古典与现代》《宣叙与咏叹》到《书写与叙事》，作家纵横捭阖，词句机智有趣，言说张弛有度。以作家对文学理论的理解随笔化开掘其文体探索。作家们文体探索的自觉意识将助推宁夏散文创作从高原向高峰迈进。

三、散文创作存在的问题与展望

一是依然执着于个体的感受，难以形成更为辽阔和有效的公共话语空间。比如在生态写作、自然书写中，更多还处于平面化的生态面貌展现和歌颂，缺乏自省和对生态忧思的自觉意识。个体自省意味着共情力以及生命意识的外扩，生态书写需要打开自然的褶皱，也需要打开世界的内里，期待宁夏散文创作能够更加聚焦时代的公共话语。

二是有从乡村到城市转换的创作意识，但整体创作仍然较为匮乏。宁夏本土作家的创作融入了宁夏的水土山川，氤氲出独特的乡土氛围，但对于城市的书写笔力仍显不足。应该立足当下，从更深层次挖掘城市文学题材，创作出更多有思想深度和人性温度的城市文学精品。

三是体制性散文写作表现出的依附性较强，拘囿了思想深度。散文创作是一个时代纤毫毕现的文学标本，如果过多连接了现实功用，其内在的艺术价值会渐趋消解。当下的写作展现一些写作技术的陈旧，期待打开散文创作更为灵动和深刻的思想界域。

四是现代书写没有触及人们普遍关注的话题，现实主义书写乏力。同一个散文世界，关注点和价值诉求却可能是大相径庭，宁夏更多散文作品依然停留在文化守成思潮影响下的回望式书写，历史记忆成为创作者的精神原乡。现代性的散文需要观念的转变，要在更高层次上关注人以及人的精神困境，亟待一个感受力与情感逻辑、理性思维、哲学素养共同建构的大散文空间。

宁夏的历史与现实有着极为丰富又独具特色的书写资源，宁夏的散文创作，在驻足故乡的叙事中，在外向维度的交流对话中，自觉营造出了中华民族共同体意识产生的空间关系与感知方式。2023 年 6 月，习近平总书记在文化传承发展座谈会上的讲话中强调："新时代的文化工作者必须以守正创新的正气和锐气，赓续历史文脉、谱写当代华章。"时代抵达之处，思想的触角和文艺创作亦应抵达，个体的审美经验也需要不断体悟时代的召唤，浸透时代的观照。当代散文的创作，打开了一条理解当代中国社会的道路，宁夏散文创作记录着当代人的思想境遇与情感结构，也召唤文学与当代思想对话的能力。

2023年宁夏诗歌创作发展报告

杨克敏

中国是诗的国度，从《诗经》到《楚辞》再到唐诗宋词元曲，诗歌以其凝练的语言、深邃的意境陶冶着人们的性情，亦承载着中华优秀传统文化的深厚意蕴。孔子云："诗可以兴，可以观，可以群，可以怨""不学诗，无以言"。作为一种文化传承形式，诗歌在书写民族历史、弘扬民族文化等方面具有独特的审美价值和社会功用。2023年6月2日，习近平总书记在北京出席文化传承发展座谈会上强调："在新的起点上继续推动文化繁荣、建设文化强国、建设中华民族现代文明，是我们在新时代新的文化使命"，"希望大家担当使命、奋发有为，共同努力创造属于我们这个时代的新文化，建设中华民族现代文明"。[①]综观2023年宁夏诗歌创作，可以发现宁夏诗人群以党中央关于加强社会主义新文化建设的方针政策为引领，倾心讲好宁夏故事，塑造着新时代可信、可爱、可敬的中国形象，不断焕发着新的生机。

一、诗歌创作力量

从2023年宁夏诗歌发表状况来看，宁夏诗歌呈现出以宁夏本土文学杂

作者简介 杨克敏，北方民族大学文学与新闻传播学院副教授，文学博士。

①习近平：《在文化传承发展座谈会上的讲话》，《求是》2023年第17期。

志为主阵地，兼有向其他省市及海外文学刊物辐射的趋势。首先，《朔方》《黄河文学》《六盘山》等本土文学期刊为宁夏诗歌创作提供展示平台。其中，《六盘山》在5月刊特设《灵武诗歌大展》专栏，呈现灵武籍诗人的创作风貌，并在《新生代》板块推荐宁夏诗歌写作的新生力量；《朔方》坚守大力扶持宁夏诗人的办刊宗旨，以传播宁夏诗歌作品为己任，宁夏籍诗人创作是其首要关注点；《黄河文学》则集结了宁夏诗歌的名家名作，令人耳目一新。除宁夏本土文学杂志，宁夏诗人作品也常出现于《诗刊》《诗歌月刊》《草堂》《光明日报》《十月》《青年文学》《民族文学》《草原》《诗潮》《人民文学》《延河》《文艺报》《人民日报》等报刊，如杨森君在《诗歌月刊》发表组诗《骑着时间之马》，并被中国诗歌网转载，宁夏诗歌在全国的影响力正逐步增强。同时，宁夏文联也在不断通过微信公众号、网络媒体等途径，传播宁夏诗歌的地域特色与情感价值。值得注意的是，灵武市作协会员查文英将诗作发表至《国际诗坛》（美国），推动了宁夏诗歌走出宁夏、走向世界的国际化进程。

2023年度，宁夏诗歌创作队伍的主力依旧是宁夏籍诗人，涵括了灵武、彭阳、固原、同心等地诗歌创作者与爱好者。此外，还有一些非宁夏籍诗人也在表达对宁夏这片土地的热爱，如内蒙古阿拉善籍的沐嵘、四川宜宾籍的赵希、甘肃庄浪籍的陈斌等。从已发表的诗歌来看，宁夏诗歌创作队伍可划分为四类。其一，以张联、梦也、马占祥、杨梓、石舒清（田裕民）、杨森君等名家为代表，他们以丰富的创作经验和高度的生活敏锐度为其他诗人树立了创作榜样，不断激发着宁夏诗人的创作灵感。其二，以乔国永、高丽娜、金马洛、潘春生、林一木（郑建鸿）、洪立、李爱莲、泾河、念小丫、苏娟娟、冯雄、沙叶（李宝军）、王怀凌、李占彦、凡姝（马相红）等为代表的宁夏诗歌创作的中坚力量，他们大多数是宁夏作家协会会员，在创作中展现诗歌创作的专业素养，不断为宁夏诗坛输送高质量作品。其三，以杨阿敏、宋见心（宋国士）、马如梅、陈斌、禾必、马飞、卢三鑫、冷瞳（杨阿龙）等为代表的新兴诗歌创作力量，他们年轻富有朝气，把对生活的热爱化作诗句，用细腻的笔触向世界诉说青年眼中的中国生活。其四，还有小部分为诗歌创作爱好者，他们利用业余时间不断写作，展现对诗歌创作的热情与坚守。2023 年 11 月，曹兵出版诗集《我在田野等风吹过》，其中收录了曹兵自 2016 年以来的 208 首诗歌。对于“农民诗人”这个标签，曹兵表示：“我宁愿相信大家是冲着喜欢我的诗而来，而不是我农民的身份。”“文字的事让文字说话！而不是同情、怜悯等等。”这种清醒的自我意识是曹兵对于身份的重认，表达了对于生命个体无限可能的坚守。

二、诗歌特征分类

2023 年，宁夏诗歌在创作题材与审美追求上，依旧呈现出多元化发展趋势。在宁夏这片神奇的土地上，诗人们从现实生活中摄取创作灵感，用最质朴的语言，诉说着对“塞上江南，神奇宁夏”的浓烈情愫，表达出魂牵故乡、心系祖国的家国情怀。

（一）歌颂新时代，浓浓黄河情

在新时代语境下，铸牢中华民族共同体意识已深入人心。宁夏作为少数民族集聚地，在党中央文化政策的大力支持下，培养了一批又一批优秀诗人。这些诗人将对祖国的热爱化作笔尖流淌的诗句，歌颂党的领导，诉说对中华民族的热诚之心。如曹兵在组诗《人间书》中，借用农民的视角，将田间地头的“玉米”“田埂”“收割机”“金黄果实”幻化为诗中意象，表达人生就如同一片庄稼地，只要有付出就会有收获的朴素情感，并将这些意象融入祖国的山河之中。在作者看来，村庄与土地对于一个农民而言就是他的“世界”，而这些小小“世界”汇集在一起，便构建了我们伟大的祖国。“我庆幸生于一个伟大的时代，也遇上一个举国欢庆的日子。”由此，道出作者生活在伟大祖国怀抱的由衷幸福与自豪。在诗歌末尾，作者祝福祖国、人民“平安、幸福、快乐”，流露出对祖国和人民辽远豁达的真爱。沙叶在散文诗《叶家沟：一个村庄的“记忆”简史》中描绘叶家沟村民移民至闽宁镇的历史，展现《山海情》中移民群体积极向上的精神面貌。并借一个八十多岁、见证过祖国风风雨雨的“老豁牙子”之口赞叹“共产党好，黄河水甜”的军民鱼水情。

黄河是中华民族的母亲河，是中华文明赖以发展的宝贵资源。宁夏地处黄河中上游，是沿黄九省区唯一全境属于黄河流域的省区。宁夏依黄河而生，因黄河而兴，正是黄河塑造了宁夏人的精神品格，也为宁夏社会经济发展输送源源不断的血液，“天下黄河富宁夏”的美誉由此而来。在铸牢中华民族共同体意识视域下，黄河成为链接中华儿女家国情感的文化符号，讲好黄河故事、传承黄河文化精神成为宁夏诗歌创作表达民族情感的重要面向。如王学斌在组诗《黄河石（外一首)》中，将人民比作一颗颗黄河河床上的石头，经过祖国的雕磨，才得以变成“案头或工艺架上的摆件”。但是，无论变成什么形状，依旧是祖国母亲的孩子。杨学洪在《西夏瓷（外二首)》中感慨正是黄河的泥沙塑造了西夏瓷光洁的瓷身。沐嵘在《青铜传奇（外二首)》中书写黄河大峡谷，“高峡平湖的绝美风韵”“苍凉粗犷的恢宏气势”，道出了黄河大峡谷的宏伟壮阔。青年作家卢三鑫在组诗《在草原上》中赞叹：“黄河用岁月的经验告诉我们，它击穿一座山并非要逃亡。”鼓舞人们传承黄河文化精神，勇往直前，不畏艰险，勇挑重担，为实现中华民族伟大复兴的中国梦而奋斗。

（二）传古风神韵，守文化根脉

宁夏具有悠久的历史文化传统，众多文化遗址与名胜古迹见证了宁夏的社会变迁与时代发展。贺兰山、六盘山、石沟驿、铁柱泉、西夏瓷窑等历史遗存，已然成为传达宁夏历史风貌的文化坐标。宁夏诗人群将这些最具代表性的历史标识化身诗歌创作灵感的源泉，在展现宁夏深厚历史场域的同时，将隐匿于深层心理的历史文化情结寄托于字里行间，诉说对祖国大好河山的热爱，表达对祖国灿烂辉煌文化热爱与认同的家国情怀。

在《李爱莲的诗》中，作者李爱莲在恢宏的贺兰山下展开了一场关于自身“灵与肉”的哲思。杨森君在组诗《看见》中叙写自己从六盘山到铁柱泉古城再到沙漠拾起一颗玛瑙石的所见所闻所感。攀登高耸的六盘山，作者仿佛与六盘山融为一体。辗转于荒无人烟的铁柱泉古城，城中残缺不全的砖石仿佛诉说着历史的沧桑与厚重。此刻，时间凝固、历史重现。杨学洪在组诗《西夏瓷》中写到石沟驿古城，曾经繁华的石沟驿已经变得满地苍凉。杨森君和杨学洪对两座古城现状的描写，不仅感叹了光阴荏苒、岁月蹉跎，同时也警醒人们注重古城的维护与修缮，表达对历史文化遗存的温情与敬意。

（三）烟火追诗意，平凡见真心

诗歌就是生活。宁夏诗人们以生活化的语言使身边的平凡事物、日常情感、生活琐事生存于诗歌中，展现一场关于现代生活、个体命运、亲情、爱情等内容的美学探讨。这使宁夏诗歌的叙事内容更加贴近人们的生活，更具生活力量和力度。可以说，日常生活审美化使宁夏诗歌创作焕发出诗意，具有一定的观赏性和可读性，进而引发读者共情。

大学生诗人马飞的《在孤独的城市》中，书写了一位青年在现代都市游荡的一天。始于阿里早餐店，搭乘102路公交车，抵达大世界商务广场和中山公园，饱餐于眼睛烧烤店和怀远夜市，终于一封秋日信札，道出对家乡的深切思念。这些银川人耳熟能详的地标勾勒出一幅烟火气十足的市井生活图。洋芋本不起眼，但诗人李兴民通过组诗《诗人与洋芋》富于喜感地道出："诗人与洋芋越来越像一个娘胎里出来的憨蛋蛋儿""诗人成为最大一颗洋芋"，满满的土地情怀与勤劳质朴的性格跃然纸上，趣味盎然。李文芸在组诗《念故乡》中论及对爱情的灼见、对故乡泾源的遥想，赵希在组诗《如此寂静》中书写身处异乡的孤寂及对故乡和亲人的思念。陈斌的组诗《内心的证据》则将目光聚焦于生活中的小人物——环卫工人、卖莲蓬的商贩。环卫工人醒目的橘黄色外套和手中的药片触动着诗人的心，卖莲蓬的商贩身处"网红经济"的裹挟之中，体验着门庭若市与门可罗雀的心理落差，只有独自守着夜色，守着心中的月光。郭静在组诗《平衡》中探讨了现代都市人与人之间的隔膜，并试图在世界的喧哗与骚动中寻找自我内心的平衡，以对抗现代性对于人的主体性的遮蔽与盲视。青年诗人杨阿敏在组诗《岁月之痕》中，论及岁月流逝中的亲情及对未来的畅想，显示诗人对于存在的哲学沉思。青年诗人禾必在组诗《跨年夜》中描写沈家河形单影只，默默等待着河流召唤、汇入江海的使命感与责任感。描写自己最熟悉的生活是曹兵创作的主调。在《炊烟》《父亲和羊》等诗作中，曹兵以"回到种子里去"的创作激情，使年迈的父亲、傍晚的炊烟等村庄意象，蕴含着醇厚的大地情结，寄寓着对生命源头的守护。总的看来，宁夏诗人群从自身生活感悟出发，立足宁夏本土与个人命运，运用日常、真实的语言，通过细节刻画和情感表达发掘其中蕴含的诗意和美，充满地域特色与民间立场。

三、宁夏诗歌发展展望

从2023年宁夏诗歌总体发展情况来看，优点、缺点显而易见。一方面，宁夏诗歌创作能够精准把握宁夏地域特色，从宁夏这片热土汲取创作养分，赞美宁夏、传播宁夏。同时，宁夏诗人群依旧展现高涨的创作热情，以质朴无华的语言，将真情实感倾注于诗作中，使读者能够深切体悟宁夏的人文地理与宁夏人的精神风貌，表现出持久而又深厚的创作潜力。另一方面，2023年宁夏诗歌创作仍存在一些不足。就创作力量而言，中年诗人依旧是主力，支撑着宁夏诗歌创作的底座。青年作家数量较少，宁夏诗歌创作需要输入新鲜血液，这需要宁夏作协和各杂志社、网络媒体，尤其是各大高校的宣传与激励，进而为宁夏诗歌创作不断注入青春力量。从创作体裁来看，2023年诗歌创作包含现代组诗、古风诗和散文诗，但总体还是现代组诗居多。从创作内容选材上看，大部分宁夏诗歌以个人生活与宁夏本土特色为创作素材，呈现极强的个人化和地域性，其创作视野和创作理念有待拓展和深化。基于以上不足，我们在此倡议：

（一）铸牢中华民族共同体意识，构建中华民族共有精神家园

2023年8月2日，宁夏回族自治区人大常委会第四次会议审议通过《宁夏回族自治区人民代表大会常务委员会关于推动加快建设铸牢中华民族共同体意识示范区的决定》。作为文学创作者，尤其是少数民族文学创作者，与时俱进，突破地域限制，以铸牢中华民族共同体意识为创作核心理念，将中华民族共同体的历史、现实和远景作为重要创作题材①，最终实现“民族融合，多元一体”的创作目标。

宁夏诗人应将宁夏的历史文化还原至中华文明发展的滚滚长河之中，发掘历史上各民族交往、交流、交融的典型事例，共同绘制中华民族一家

---

①牟方磊：《铸牢中华民族共同体意识的民族文学路径》，《民族文学研究》2023年第5期。

亲的美丽画卷。

如充分结合青铜峡鸽子山、灵武水洞沟、贺兰山岩画等物质文化遗址，以及宁夏花儿、宁夏黄河民间故事等非物质文化遗产，通过提炼这些宁夏特有文化遗产蕴含的中华民族共同体意识，弘扬中华优秀传统文化，彰显文化自信，共同构建中华民族共有精神家园。此外，2023 年在党中央政策的支持下，第六届中阿博览会、第三届宁夏国际友好城市论坛等大型国际活动在宁夏银川成功举办，大大增强了宁夏的国际影响力；宁夏乡村脱贫与振兴使人民生活质量得到了极大的改善，这些都应成为宁夏诗人笔下体现民族团结共进的素材，使诗歌创作成为铸牢中华民族共同体意识的有效途径，不断推进中华民族共同体建设，共创宁夏诗歌发展的繁荣景观。

（二）书写新时代生态文学，传播美丽新宁夏

“绿水青山就是金山银山”。为全面贯彻党的二十大精神，深入贯彻习近平生态文明思想，坚持走生态优先、绿色发展之路，推动《关于促进新时代生态文学繁荣发展的指导意见》落地见效，2023 年 8 月 15 日，来自全国的 40 多位知名作家、编辑齐聚银川，共同开启 2023“美丽宁夏”新时代生态文学创作活动。①宁夏素有“塞上江南”的美誉，黄河赋予了宁夏无尽的恩泽，宁夏诗人应将大沟湾流域、六盘山国家森林公园、将台堡、白芨滩国家级自然保护区、黄河古城湾等宁夏生态美景纳入写作范畴，积极挖掘“贺兰山大磴沟治理记”“毛乌素变绿记”“黄河流域生态保护和高质量发展先行区建设”等宁夏生态治理故事，以诗歌创作的形式传播生态治理的“宁夏经验”，繁荣宁夏生态文学创作，为中国生态文明及生态文化建设注入新活力。

综上所述，2023 年宁夏诗歌发展处于上升期，宁夏诗人们以积极向上的创作风貌，精准把握时代发展的脉搏，不断将宁夏诗歌创作推向新层次。相信宁夏诗人们会以更加饱满的创作激情，为歌颂宁夏、歌咏中华谱写新时代的瑰丽诗篇。

---

①转引自中国作家网，来源于宁夏作家协会（微信公众号）。

2023年宁夏文艺批评创作发展报告

许　峰

在深入学习贯彻习近平文化思想，推动宁夏文艺事业高质量发展之际，回望2023年宁夏文艺批评，在平稳中扎实推进，自觉践行习近平文化思想，努力创新构建中国特色文艺评论体系，坚持历史的标准与美学的标准两翼互动，正确把握文艺批评的方向，注重理论批评与创作现场的实际结合，提升了文艺批评本身的涵养，以理论的力量深度参与到宁夏文艺的发展过程中，用批评的智慧推动宁夏文艺的进程，为繁荣发展宁夏文艺提供了丰富的思想资源与美学意蕴。现将2023年宁夏文艺批评创作概况做一个述评。

一、聚焦文艺批评现场，积极开展文艺批评的实践活动

聚焦文艺批评的现场，2023年为宁夏作家举行了多场规模不等的研讨会。2月12日，银川市文联举办了计虹短篇小说集《半街香》研讨会。来自区内外的评论家与作家参加了本次研讨会。3月29日，宁夏泾源籍作家杨友桐长篇小说《七月》座谈研讨会在宁夏大学文萃图书馆“宁夏文艺评论创研基地”召开，多位评论家与宁夏大学的博士、硕士研究生参与研讨。张学东的长篇小说《西北往事三部曲》分别在吴忠市、银川市、成都市召

作者简介　许峰，宁夏社会科学院文化研究所副研究员，文学博士。

开发布会，诸多评论家、作家都参与了对这部75万字的小说的研讨。《西北往事三部曲》是作家张学东笔耕20年，呕心书写中国西北大地上的凡人史诗，是近些年宁夏长篇小说的重要收获。11月5日，由宁夏回族自治区党委宣传部、北京市委宣传部指导，黄河出版传媒集团、北京出版集团、宁夏文联主办，宁夏人民出版社、北京十月文艺出版社、宁夏作协承办的阿舍的《阿娜河畔》研讨会在银川黄河书苑举行，来自全国各地的评论家、学者分别从主题、题材、叙事、语言以及现实意义等多个方面对《阿娜河畔》进行深刻解读与多元阐释。

5月19日，首届“宁夏城市文学论坛”在石嘴山开幕，在石嘴山市设立宁夏首个“城市文学　工矿文艺”创作基地，成立首个城市文学学会，设立首个城市文学奖。宁夏评协主席郎伟在大会上作主旨发言，副主席白草，理事许峰、李亮等作交流发言。区内外多位文艺名家与石嘴山文艺创作者进行现场交流。

二、2023年宁夏文艺批评的重要收获

（一）课题项目的立项给予宁夏文艺批评发展的动力

课题项目对于提升宁夏文艺批评深层次研究有着重要的意义。2023年国家社科基金项目9月份公布，在文学艺术方面，本年度国家社科基金项目宁夏立项者不多，其中有许峰的一般项目《新时代以来黄河流域文学研究》，买莉的西部项目《改革开放以来“城乡小说”叙事研究（1978—2022）》，韩婷的一般项目《宁夏非物质文化遗产创新性发展与创造性转化研究》。

除了国家项目，宁夏哲学社会科学规划项目有王琳琳的《比较视野中宁夏文学构筑中华民族文化传承的叙事路径研究》，杨志云的《〈唐诗纪事〉“本事”批评研究》，马占俊的《新时代宁夏移民题材文学研究》，同时还有22项艺术学规划项目。

为贯彻中国作协张宏森书记来宁夏调研及讲话精神，宁夏作协扶持研究项目《新时代语境下的“西海固文学”研究》，该项目由许峰主持，张富宝、马晓雁参与，旨在研究在新时代话语语境下，“西海固文学”的历史

与传承发展，以及问题与突破路径。

（二）理论著作的出版提升了宁夏文艺批评的理论高度

相较于2022年宁夏文艺理论著作的匮乏，2023年呈现出较为可喜的局面，三部理论著作问世，且皆出自宁夏社会科学院。从近些年的研究成果来看，宁夏社会科学院已成为宁夏文艺理论研究的重镇。

牛学智的《社会分层与当代小说现代性》（中国作家出版社，2023年），入选作家出版社"中国当代文学研究与批评书系"，是目前为止宁夏首部入选该书系的著作。该著以分析"现代性"在当代小说研究中的基本现状为起点，选取独特的社会分层视角来研究当代小说叙事的现代性。书中不仅有微观层面的系统分析，如对王蒙笔下知识分子被革命所分层、张贤亮自传式知识分子的中国式个人主义生成的来龙去脉、路遥叙事中的农村青年文化人遭遇的制度性危机、王小波眼里的个体化及个体化成长困境、王朔对新世纪之交体制外城市青年思想状态的呈现、莫言"民间立场"的农民及农村文化的集体无意识乃至非理性状态、阎连科对城镇化路上农村社会现代化难题的叙事，进行了社会分层视角的深入审视，反映了当代小说叙事中作家对现代性的细微体验与理解，从而让人们感知到了中国文学在现代性思想构建上的经验和不足。该著也从宏观角度探讨了文学的"个人主义"与社会学的"个体化"之间的关系。从既有社会分层理论的角度来看，这无疑是以文学理论的方式所做的有益补充和完善，让人们意识到了社会学分层理论所不及、无法透彻观照到的地方的重要性。

白草的《当代小说印象》（宁夏人民出版社，2022年）既有单篇文本细读，也有现象综论；既有不避名家大家的犀利批评，也有对小说家总体风格的深入论析。全书所论列作家共有二十多位，如王蒙、汪曾祺、铁凝、贾平凹、曹乃谦、石舒清等等。作者多年来关注、跟踪当代文学发展，较为熟悉当代小说创作现状，所形成的批评观点有助于读者对当代文学进一步认识。

许峰的《新时期以来的宁夏文学批评研究》（中国社会科学出版社，2023年）是目前一部系统研究宁夏文学批评的理论著作，以新时期以来的宁夏文学作为研究对象，梳理了1978—2018年宁夏文学批评的历史演变，从“话语形态”“文化心态”“典型现象”“作家的批评研究”“批评个案”五个方面展开论述，力求实现对宁夏这一时期文学批评的宏观把握与微观审视。总结了这一时期宁夏文学批评在宁夏文学整体发展中所做的独特贡献及存在的历史遗憾，以期探寻当代文学批评突围的路径，为当下文学批评的发展提供建设性的思考。

（三）对当代重要作家及理论现象的关注扩大了宁夏文艺批评的视野

对当代重要作家作品的关注扩大了宁夏文艺批评的视野，体现出宁夏文艺批评的底蕴与实力。牛学智近些年一直关注当代文学的前沿现象，从现代性与社会分层的社会学角度重新审视当代著名作家及作品，不断有新的发现。《社会分层与农村青年文化人——兼论路遥研究及其重要小说》（《中国当代文学研究》2023 年第 4 期）、《王小波小说与现代性个体叙事》（《上海文化》2023 年第 3 期）、《新时代农村题材文学究竟何为?》（《北方论丛》2023 年第 1 期）、《〈我的菩提树〉、“非虚构”与思想的良苦用心》（《当代作家评论》2023 年第 4 期）等文章都不是单篇的文本解读，而是将作家与作品放置于广大的社会文化场域中去展开，寻找到文本内外之间的相互关系，彰显出强烈的问题意识。

白草对当代作家的关注另辟蹊径。王蒙是当代著名作家，对他的文学作品研究居多。《王蒙的文学批评特点》（《宁夏社会科学》2023 年第 4 期）一文立足于考察王蒙的文学批评，梳理出王蒙在理论上的贡献。《莫言的奇幻风格》（《百家评论》2023 年第 4 期）注重分析莫言小说中的“通感”这一修辞，揭示出莫言小说的艺术特点。周清叶的《长篇小说〈应物兄〉的叙事艺术》（《宁夏大学学报》2023 年第 3 期）从小说随物赋形的节命名、第三人称全知全能视角和内省式视点交错并置，以及作品整体意象的营建与格式塔异质同构之间的完美契合来阐释小说的叙事艺术。马慧茹的《文化凝望中的审美特质——以格非小说“江南三部曲”为例》（《社会科学家》2023 年第 4 期）分别从精神文化中的意蕴之美、道德文化中的风骨之美、审美文化中的空白之美三个方面重新挖掘“江南三部曲”的审美特质，进而彰显出作者的美学思想。谭明珠、虎维尧的《云意象：从神化到文学主题的生成》（《宁夏师范学院学报》2023 年第 2 期）梳理古典诗文中云的自然书写、神话崇拜及其文学主题的演变过程，发掘其特定的象征意义和时代表达。

（四）对宁夏作家作品的审美观照日趋多元

对宁夏本土文艺作品的关注依然是宁夏文艺批评的主要方向。这些文章中既有整体的审视，也有作家作品的个案考察；既有文本的深入解读，也有印象式的点评。相较于2022年，2023年的宁夏文艺批评强化了对本土文艺观照的意识。罗茌的《宁夏城市文学的勃兴与流变》（《朔方》2023年第1期）整体梳理宁夏城市文学的发展脉络与成绩，有着较强的问题意识。许峰的《〈宁夏文学史〉：地域文学史撰写的守正与创新》（《朔方》2023年第6期）对《宁夏文学史》的书写范式、结构特征以及价值进行了深入解读，并对其存在的问题直言不讳地进行了批评。贾海燕的《宁夏当代小说海外译介传播研究》（《宁夏大学学报》2023年第3期）研究角度立足于宁夏小说的海外译介传播，研究角度新颖。作家论的写作是对批评者研究能力的综合考验，2023年宁夏作家论角度新颖，考量细致，有问题意识。张敏的《了一容小说审美风格论》（《中国当代文学研究》2023年第5期），卢辉的《缤纷时代的自然意识与率性表达——从常越的诗歌创作想到的》（《朔方》2023年第2期），瓦楞草的《肖川诗歌创作综论》（《朔方》2023年第3期），许峰的《董永红小说读札》（《宁夏日报》2023年7月31日），让了一容、常越、肖川、董永红的艺术形象更加明晰。白草的《简谈计虹的城市小说》（《朔方》2023年第4期）和《融入了周围世界的青春与爱——读阿舍长篇小说〈阿娜河畔〉》（《朔方》2023年第9期）两篇评论选择了宁夏当前较为活跃的两位女作家。计虹的《刚需房》《半街香》两部小说集用简省的笔法书写出了城市的某种神秘品质，在白草的审美鉴赏中，计虹的城市小说更像是一份城市的记录手册。对《阿娜河畔》，白草采用答问的方式去揭开小说的神秘面纱。第一问：平静之中寓悲凉，淡然之中显无奈。第二问：初恋和夫妻之爱，孰轻孰重？他指出，文学不能代替历史，可文学能够赋予历史以别样的生命。《阿娜河畔》是对一群人深深的致敬与怀念。另外，张九鹏的《〈贺兰山东麓〉：一曲奋斗者之歌》（《朔方》2023年第7期）和许峰的《历史记忆深处的乡愁与省思》

（《朔方》2023 年第 8 期）分别对樊前锋、刘国君的作品作了深入浅出的点评，对基层作家在文学创作上的默默付出与努力给予了肯定。

（五）艺术评论呈现出不断上升的趋势

2023 年的艺术评论令人刮目相看，创作势头强劲，呈现不断上升的趋势。在这些艺术评论中，既有传统画的研究，如陈彦平的《〈国语孝经〉（鲜卑语）与鲜卑装孝子画像的出现》（《美术观察》2023 年第 4 期），魏慧慧的《李唐南渡后山水画的审美意蕴及其对西夏山水画的影响》（《西夏研究》2023 年第 2 期），也有民间艺术形式的探讨，如李澜的《花儿剧〈花海雪冤〉的民族化创作探究》（《艺术评鉴》2023 年第 8 期），王焱的《论二胡与乐队〈天河〉中蒙古族音乐元素的体现》（《音乐生活》2023 年第 9 期），马雪妍的《宁夏隆德县高台马社火脸谱图案及其文化内涵论析》（《大众文艺》2023 年第 7 期）和《乡村振兴背景下六盘山地区“高台马社火”艺术的文化价值与功能》（《大众文艺》2023 年第 11 期），姬文革的《乡村旅游与六盘山地区民间节庆音乐文化的融合发展》（《综合创新与发展学术论坛论文集》2023 年）。对传统文化创造性转化的研究，如周晓敏的《宝鸡出土周代青铜器的美学内涵及纹饰转化设计研究》（《美术教育研究》2023 年第 11 期）。关于艺术论著的书评，如贾峰的书评《表征与融通——对〈跨文化的艺术史：图像及其重影〉书写范式的考察》（《学术评论》2023 年第 3 期），对李军教授的《跨文化的艺术史：图像及其重影》一书的内容、方法及学术价值，进行了客观的评析。

总之，宁夏艺术评论秉承赓续中华文脉，推动中华优秀传统文化创造性转化与创新性发展，为建设中华民族现代文明作出贡献。

三、宁夏文艺批评创作的不足与展望

2023 年的宁夏文艺批评迎来可喜的局面，文艺批评创作的数量增多，有分量的文艺批评作品不断涌现，与批评相关的研讨活动也逐渐增多，艺术评论没有掉队，在推动宁夏文艺创作繁荣发展方面可谓功不可没。当然，瑕不掩瑜，问题一直存在，但问题还是老生常谈。一是观照宁夏本土文艺的批评还是相对较少，批评的引导作用发挥不足。尤其是当前宁夏文艺出现的新气象，比如山乡巨变、移民搬迁、乡村振兴、黄河主题等题材的文艺作品，文艺批评没有跟得上，并未及时予以阐释与推介。二是后备人才匮乏依然是制约宁夏文艺批评进一步发展的瓶颈。尽管 2023 年的宁夏文艺批评队伍出现了一些新的面孔，但批评的主力还是那些熟悉的面孔。三是宁夏文艺批评缺乏对某一文艺现象或某一作家持续关注的热情和成果。长期跟踪，挖深井的研究成果不多，多数批评文章更多是肤浅的表面现象研究，研究对象与作者之间还未形成所谓的某某研究专家的概念。

针对如上问题，首先是加强宁夏文艺批评的平台和阵地建设。虽然宁夏文联每年有 4 期的《朔方评论》与 1 本《宁夏文艺评论》，但这还远远不够。《朔方评论》仅为内刊，难以收录高水平的稿子，并且影响力着实有限。《宁夏文艺评论》一年仅一本，收录的论文与学术前沿还有较大的距离。因此，需要主管部门与中国作协、中国文联沟通协调，希望他们主管的理论刊物为我们宁夏的文艺批评提供一定的版面，让宁夏的文艺批评在更大的平台上展示。其次，宁夏文联和宁夏评论家协会要发挥好服务协调功能，加强评论工作者之间的团结合作，集体攻关一些文艺理论课题，推出系列性的研究成果。最后，宁夏当地高校作为输出评论人才的基地，一定要有意识地去加强评论人才的培养，从课程设置到研究生创新项目，为在校学生提供历练的平台，促进他们在文艺批评方面早日成才，成为宁夏文艺批评的后备力量。

2023年宁夏影视业发展报告

徐　哲

2023年宁夏影视界坚持以习近平新时代中国特色社会主义思想为指导，深入学习贯彻习近平总书记关于影视工作的重要论述和党中央决策部署，围绕学习宣传贯彻党的二十大精神这条主线，坚持以人民为中心的文艺创作导向，着力推出有深度、有温度、有价值的精品力作，着力推动产业市场恢复发展，为建设社会主义文化强国、铸就社会主义文化新辉煌贡献更大力量。

一、宁夏影视业发展现状

2023年，宁夏影视行业克服三年疫情带来的重大打击，以顽强的生命力重拾发展繁荣的信心，主要呈现以下特点。

第一，主旋律高扬，人民情怀饱满。宁夏影视界坚持以人民为中心的创作导向，始终为英雄谱曲，为人民赞歌，为时代铸魂。《一生交给党》是根据中国共产党优秀党员、黄埔军校二期学员、贺龙同志的入党介绍人、湘鄂西革命根据地和湘鄂西红军的创建者之一、100位为新中国成立作出突出贡献的英雄模范人物之一周逸群烈士的故事改编。影片生动地诠释了革命理想高于天的精神，生动地展现了共产党人为了初心使命勇往直前、

作者简介　徐哲，宁夏社会科学院科研组织处副处长，副研究员。

百折不挠的风骨气节。此外，正在制作的《六谷儿》《星星的故乡》等影视作品则着力于展现新时代山乡巨变，表达人民对美好生活的向往，传递“幸福是奋斗出来的”实干精神，都是弘扬主旋律，传播正能量的精品力作。

第二，电影市场持续回暖，惠民力度持续加大。随着影院的常态化开放，在惠民消费券的助力下，宁夏电影市场持续回暖，票房收入、观影人次及上座率全面提升。据宁夏广播电影电视局数据，2023 年春节档全区 67 家电影院实现票房收入 3057.6 万元、观影人数 71 万人次、放映场次 1.35 万场，较去年相比，票房收入增长 19%，观影人数增长 22.4%。惠民观影消费券核销率也不断攀升，使用并核销优惠券 1.37 万张，优惠金额 31.59 万元，带动消费 88.12 万元。“五一档”全区电影票房为 633.8 万元，15.87 万人次观影，同比分别增长 243.95%、201.52%，恢复至 2019 年同期水平。使用并核销优惠券 0.4 万张，优惠金额 10.42 万元，带动消费 26.54 万元。宁夏电影市场活力重启，消费需求旺盛，发展潜力巨大。

第三，景旅联动不断深化，产业效能不断提升。2023 年，石嘴山大力推动石炭井电影小镇发展，着力打造现实主义题材影视拍摄基地。坚持将引入影视作品拍摄作为首要任务，加强与宁夏中亿影视文化传媒有限公司、宁夏泉园影视文化有限公司等影视服务公司的对接联系，主动向影视剧组、导演、制片人推介石炭井影视拍摄资源，今年共吸引《大风吹》《天坑》《西北警事》等 13 部影视剧组前来勘景，3 部影片完成取景拍摄、1 部影片正在进行拍摄，其中《大风吹》《天坑》全程在石炭井取景拍摄。与北京电影学院签订战略合作协议，在石炭井挂牌成立“北京电影学院石炭井影视创作实践基地”，定期选拔组织优秀学生赴基地开展采风、研学、创作、课题研究等活动，在影视人才培养交流、促进地方文化产业发展、文化惠民活动开展、宣传推介等方面开展合作。同时，进一步完善基础设施，加大宣传推介力度，吸引游客打卡，截至 2023 年 10 月，共吸引游客近 13 万人次，石炭井工业文旅影视小镇知名度不断攀升。影视业、文化旅游业互促共生，产业效能不断提升。

第四，“放好”与“看好”并重，农村公共电影服务质量不断提升。

自2007年国家实施农村电影放映工程以来，宁夏在全国率先实现农村电影放映数字化全覆盖，截至2022年底全区共有300余名放映员，3100余个放映点，每年放映电影4万余场，年受益观影群众300多万人次。全面落实“1（故事片）+1（科教片）+X（公益广告不少于1条，总长不超过5分钟）”影片放映和公益宣传要求，《我和我的祖国》《中国机长》《红海行动》《你好，李焕英》等备受观众喜爱的影片在农村公益播放，进一步提升公共文化服务效能，满足农民群体文化需求，推动乡村文化振兴。

二、宁夏影视业发展中存在的问题

首先，储备较多，成片相对较少。截至2023年10月，宁夏仅有宁夏电影制片厂出品发行的影片《一生交给党》上映，电影《六谷儿》、电视剧《星星的故乡》仍在后期制作中，电视剧《天坑》9月28日开拍，现仍在前期拍摄中。出现剧本储备相对丰富，成片公映数量较少的问题。根据国家电影局的备案公示和公映许可公示，2019年以来，立项拍摄的剧本有65部，获得公映许可证的影片仅有9部。换言之，很多已经允许拍摄制作的剧本，在制作过程中因为各种各样的原因最终未能真正走向银幕，形成“不缺剧本，缺影片”的问题。

其次，影片类型较少，故事主题相对单一。审视近5年来中国电影，可以发现，国产院线影片类型越来越丰富，主旋律、科幻、悬疑、谍战、战争、古装、动作等均有涉及，并且不同类型影片中均出现了一些倍受欢迎的经典之作，例如《长津湖》《流浪地球》《无名》《满江红》《狙击手》《战狼》等等，可见中国电影的类型越来越成熟，也越来越多元。相比之下，宁夏电影基本以主旋律影片为主，其他类型影片较为欠缺。国家电影局《“十四五”中国电影发展规划》中明确提出要坚持守正创新，坚持系统观念，大力繁荣电影创作生产。宁夏较为单一的电影类型体系无法应对电影创作大发展大繁荣的趋势，也不利于电影业的长期发展。

再者，深耕市场不足，市场的精准化、差异化探索还有待深入。经过疫情三年，需要下力气让观众重新走回影院。消费券的发放有助于刺激消费者走进影院，但满足消费者的观影需求才是让消费者重回影院的根本举措。调研发现，消费者的影片需求越来越多元，目前排片现状难以满足圈层化、小众化的消费趋势。此外，乡镇院线建设也需要关注。随着农民“口袋”越来越富，对文化生活的需求与日俱增，公益电影放映只能满足农民基本的观影需求，“档期电影无法及时播放”“观影体验不佳”等问题尚有待解决。

最后，影视基地以外景拍摄业务为主，处在发展的1.0阶段。宁夏的主要影视基地镇北堡西部影城、石炭井电影小镇、清水营影视城、陶乐影视城等主要是利用不可复制的自然风光或人文景观，满足一些影视剧的局部拍摄制作需求，属于“靠天吃饭型”。2022年，国家电影局、国家发展改革委、自然资源部、生态环境部、住房和城乡建设部及国家广播电视总局联合印发《关于促进影视基地规范健康发展的意见》（国影发〔2022〕1号），首次从官方层面界定了影视基地的概念，“指采取市场化、企业化方式建设运营，实行封闭或半封闭管理，以人工实景、摄影棚等为主要内容，拥有音视频编辑机房、器材装置库等设施设备，为电影、电视剧、网络电影、网络剧等提供拍摄、制作等专业化服务的园区”。从这一定义来看，宁夏的影视基地建设仍有很多欠缺。作为“靠天吃饭型”，容易与风光相似地区形成同质化竞争，发展潜力不足，产业效益、规模难以形成。

三、繁荣发展影视业的对策建议

（一）生产方面，以创新创意激发创作活力

影视是最具有代表性的文创产业，创新创意是影视发展的不竭动力。针对影片类型单一、主题不够丰富的问题，一是加强引导，鼓励开发多元剧本。鼓励影视从业人员深入人民群众，挖掘影视素材，丰富叙事表现手法，创作高质量剧本。充分发挥多方力量，通过举办剧本大赛等面向电影爱好者、发烧友征集剧本，筛选高质量剧本予以扶持。二是加强培训，提升影视叙事能力。审视2023年国产电影市场，可以从口碑好、质量高的一些影片中总结出中国电影独特艺术魅力的密码，如中华优秀传统文化的赋能，《封神第一部：朝歌风云》《长安三万里》中就能窥见东方文化之美；再如叙事技巧的提升，《消失的她》《孤注一掷》等悬疑剧充分证明中国

电影创作中戏剧性叙事的智慧。相比较，好莱坞历来叫好的视觉盛宴却有惨淡发展的趋势。这些充分说明，电影终归是内容生产，丰富叙事手段，提升创作质量，厚增故事内涵，才是高质量的根本。因此，有必要通过培训等方法提升宁夏影视创作人员的能力水平，特别是青年影视创作人员，为繁荣发展宁夏影视业夯实人才根基，激发创新创造活力。

（二）院线方面，探索差异化、精准化分线发行

规模大、潜力大是中国电影市场的主要特点，2023 年电影市场的全面复苏充分证明了这一点。同时，在社会圈层化的影响下，消费者的需求更加多元，丰富的类型供给、优质的故事内容、多元的视觉艺术、沉浸的科技体验等都成为消费者的影视作品期待。平衡大众主流与小众需求，实现精准供给是院线改革的方向，而分线发行就是一项有效措施。在城市影院，鼓励院线进行差异化探索，放映厅较多的影院可以以一两个厅进行尝试，分类分型放映，满足不同消费者的需求，让更多消费者因多元影片的放映走进影院。借助大数据技术，精准分析群众需求，为建设人民院线、艺术院线提供技术支持。另外，对于中小体量的优质影片，特别是宁夏发行的影片，制定扶持帮扶政策，提高排片率，倒逼生产创作，提升剧本的成片率。乡村院线建设也要加快脚步，乡镇影院建设是推动乡村文化振兴的重要抓手，也是推动电影强国建设、缩小城乡观影差距，满足人民群众日益增长的精神文化需求的重要举措。虽然，宁夏在实施农村电影放映工程方面取得优异成绩，但依然存在受气候影响大、放映效果不理想、缺少档期电影、观众人数不断减少等问题。针对这些问题，可以与大院线合作，在人口居住密集的乡镇建设高质量的固定放映点，以“公益+商业”形式运营，按照农忙农闲、假期节日、消费需求等合理排片，推动档期电影进乡村，满足农民的观影需求。

（三）产业方面，大力推进影旅融合

李道新曾指出，“对于电影业和旅游业而言，产业融合无疑是一场正在发生的、优胜劣汰的新产业革命。在电影业与旅游业相互融合基础之上产生的电影旅游产业，有可能为中国电影产业和中国旅游产业带来前所未有的巨大商机和 1+1=3 的文化生产力。”[1]影旅融合是文旅深度融合的触点，镇北堡西部影城的成功案例为宁夏的影旅融合奠定了基础。但随着科技的发展、影视剧作的更迭、消费受众的换代，镇北堡西部影城的发展也面临不少危机。要进一步推动影视业与旅游业的融合，首先要加强影视基地的基础设施建设，不能仅限于提供自然和人文风光，要围绕基地主题进一步完善硬件设施和工作用房、置景车间、服化道库等配套设施。影旅融合不仅要满足影视拍摄的需求，扩大影视基地规模，还要完善旅游服务设施，提升旅游服务质量。其次，要加大地方 IP 开发，讲好故事。影旅融合推动影视业、旅游业双赢的根本在于有能够吸引消费者的故事，正如《山海情》是以闽宁协作的奋斗故事吸引观众观看，从而引发拍摄地打卡。内容为王的时代，还是要深入挖掘影视素材，打造动人故事，才能为影旅深度融合厚植基础。最后，要加大科技投入，提升产业势能。一方面，影视基地的发展需要技术的加入。另一方面，影旅融合中科技的融入能够催生新项目、新业态。近年来，沉浸式体验成为文旅产业发展的重要影响因素，新技术的出现为体验的不断增强提供了技术支撑。在影视基地已天然拥有影视剧的实景基础上，再借用 VR 等虚拟现实技术，就可以带领游客穿梭时空，体验他们喜爱的影视剧剧情，增强旅游体验感。

①李道新:《电影旅游:产业融合的文化诉求》,载范周、吕学武主编《韬略:变革的力量——文化创意产业前沿》,中国传媒大学出版社,2008,第 188 页。

2023年宁夏书法创作发展报告

杨开飞

宁夏书法创作在继承中发展，在赓续中创新，坚持以人民为中心，以主题创作为纽带，以培训为手段，以展览为龙头。宁夏书协多措并举，用心服务，注重青年书法创作人才队伍建设。2023年宁夏书法创作百花齐放，气象峥嵘；宁夏书法工作者行稳致远，埋头苦干，取得了许多令人瞩目的成绩。

一、宁夏书法创作的主要表现

2023年宁夏中青年书家的书法创作成果在国家级展览得以集中体现。

作为宁夏书法创作的中坚力量，宋琰有四件书法作品参加了国家级展览，分别是民进中央开明画院举办的“凝心铸魂强根基、团结奋进新征程”主题教育——民进中央开明画院理事作品展、中国文联主办的“中华情·中国梦”中秋展演系列活动书法作品展、中国书协主办的书法主题创作系列活动——晚明古法书与后世品评录、中国美术学院主办的“书学之路——高校书法教育60年成果展”。范彦奎参加“承续：新中国新发现书法主题大展”。中国书协甄选新中国成立以来新发现的书法范本58件，邀请116

作者简介　杨开飞，宁夏大学中国书法研究所所长、教授，宁夏书法家协会副主席。

位书家分别进行临写和创作，以当代立场展示新范本的艺术表现方式。范彦奎临写的《唐郭湜墓志》于9月28日至10月10日在中国美术馆展出。陈国鸿创作的书法作品《革命英烈崔景岳》被中国国家版本馆总馆文瀚阁收藏。中国国家版本馆被誉为“赓续中华文脉的种子库”。建设中国国家版本馆，是以习近平同志为核心的党中央批准实施的重大文化工程，是集中展示中华优秀传统文化精华、反映当代文化发展成果的创造性举措。

宁夏还有12位作者创作的书法作品参加了2023年中国书协主办的其他展览。常仲、周钢的书法作品参加全国第三届老年书法作品展，刘武国的书法作品参加全国第九届楹联展，高宏明、蒋海淘的书法作品参加全国第三届书法临帖作品展，任龙、何荣臻的书法作品参加2022“中国书法·年展”全国行书、草书作品展，马彦鸣、蒋海淘、于智勇的书法作品参加2022“中国书法·年展”楷书作品展，王海成、任龙、蒋海淘三人的书法作品参加2023“中国书法·年展”全国书法篆刻作品展。

2023年宁夏基层书法创作成果通过区、市书协举办的展览得到呈现。2月15日，由自治区文联主办，宁夏书协承办，宁夏文学艺术基金会、中国人寿保险股份有限公司宁夏分公司协办的“‘砥砺奋进新时代　凝心聚力新征程’——贯彻落实党的二十大精神宁夏第八届书法篆刻展览”在银川美术馆开幕。展览将书法记言录史功能与艺术创作紧密结合，展示新时代伟大成就，赓续红色血脉、凝聚精神力量。190余件精心创作的优秀书法篆刻作品，记录了新时代、新征程上宁夏人民的奋斗之志、创造之力、发展之果，书写出宁夏的历史之美、山河之美、文化之美。宁夏书协在本次展览中精心策划了两个主题：一个是“牢记领袖嘱托，担当使命任务”主题书法创作，组织全区老、中、青三代共35位书法家进行创作，35件作品以习近平总书记“建设美丽新宁夏，共圆伟大中国梦”的题词为起首作品，以“领袖嘱托”和“使命任务”为创作内容，两件一组；另一个是“向人民汇报”主题书法创作，30名全区基层优秀书法作者以自治区第十三次党代会报告为内容进行创作，旨在引导基层书法工作者提高政治站位，强化使命担当。9月12日，宁夏文学艺术界联合会与宁夏书法家协会主办的“‘牢记嘱托　感恩奋进’——黄河流域生态保护和高质量发展先行区基层书法作品展”在银川美术馆展出。展览以“黄河流域生态保护和高质量发展先行区”为创作主线，展出书法篆刻作品200余件。重点策划了“讲好宁夏‘黄河故事’主题书法创作”，用翰墨倾情讴歌生态优先、绿色发展、创新驱动高质量发展的塞上新成就，讲述灿烂辉煌的宁夏黄河新故事，展示独具特色的宁夏黄河文化新魅力。

2023年宁夏书法创作彰显了宁夏书法工作者在新时代新征程上的使命担当，他们在全国和各省市策划的书法主题创作展中表现积极，主动作为，收获不菲。宁夏书家具有良好的政治觉悟，服从大局，感恩时代，礼赞人民，以虔诚的态度投入书法创作，得到人民群众的认可和好评。

二、宁夏书法创作的发展变化

2023年宁夏书法创作相较往年有以下四个方面的显著变化。

突出时代主题。将时代主题与书法创作有机融合是2023年宁夏书法创作发展的显著变化之一。宁夏书法家协会积极引导广大书法工作者认真领会习近平总书记关于文艺工作和群团工作的系列重要论述，不断强化思想政治引领，持续把党的创新理论转化为推动宁夏书法事业高质量发展的强劲动力，努力构建重大主题书法创作的新模式，策划举办了一系列主题突出、特色鲜明、影响显著的书法展览，以高质量的书法作品增强人民精神力量。宁夏书法家协会举办了“砥砺奋进新时代　凝心聚力新征程”主题书法创作，精心策划了“讲好宁夏‘黄河故事’主题书法创作”。时代主题是宁夏主题书法创作的引擎，宁夏书法工作者自觉投身时代主题书法创作，把对党和人民的热爱融入书法创作之中，用书法的精品力作讲述了“清澈的爱，只为中国”。

延续历史文脉。将历史文脉与书法创作有机融合是2023年宁夏书法创作发展的显著变化之二。6月1日，习近平总书记参观了中国国家版本馆，在兰台洞库了解馆藏精品版本保存情况，要求充分运用中华优秀传统文化的宝贵资源，探索面向未来的理论和制度创新。中华民族具有五千多年的文明史。“只有全面深入了解中华文明的历史，才能更有效地推动中华优秀传统文化创造性转化、创新性发展，更有力地推进中国特色社会主义文化建设，建设中华民族现代文明。”①习近平总书记对中华民族历史文脉的重要论述为宁夏书法工作者指明方向，更加坚定了宁夏书法工作者的文化自信。宁夏书法家协会在构思主题书法创作时，设立主题是“讲好宁夏黄河故事”，三个分题之一是“延续历史文脉，书写美丽新宁夏”。宁夏书法创作以古代流传至今描写黄河，讴歌宁夏塞上风物的诗词为内容，回顾历史，追踪先贤足迹，赓续历史文脉。

加强交流合作。交流合作是中华民族生生不息、不断发展壮大的重要手段，也是2023年宁夏书法创作发展的显著变化之三。习近平总书记在文化传承发展座谈会上指出：“中华文明从来不用单一文化代替多元文化，而是由多元文化汇聚成共同文化”。②中华民族交往交流交融的历史取向塑造了中华优秀传统文化的海纳百川有容乃大。“银川—洛阳书法作品交流展”是银川市书协与洛阳市书协合作的成果，也是不同地域不同文化之间的对话与交流，实现银川、洛阳两地书法创作的互鉴互补。8月31日，宁夏大学美术学院与宁夏书法家协会共同举办“庆祝宁夏大学建校65周年——全国高校书法名家作品展”，此次展览邀请了国内50余所高校的书法名家和10位宁夏书法名家展示作品。宁夏大学中国书法研究所与自治区文联、宁夏书法家协会携手合作，构建资源共享的书法人才培育平台和书法创作交流基地，把高校艺术殿堂的“小教育”变成提升全社会书法研究与创作水平、推进书法美育的“大讲堂”，对推动新时代宁夏高等书法教育的高质量发展和书法创作的影响力具有重要意义。

扶持书法评论。为了营造良好的书法创作环境，宁夏书法家协会一手抓创作，一手抓评论，将创作与评论对接，大力扶持书法评论是2023年宁夏书法创作发展的显著变化之四。书法创作与书法评论如车之两轮，鸟之两翼。长期以来宁夏书法评论声音微弱，针对书法创作和展览的评论少之又少。宁夏书法创作与书法评论力量悬殊，创作热火朝天，评论门庭冷落。这种局面在2023年发生明显改观。首先宁夏文联确定宁夏大学中国书法研

①习近平：《在文化传承发展座谈会上的讲话》，《求是》2023年第17期。

②习近平：《在文化传承发展座谈会上的讲话》，《求是》2023年第17期。

究所为宁夏回族自治区文学艺术界联合会“书法创研基地”。宁夏大学中国书法研究所一方面带领书法专业研究生投入创作，完成优秀书法创作成果，另一方面书法专业研究生在导师带领下走进展厅，认真欣赏每一件作品，有针对性地展开讨论，较好地完成了宁夏重要展览的书法评论任务。宁夏书法评论力争使感性的书法创作在理性的思想领空展翅高翔。

三、宁夏书法创作存在的不足与建议

2023年宁夏书法作品数量最多的展览是“讲好宁夏黄河故事”主题书法创作展。这次展览展示了宁夏书法创作宏大的场面和广泛扎实的群众基础，给人们带来欣慰和希望，同时也暴露出宁夏书法创作存在的不足。

其一，用笔生硬。宁夏书法创作植根传统，展出的作品几乎涵盖了每一种书体，篆书作品以小篆为主，大篆为辅；隶书作品研习张迁、曹全、礼器者较多，临摹《石门颂》《乙瑛碑》《史晨碑》者甚少，整体取法汉隶；楷书作品包括晋人小楷、魏碑、唐楷三种主要类型，取法唐楷者最多，魏碑者次之，晋人小楷者又次之；行书大多取法宋人（以米南宫为最，苏黄亦有涉猎），以王羲之、颜真卿面目示人者较少；草书数量较少，在用笔结字章法上大多受今人影响。宁夏书法创作渊源有自，但作品多流于形式。古人临帖强调“心不厌精，手不忘熟”，从作品中可以看出很多作者对所临字帖还不够通透，用笔较为生硬。

其二，筋骨羸弱。卫夫人在《笔阵图》中说：“下笔点画波撇屈曲，皆须尽一身之力而送之。”又曰：“多骨微肉者谓之筋书，多肉微骨者谓之墨猪，多力丰筋者圣，无力无筋者病。”[①]凡传世名作，无不以筋骨取胜；筋骨虽美，得来谈何容易？必须经历“踏破铁鞋无觅处”的困苦与艰辛，非仁人志士不能造其极，非颖敏通才不能悟其妙。现代社会的嘈杂喧嚣与快速发展，使学书者步入智能时代很难躲避微信、抖音、头条等轮番诱惑与骚扰。客观上面临生存压力，主观上注意力分散，书法工作者缺少足够

①上海书画出版社、华东师范大学古籍整理研究室：《历代书法论文选》，上海书画出版社，2012，第22页。

的时间和精力沉潜于书法的汪洋大海。宁夏书法创作筋骨软弱似乎注定成为无法逾越的宿命。

其三，文字讹误。这里的“文”指引文，“字”指字法。当下宁夏书法创作绝大多数以古代诗文为载体，书写先贤诗文有可能一不小心就会出现引文错误问题。比如展览书法作品文字内容摘录司马迁《史记·匈奴列传》，原文是：“汉度河自朔方以西至令居，往往通渠置田官，吏卒五六万人。”[①]作者将“度”写作“渡”。班固《汉书·匈奴传（上）》也有相同的话，用“度”而非“渡”。书家在引用古文时一定要反复核对史书，校对文献来源，不能出现张冠李戴的笑话。在一些行草书作品中，字法经不起推敲，看似如此，实则不然。宁夏行草书创作字法讹误一方面是临帖功夫不到，字法不甚了了；另一方面是作品完成以后，盲目自负，得意忘形，没有对作品字法从头至尾逐一检查，最终佛头着粪，不堪入目。

其四，艺文脱节。当前展览机制使作品的可视性取代了可读性，设计性湮没了自然书写性，外在的形式屏蔽了内在的文化性。作品的形式、风格与作者其人剥离，书法不再是“如其人，如其志”，而成为一种纯粹的形式表现，以致被人称之为“展览体”。宁夏书法创作无法脱离展览时代流行病毒的侵袭，作者知识储备的不足与创作思想的浅陋，乃至文化修养和文人风骨的缺失，成为宁夏书法创作的瓶颈。“艺文皆备”不仅是中国书法的优秀传统，而且也是宁夏书法创作值得遵循的审美标准。“艺文兼备”要求创作者不仅要有一定的书写能力，还要具备一定的文化功底，提倡“自作诗文”。“讲好宁夏黄河故事”主题书法创作中，安纯人自书诗文：“青铜峡里平湖静，绿野苇中异鸟啼。”（《为青铜峡黄河湿地而作》）这算得上是一件难得的“艺文皆备”的书法作品。

宁夏书法创作的根本出路在于回归传统，深入传统，坚守传统，面对问题和困难不逃避、不惧怕、不退缩。向内看，宁夏基层书法创作队伍有

---

①司马迁：《史记》，中华书局，1982，第2911页。又见班固：《汉书》，中华书局，2007，第926页。

向心力和凝聚力，弘扬社会主义核心价值观，传播正能量，充满高度的文化自信。向外看，我们面临“百年未有之大变局”，中华优秀传统文化正随着国运走强而焕发出蓬勃生机，书法发光发热的时代已经来临。

文运同国运相牵，文脉同国脉相连。实现中华民族伟大复兴，是一场震古烁今的伟大事业，需要坚韧不拔的伟大精神，也需要振奋人心的伟大作品。习近平总书记说：“对历史最好的继承就是创造新的历史，对人类文明最大的礼敬就是创造人类文明新形态。”[①]宁夏书法创作应该在文化传承发展座谈会重要讲话精神鼓舞下，守正不守旧，尊古不复古，不惧新挑战。宁夏书法创作要把文化自信融入宁夏书法工作者的精神气质与文化品格中，把艺术理想融入党和人民事业之中，推出更多既具有传统文化底蕴，又能反映时代主题和人民奋斗精神的优秀作品。

①习近平：《在文化传承发展座谈会上的讲话》，《求是》2023 年第 17 期。

2023年宁夏美术创作发展报告

耿海东　贾　峰

2023年，广大美术工作者深入生活、扎根人民、服务群众，着眼于用艺术精品丰富人民群众精神世界，积极投身建设社会主义现代化美丽新宁夏伟大实践，在守正创新上实现新作为，创作出了一批思想精深、艺术精湛、制作精良的精品力作，彰显出宁夏美术事业发展的新活力。与此同时，广大美术工作者的创作能力和创新意识不断增强，创作成果和艺术水准明显进步，积极推动宁夏美术事业高质量发展。

一、年度重要美术活动概览

2023年度，在美术创作展示推介方面，可谓丰富多彩，自治区文化和旅游厅、自治区文学艺术界联合会、宁夏美术家协会、宁夏书画院等单位组织开展了一系列富有思想性、示范性、引领性的主题美术作品展。2023年伊始，为期一周的"'砥砺奋进新时代　凝心聚力新征程'贯彻落实党的二十大精神全区书法、美术、摄影展暨第三届宁夏青年美术作品展"在银川美术馆开展。自展览征稿启事发出后，先后收到作者提交的作品近600幅，涵盖了所有美术作品门类，最终精选出285幅作品进行展出，有的作

作者简介　耿海东，宁夏青年美术馆馆长；贾峰，宁夏社会科学院文化研究所助理研究员。

品以宏大视角聚焦于新时代的伟大变革，有的作品则更加关注人民群众的日常生活审美化，从不同角度呈现了全区人民朝着全面建设社会主义现代化美丽新宁夏战略目标勇毅前行的精神风貌和实干之效。

经过为期半年的精心筹备，150 件大幅中国画作品于 2023 年 3 月运抵北京，“宁夏大地情——山水画作品进京展”在北京中艺国际展览馆拉开帷幕，这是宁夏老中青三代美术工作者第一次集中在北京举办专题展，为扩大宁夏美术在全国的知名度和影响力发挥了积极作用。在创作过程中，美术工作者们深入“一河三山”采风写生，采撷大量承载着山川精华、雨露华滋的家山乡土素材，围绕天高云淡的情怀、贺兰山阙的古韵、六盘山红色基因的传承等多个主题展开创作，以大视野、大笔墨、大尺幅彰显了宁夏的自然之美和人文之美。

为更好地宣传推广“宁夏二十一景”，宁夏书画院积极行动，组织实施“宁夏二十一景”主题美术创作采风写生活动。7 月初，宁夏书画院全员出动，3 个创作小组分别带领区内知名画家 80 余人，走遍“宁夏二十一景”进行写生采风。本次活动为创作积累了丰富素材，进一步激发了参与者的艺术创作灵感，是近年来宁夏美术工作者集体用丹青笔墨展示宁夏之美的重要美术活动。

此外，本年度还举办了黄河颂——宁夏生态文明建设主题美术作品展、黄河渔歌——宁夏雕塑艺术展、第八届女画家作品展等专题美术展览活动，受到社会各界广泛关注。

二、年度代表性美术作品

总体来看，2023 年度宁夏美术创作主要呈现出三个方面的特点。一是主题性美术创作占据主要篇章。广大美术工作者围绕“一河三山”“乡村振兴”“一带一路”等主题创作了一批水准较高的作品，为讲好宁夏故事、展示宁夏形象发挥了积极作用。其中，具有代表性的作品有张少山的中国画《大河之魂》、赵忠的中国画《春风又度贺兰山》、王枰的中国画《放笔画写兰山真》、王雪峰的中国画《深山幽居》、孙全义的油画《沙海之光》、何占福的中国画《天下黄河富宁夏》、左力光的中国画《留得寒冬一片山》、马惟军的中国画《征途之伴》、撒学文的中国画《六盘山上高峰》、刘芬的中国画《建功新时代》、侯昀的油画《闽宁》、张金凤的油画《黄河岸边》、潘志照的中国画《兰山岿屹》、胡小敏的中国画《秋山赋》、张尚宝的油画《峡谷暮色》、陈沛的中国画《丝路胡旋》、纪金璇的油画《守护黄河》、王伟的中国画《贺兰山风韵》、李文的油画《黄河初春》等。

二是一般性题材美术创作在平稳发展中亮点频现，先后有17人次入选全国性重要美术作品展览，极大地提升了宁夏美术作品在全国的影响力，进一步丰富了社会的审美需求和公共美育内容。其中，比较有代表性的作品有马建军的中国画《凌霄花》、周一新的中国画《水墨人物》、梁永贵的中国画《三珍图》、孙立人的油画《荒野》、李东星的中国画《大窑滩仨老汉》、张键的油画《河东》、卯芳的中国画《老乡》、王骞的油画《大河·问鱼》、徐秀丽的中国画《谷香》、张勇的中国画《时代印记》、赵勇的中国画《高秋图》、黄玉立的中国画《梦蝶》、陈昱坤的油画《塬上偶得》、朱翊丹的中国画《莫道桑榆晚》、路祥的油画《我》、柳普军的中国画《物语》、岳子萱的中国画《新天地》、周怀洋的中国画《隔·山》、马让武的油画《渔船系列》、段炼的中国画《未来国手》、张树苹的中国画《暖秋》、陈舒畅的油画《林间幽梦》、李婷的中国画《晨曲和谐颂》等。

三是小众美术门类开始全面发力，精品力作不断涌现，受到广泛关注。代表性作品有罗贵荣的版画《氢原子》、马丽茵的综合材料作品《春山如黛》、王永晟的水彩画《丝路记忆·痕》、朱华的版画《无问东西》、曹晶晶的水彩画《怀旧之一》、何家宁的水彩画《打卡地》、李雪的雕塑《新文化》、于婧的水彩画《秋牧贺兰》、刘阳的水彩画《土豆丰收了》、刘朋的连环画《大禹治水》、孙婧的版画《傲雪·生息》、王哲的雕塑《舞——山河之间》、那坤的综合材料作品《大河之韵》、庞万福的连环画《石油工人》等。

三、年度优秀青年画家推介

在本年度创作中，裴环环始终着眼于身边的人和事，用画笔记录凡尘烟火中一张张动人的面容。其作品《开路先锋》就是作者在一次外出时，被路边正在维修道路的工人深深打动，从而萌发了为新时代劳动者造像的想法。此外，她所绘就的《婆婆》，其精神内核旨在讴歌母爱这一永恒主题。现代社会中女性既要担当社会职责，又要承担主要家庭责任，当她们在面对病魔时所呈现出的坚强状态更是让人钦佩。这幅作品对女性坚韧的品质进行了深度挖掘和表达。在从事中国画创作之余，裴环环的连环画作品《刁雍引黄灌溉》还获得了“首届宁夏连环画艺术奖”，这幅获奖作品的技法兼收并蓄，在不拘泥于中国传统笔墨的基础上，尝试融合西方现代绘画技法，努力使个人艺术表达的方式更加多元，实现对主题思想的深化认知。

李文斌的创作多以固原地区的山川人物为背景，其西海固风景题材的油画、水彩画作品，不仅是对家乡山川风貌的自然表现，还深刻地表露出作者对这片土地殷切的热爱和眷恋。他的作品呈现出黄土高原的苍凉肃穆与勃勃生机，特别是他笔下四季交替的山川草木，更透露出一股浓浓的人间烟火气息。他新近完成的系列组画《故土》便是如此，通过牧归的羊群、父亲的背影、归家的游子、识途的狗儿等意象，朴实而真切地将隐藏于人们内心深处深沉而悠远的乡愁之情传达出来。

萧栋是典型的学院派青年画家，有着扎实的造型基础和丰富的表达技巧，他长于中国画的创作，但近年来又开始兼顾连环画的创作。本年度，他创作完成的《山那边》，以连环画的形式讲述了宁夏山区孩子生活、求学、追梦、回乡的故事。该作由八幅小画组成，采用传统水墨形式，用较为写实的笔触描绘故事人物，并通过写意的山水笔法塑造黄土高坡的苍凉之美，因而形成了鲜明的视觉对比，每幅小画由故事线索牵引共同构建主题，又可以篇篇独立各自成画。作者渴望用简洁明快的构图和强烈的水墨对比，帮助观者在聆听故事的同时感受焕然一新的视觉艺术效果。

2023 年是何少波重拾画笔进行创作的第三年，他克服重重现实困难，一心扎进了创作之中，全年先后完成写生风景油画 70 余幅，对于一个以写实油画为主的创作者而言，这一数量可谓来之不易。其中，斩获“宁夏二十一景”主题原创美术作品一等奖的《秦长城遗址》颇具代表性，该作以独特的构图视角，勾勒出蜿蜒曲折的古长城风貌，作品画面整体以暖色调为主，天空中的云彩和斑驳的长城夯土形成了强烈的视觉对比，一种跨越千年的历史沧桑感油然而生。

李怀仁一直钟情于中国传统山水画的学习与创作，但近来他开始注重更为鲜活的自然山水表达，以写生带动创作，逐步从以往的“书斋创作”转向“现场创作”，产生了一批让人耳目一新的好作品。特别是他生于斯长于斯的六盘山，成为他山水画创作的新基地，在孕育自己的这片黄土地上，于一草一木、一枝一叶中重新体验故土的气息，他在大自然与笔墨的转化关系中，重塑自我绘画语言的精神家园。例如，他的大尺幅中国画作品《秘境·塬》，以强烈的视觉冲击力，呈现出六盘山色“水府众灵出，石室宝图开”的神秘气息，饱和的石绿茵染则营造出“阳春布德泽，万物生光辉”的勃勃生机。

刘林格是一位“90后”版画艺术家，现为罗汉工作室专职画家。近年来，她创作了包括《那达慕》、《吹过草原的风》、《阳光·阳光》、《相遇》系列、《嗨，你还好吗》系列等大量版画作品。在2023年的艺术创作中，她的作品主要聚焦西北人情风貌和重大题材美术创作，其中《国脉枢纽——中国芯》系列之二，运用绝版木刻的方式，人物造型刻画严谨，刀法应用流畅、分版层次准确，既立足于时代背景，同时带着发现与思考的眼光，讴歌了宁夏西气东输工程中有担当、有信念、有温度的城市建设者们，彰显了城市建设者为国造器的自信心和自豪感，实现创作主题与艺术本体的巧妙融合。

设计专业出身的张燕清，近年来转向中国画的创作，并很快就取得了不俗的成绩，她的作品在讲求传统笔墨表达的同时，注重借鉴设计中的形式构成。如2023年创作完成的《红红火火》，是在作者深入了解隆德社火后，反映民间艺术在乡村振兴中所发挥的独特作用的一幅作品，作品用水墨写意的方式表达塑造，强烈的黑红对比，烘托出热烈的节日氛围，作者充分利用生宣纸对墨色的渗化来表达传统社火粗犷而不失活泼的艺术特征，通过丰富的人物表情来传达基层群众对美好生活的向往之情。该作通过层层选拔，入选了中国美术家协会主办的“抱石风骨——第二届中国画双年展”，近期正在江苏省美术馆展出。

杨艳宏的创作喜欢从现实生活的真情实感出发，关注和表现平凡岗位上的劳动人民，她创作的《最美建设者》，就是描绘城市电力维护工作者在忙碌间隙吃工作餐的场景。作品将众多人物分为三组，以线条为主要造型手段，再以写实性的笔墨语言对人物肤色进行深入刻画，定格了人物一边享用饭菜一边进行眼神、肢体互动的生动瞬间。另外，她结合地域人物故事，围绕在宁夏建设发展中作出突出贡献的治沙模范带头人，创作出线描连环画作品《一棵一棵树》，反映宁夏盐池治沙英雄白春兰从一棵树奋斗出一片林，最终带领当地农民致富奔小康的感人事迹。作品以线描造型，参考木刻版画的表现形式，营造出具有装饰意味的八幅连续性画面，传达“幸福是奋斗出来的”精神力量，该作品入选 2023 年“‘成功杯’——宁夏首届连环画艺术作品展”并获奖。

此外，本年度创作成果突出的青年美术工作者还有朱华、王锶珞、路祥、段炼、马宝军、牛发科、李婷等。

四、存在问题分析

经过 2023 年度的艺术创作实践，宁夏美术工作者进一步积累了有益的创作经验，特别是在“一河三山”等主题性艺术创作方面，逐步探索出了独特的艺术表达方式，进一步凸显了宁夏地域自然风貌和人文风情的西部美学气质。但是，存在的问题与不足依然明显，主要呈现以下几个特征。

其一，“走出去”的意识不强。大多宁夏知名美术家仍以“蜗居”本地“圈子”为常态，不能很好地走向全国舞台，除了受到财政经费保障和社团组织能力等因素制约外，宁夏美术工作者缺乏与其他兄弟省区对话交流的意识与自觉，走出舒适区的勇气不足。

其二，青年人才队伍建设相对滞后。目前，宁夏美术创作队伍中的年轻一代已经逐渐成长起来，但在数量上特别是骨干人才的培养上缺乏具有针对性的“传帮带”和重点扶持举措，尚处于散兵游勇的状态，不能形成合力效应，青年人才的成长成才缺少必要的引导引领。

其三，对地域美学元素的转化能力不足。对地域自然风土的贴切艺术表达，既关涉到艺术符号的形成与确立，也影响艺术作品传播推介的成效，只有形成具有符号化的地域美学特征的艺术作品，才能在更大范围内找到共鸣的读者，发挥美术作品的艺术价值和社会价值的双重效应，为新时代社会美育贡献新的内容。

五、对宁夏美术创作的展望

宁夏有着悠久的历史文化积淀，具有丰厚的人文资源，被誉为“中国微缩盆景”，自然风光丰富多样，这些都为宁夏美术创作高质量发展提供了可能。比如正在组织实施的“宁夏二十一景”主题美术创作活动，既是助推本土美术创作创新的有力抓手，也是美术作品在对外宣传中发挥独特作用的绝佳契机。此外，要提升宁夏美术创作的影响力和美誉度，还要在举办高层次作品展览上下功夫，坚持“引进来”和“走出去”办展览的双向机制，拓展更多的人民大众喜闻乐见的展览形式，不断增强社会美育内容，从而将艺术创作与社会生活有效衔接起来，形成良性互动。

2023年宁夏古体诗词创作发展报告

马　翚

宁夏诗词学会是宁夏古体诗词社团组织，是诗词创作者、研究者和爱好者自愿结合的群众性文化学术团体，以团结凝聚诗词爱好者、推动宁夏诗词事业繁荣发展、建设先进文化为职责，是宁夏诗词创作的主力军，现有会员600余人。2023年度，宁夏诗词学会深入学习习近平总书记关于文艺工作的重要论述，认真贯彻落实习近平文化思想，牢记“国之大者”，在继承弘扬中华优秀传统文化中，抒发和反映新时代社会主义建设和改革开放取得的伟大成就，同时紧紧围绕加快建设黄河流域生态保护和高质量发展先行区、乡村全面振兴样板区、铸牢中华民族共同体意识示范区“三区建设”组织广大会员积极进行创作。一年来，多次组织会员深入基层一线开展采风、进行诗词教育、举办诗词大赛、举行研讨交流等活动，书写山乡巨变，弘扬时代精神，描绘经济繁荣、民族团结、环境优美、人民富裕的塞上新画卷，发表了大量优秀作品，其中不乏深受读者欢迎的精品力作。

一、宁夏古体诗词创作的基本情况

（一）诗词发表情况

宁夏诗词创作队伍不断壮大，创作质量不断提高。据不完全统计，本

作者简介　马翚，宁夏回族自治区工人疗养院副院长，主任医师，宁夏诗词学会副会长。

年度宁夏诗词作者在公开发行的报刊发表作品682首，其中以宗西、张嵩、马犟、闫云霞、白林中为代表的宁夏诗人，在国家级诗词刊物《中华诗词》《中华辞赋》《诗刊》《中华散曲》发表作品近百首。马犟荣获本年度由诗刊杂志社、中华辞赋杂志社和鄂尔多斯市共同举办的“鄂尔多斯诗歌奖”之旧体诗词奖。魏康宁、闫立岭、左宏阁、丁玉芳、邹慧萍、许金平、马存玉、刘虎、赵春光、张美玲、杜枚、吴茂江、田兴福、赵学义、何晓晴、张青、祁飞龙、熊轲、张瓔涵、李学玲、高银春等人的作品也经常见诸《宁夏日报》《宁夏法治报》《华兴时报》《朔方》《黄河文学》《六盘山》《星星·诗词》《诗林》《延河》等多种区内外公开发行的报刊。与此同时，宁夏诗词爱好者在宁夏诗词学会会刊《夏风》（内刊）发表作品3000余首。

（二）诗词集出版情况

2023年度，宁夏多位作者出版了个人诗词集，有魏康宁的《塞上行吟》、海军的《雪泥鸿影》、白林中的《白林中诗词》（第三卷）、熊品莲的《寒塘鹤影》、杨石英的《鹰扬燕掠潇湘去》、何晓晴的《南风徐来》、胡秉平的《六盘古月》、吴茂江的《烟雨红尘》、邓鸿为的《提出品质》等11部。由张嵩主编的《〈朔方〉诗词选》于11月由宁夏人民出版社出版，该书收录110位作者的600余首诗词。另有石嘴山诗词学会的《诗意石嘴山》一书出版。马犟诗词集《塞上山川铺锦绣》入选自治区党委宣传部本年度文艺作品创作扶持项目。

（三）诗词评论及研讨会等情况

2023年度，公开发表的诗词评论文章有李增林的《独宗变雅开新格》、张嵩的《乡村叙事诗创作谈》、马犟的《略论段维“新田园诗”的个性化特征》、杜枚的《田家垄上数飞鸿》、邹慧萍的《如痴如醉如琢如磨》、高丽君的《凝神静气品琼浆》。举办了宁夏诗词学会会长魏康宁诗词集《塞上行吟》研讨会。宁夏诗词学会会刊《夏风》出版4期，每期均有评论文章刊载。

值得一提的是，宁夏诗词学会常务副会长张嵩以《诗词中的宁夏》为题撰写系列文章100篇，截至2023年12月初，已在《华兴时报》刊登72

篇、16万字。

（四）诗词网络传播情况

宁夏诗词学会官网长期开通，及时展示宁夏诗词作品，并向中华诗词学会推送展示宁夏优秀诗词作品50余次300余首。宁夏诗词学会《夏风》微信公众号推送优秀集体作品8辑。下属学会银川诗词学会、石嘴山诗词学会、西夏诗词学会微信公众号都在长期展示会员作品。《诗词中的宁夏》同时推出了专刊公众号。

二、宁夏古体诗词创作的特色和经验

（一）创作特色

宁夏诗词按照作品的题材不同，可将本年度发表的诗词分为以下几类。

1. 时政类

诗人的社会责任、诗词的社会属性，决定了诗词必须反映新时代，讴歌新风尚，这类作品占比较大。如宗西的《瑞雪纷飞庆两会》、魏康宁的《赞扶贫列车》、张嵩的《国庆礼赞》、马犟的《浪淘沙·致敬航天人》、张美玲的《黄河生态美》、刘虎的《乡村振兴赞》、张青的《贺兰山东麓葡萄酒产业园赞》等。

2. 游览类

旅游已经成为现代生活的一部分，描写旅游生活中的山水景色、见闻感受，赞美祖国大好河山的诗词作品，本年度占比很大。如宗西的《绿满六盘山》《火石寨》，张嵩的《荆门园博园》《眉山水街》，马犟的《小重山·夔门秋色》《夏初与众诗友登贺兰山苏峪口》，白林中的《沙湖》，丁玉芳的《题叠嶂飞瀑》，刘虎的《京杭大运河》，张美玲的《沙坡头印象》等。

3. 时令类

诗人敏锐地最早感知到季节变换，他们以饱满的热情抒发着季节更迭带给心灵的悸动，这类作品也占一定比例。如张嵩的《塞上春早》、马犟的《中秋对月》、邹慧萍的《银川滨河大道秋景》、何晓晴的《山中盛夏》、李学玲的《临江仙·春日感怀》等。

4. 边塞类

宁夏地处边塞，山水独特，巍峨贺兰、滚滚黄河、雄浑大漠，为我们高举新边塞诗词的大旗造就了天然优势，也是宁夏古体诗词歌咏的主题。如宗西的《“大柳树”工程》、张嵩的《贺兰山》、马犟的《贺兰山岩画》、张美玲的《沙坡头印象》、刘虎的《满庭芳·北武当山》、雍秀慧的《题云雾山》等。

5. 咏物类

托物言情、托物喻理，以咏物来表达自己的思想感情的诗词，如宗西的《阅海之秋·归雁》，张嵩的《赞天水龙凤金菊》，马犟的《定风波·白莲》，白林中的《桃花》《杏花》，丁玉芳的《春梅》，邹慧萍的《阅海湖观荷》，王福祥的《咏伞》，张青的《咏重庆轻轨》等。

6. 咏怀类

诗歌最本质的特征是抒情性，感事抒怀、咏物寄意。如宗西的《鹧鸪天·壬寅中秋感赋》、张嵩的《夏日感怀》、刘虎的《花甲之年自描》、王福祥的《八秩初度感怀》、赵春光的《小满节有怀》、张璎涵《秋夜有感》等。

7. 酬赠类

用来表达送别、寄赠、唱和等抒发友情的诗词。如宗西的《鹧鸪天·枸杞赠友》、马犟的《夏初临湖有寄》、刘虎的《春节前寄诸诗友》等。

除此之外，还有爱情类、田园类、怀古类的诗词，不一而足，多姿多彩。由于篇幅限制，就不再一一赘述。

（二）创作经验

1. 采风集中创作

宁夏地处西北边陲，独具特色。贺兰嵯峨、大漠融金、沙水相邻的壮观景象在这里呈现，诗情画意融为一体。宁夏是古丝绸之路的重要节点，是古代中原农耕文化和北方游牧文化的交汇点，有水洞沟旧石器时期人类活动的遗迹，宁夏大地更有长城博物馆之称。悠久的历史、奇美的景观，为诗词创作提供了丰富的素材。通过各种采风活动，引导宁夏诗人进行集中创作，是最直接有效的途径。

2. 大赛带动创作

2023 年度，通过“绿色宁夏　美丽山川”全国诗词大赛的延续，以及“诗咏宁夏枸杞”全国诗词大赛的举办，激发了诗人们的创作热情。这些诗词作品在宣传宁夏自然风光和特产的同时，对宁夏诗词走向全国也起到了推介作用。

3. 诗教引导创作

广大诗词爱好者更多地处于自我摸索学习阶段，诗教活动、诗词课堂为他们答疑解惑，会进一步增进他们对诗词的热爱，使他们的创作热情高涨，创作出更多更好的作品，为宁夏诗词事业的发展注入活力。

4. 发展年轻会员

青年是宁夏诗词的有生力量，大力吸纳青年诗词创作者进入宁夏诗词创作的队伍中，是宁夏诗词持续性发展的必要，他们的加入，为宁夏诗词注入了新鲜血液，使宁夏诗词呈现的内容更加丰富多彩。

三、宁夏古体诗词创作中存在的问题

（一）诗词文化基础薄弱

宁夏地处西北边陲，地域偏远，文化发展比较落后，尤其是诗词文化基础薄弱，有重要影响的诗词名家不多，诗词创作整体水平和作品发表数量与其他省区相比有很大差距。

（二）诗词创作和诗词评论不同步

创作需要相应的评论给予推动。宁夏与诗词相关的诗词评论滞后，少有这样的专业人才，造成诗词整体水平提高缓慢。

（三）网络作品和公开发表作品不匹配

随着网络期刊、公众号等自媒体的涌现，因其有着方便、快捷、门槛较低等特点，使得不少作者沉浸在自媒体的交流圈子里舍本逐末，不愿意下功夫去推敲、打磨自己的作品，所以在省级以上报刊发表得少，特别是国家级诗词刊物发表得更少。

（四）区外交流学习不够

就诗词创作者个体来说，和外省市交流的机会少，造成眼界闭塞，不了解当今诗词的整体水平。不能正确进行自我评价，自满自足，亦是宁夏诗词整体发展缓慢的原因。

（五）学会资金短缺

外省市一些诗词学会有充裕的经费及人员支撑，宁夏诗词学会资金严重不足，学会工作人员均为兼职，全靠对诗词事业的热爱在无私奉献，缺乏有效的持续发展机制。

四、宁夏古体诗词展望

（一）大力弘扬中华优秀传统文化

宁夏诗词学会将继续深入学习贯彻习近平文化思想，进一步以习近平总书记关于弘扬中华优秀传统文化的一系列重要论述为指导，大力弘扬中华优秀传统文化，激发全社会学习、吟诵诗词的热情，点燃他们的积极性；联系和依靠多方力量，推动宁夏诗词事业繁荣发展。

（二）努力提高诗词评论水平

倡导宁夏诗词写作者注重诗词评论理论的学习，学习经典诗论、词论，大量阅读古典文学经典，重视诗词评论的写作，努力提高宁夏诗词评论的整体水平。

（三）鼓励公开发表诗词作品

对在国家级刊物、全国性刊物、省级刊物，以及其他公开刊物发表作品的作者，分层进行奖励，鼓励和引导更多作者发表优秀作品。

（四）组织广泛交流学习

采取“请进来”“走出去”等多种形式，与诗词名家、刊物编辑进行深度交流，虚心学习，取长补短。

（五）争取各方面资金扶持

中华文化源远流长。文艺是时代精神的写照，根深才能叶茂，本固方可枝荣。宁夏古体诗词创作正在焕发新生，只要坚持砥砺奋进，笃定前行，就能够为打造文化兴盛沃土，建设新时代文化强区，进一步推动中华优秀传统文化在新时代的创造性转化和创新性发展中贡献新的更大的力量。

在传统与现代交互坐标看宁夏文学

牛学智

“宁夏文学”这一词用得多了、用得习惯了，好像成了一个特指的概念。但它究竟是不是一个能经得起理论分析的文学概念呢？恐怕不是。当然，作为名词，读者明白它指陈什么。可是，从纵和横两方面深究，“宁夏文学”反而成了某种限制。至少让人觉得，这个指陈首先带有天然的排他性。因为，当说“宁夏文学”时，摆在我们面前的作品就得具有某种基本统一的风格。那么，宁夏土著作者的文学创作，流寓宁夏的知识分子创作和其他外地作者创作的关于宁夏的文学，该怎么区分？究竟谁更能代表宁夏？问题还不止于此，即使是这三类创作，作者个性的差异也是相当大的。为着某种显而易见的辨识度，把大异其趣的文学作品，人为烩在一口锅里，恐怕多少还是有问题的。

在这里提出这一问题，意在强调下面的论述，笔者只忠实于切实的感知印象来探讨一些相关问题。有的好像不那么“宁夏文学”，但也许是“宁夏文学”（以下不再用双引号标明）进一步壮大、丰富和发展不可或缺的视野和价值借鉴。

梳理既有的宁夏文学研究和批评，似乎离不开传统与现代这一对概念。然而，目前所使用的传统与现代，多为具体的印证式套用，是到所谓传统、

作者简介　牛学智，宁夏社会科学院文化研究所所长，研究员。

所谓现代，抑或到传统与现代相互转化为止的一种价值终点。如此一来，摇摆在传统与现代之间，创作好像更为踏实；在传统与现代元素之间反复掂量，研究和批评也好像自认为更加妥当。程式既成，意味着传统和现代这两个相互依存、相互激荡的概念本身反而成了问题。

基于这样的一种现状，本文所涉及理论理念问题，多在务虚，不拟置评太多具体作者、具体作品。这是希望宁夏文学作者和批评者，多加谅解的地方。

一、现代启蒙文学传统中的张贤亮遗产与今日宁夏小说

2014 年 9 月 27 日张贤亮去世，笔者于是年 9 月 30 日在《中国文化报》发表悼念性小文章《斯人已远，我们该思考什么？——写在张贤亮先生逝世之后》。文章题目提到的“思考什么”，其实是粗略的四点反问。一是他熟知他身处的社会现实和时代性质，无论《我的菩提树》《绿化树》《灵与肉》《男人的一半是女人》等小说，还是《小说中国》《我的倾诉》《美丽》《心安即福地》等思想随笔集，那种扎根在地域，却远不止地域经验的文学形象，我们有他的大视野吗？二是他有恒定的价值尺度，并用这个来自《资本论》的价值尺度来叙事，一直把思想触角伸向现实结构内部，我们有这个学理性依据吗？三是他能从一时代个人悲剧中看出彼时代国家民族的普遍性悲剧，并且能把视角再次返回到文化、人性和文学性规律，我们有这个叙事能力吗？四是他也是一个成功的商人，但他经商很少有暴发户的自恋、土豪们的狂妄自大，做生意似乎也具有民族的大义——这不只是指他所经营的影视城解决了 300 多口人的吃饭问题，类似一般的慈善活动、对文学新人的奖掖和扶持，以及重要关头的敢说敢为，我们身边的富人很多，他们有这个气度吗？

十年后的今天再看，张贤亮小说给我们的启示可能要比以上四点多得多，也丰富得多，唐突地归纳成四点显然太情绪化了。然而，倘若仍然以目前笔者所阅读到的宁夏小说为比较对象，现在看来，即使这四点，差距还是比较大的。

这里所涉及的宁夏小说，没有其他价值判断的意思，只作为名词用。

特指宁夏作者在公开文学期刊发表的小说，也包括宁夏文学期刊上发表的其他地域作者的小说。后者既然能在宁夏文学期刊发表，说明其风格基本符合宁夏文学编辑习惯性标准。那么，也可以作为广义宁夏文学来看待。

按照故事类型，整体的宁夏小说，依其主要倾向可以分解为这样几个类型。

第一类是乡愁故事。无论长篇，还是中短篇，一旦取材村庄，十有八九便与乡愁有关。至于乡愁是什么、何以是乡愁，以及为什么这个时候非要“记住乡愁”，从这一类小说作者的叙述中，是比较难找到作者所蕴藉着的尖锐追问的。这也就大致可以断定，乡愁故事成为小说的主体，其实并不包含作者有意为之的叙事。对于好的小说，吸引读者进一步思索、玩味的部分，当然是故事之外的东西。既然叙事成分相当寡淡，故事也就仅仅是个故事，缺失了承载思想的结构。如果小说的目的只是为着完成一个相对完整的乡村故事，那么，叙述一段往事就成了小说的终极追求。回忆是乡愁最主要的形式，其经验也就因含情脉脉而相对封闭，相对保守，相对忌讳酷烈的和艰难的消息。在此视角下，无论人物有多么复杂的社会身份，于叙述人而言，选择的只能是亲情；无论情节怎样跌宕起伏，于小说主旨而论，抹不掉的农耕符号一定是世间最美好的记忆；无论细节的枝蔓如何野蛮生长，对叙述的意图来说，上升到传统文化高度并且由传统拯救当下浮躁、飘零心灵的结论，也就总是首选。

这意味着，乡愁小说只是为了回答一个问题。这个问题可用一个程式来表示：漂泊在外的叙述者，因为不如意，或别的什么原因。总之，是感情的需要，最先想到了故乡。然而记忆中的故乡已然远去，徒留选择性印记在脑中，那么，只好想象。想象的故乡，一般是有叙述人介入或观看的农具、农事、农活。当这些东西构成小说挥之不去的符号和幻象时，一段乡土故事便成形了。然后是添油加醋，直到像个小说为止。完成小说的过程，也是所谓传统文化起作用的时刻。因为，从作者的叙述流程看，农耕符号其实就是他所理解的传统文化。到这个位置，叙述者心里一下子踏实下来了，表明拯救完成。

很难说这类小说没有意义，但除了马上想到抚慰、温暖、安宁，撑死到忆苦思甜，其他也就没什么可深一步思索的了。即是说，这类小说，不能把读者成功引向共同回味那点生活的“额外”意义上去，这表明此类小说在故事之外并无叙事延伸。紧接着，诸如为何非得在城市生活不如意时，农村物事成为第一条件反射，以及何以要回忆得那么甜蜜和有趣？稍作分析便可知，这种到了真正考验作者面向现实且必须做出解释时笔头却退缩的原因，看起来退却的是文字，实则乃思想。如果此类小说作者在宁夏具有代表性，那么，基本可以说明宁夏乡土小说，根本未曾意识到在传统和现代两个不同的意识中看待乡村世界的区别，尤其没有意识到用现代眼光审视变化了的传统乡村情感形态的惰性。这一维在作者那里，完全属于叙述的盲区。这导致即使单纯写乡愁，不是拒斥现代乡村，就是厌恶现代城市，总之，只能走向反现代文明的歧途。

这当然是乡愁故事中比较普遍而极端的一个类型。例外的也有，相比较只是多了些曲折和艰辛，从体验的角度，猛然间也能给读者以一定的感染力。然而，总的来看，确属一个类型，都害怕触角走向深入，害怕碰到现实后无法叙述而产生尴尬。所以，宁夏乡愁类小说，主打的是一个流畅，是奔现成答案而去的稳妥和安全，盖因所叙对象是超稳定农耕文化产物，本质上是静止的东西。

第二类是错位故事。若干年前，当全国一线小说热衷于错位的大主题时，宁夏小说也曾于错位故事中分得一杯羹，身份焦虑、价值焦虑、精神焦虑、信仰焦虑等，几乎呈一时之盛，紧随而来的是贫富差距、机会不平等和阶层的分化。然而，叙述上的这种介入感，最终没能坚持多久，差不多一夜之间，大家突然变得心平气和了。转眼回到了错位的青春、错位的爱情、错位的亲情、错位的友情和错位的人际关系。不得不说，如此“错位”，实在让读者丈二和尚摸不着头脑。

我们这里暂时不去谈可能涉及的社会结构变化、经济模式调整和意识形态状况，单就永恒人性问题而言，这等“新”的错位，不也是人性成长、发展中的常态吗？一对两小无猜的少年，随着家庭变故，最终各奔东西，从文学通常设定的初心来看，似乎是对海誓山盟的背叛。可是，人的社会化首先意味着行动，唯有有效行动，人才能成长为个体，人性也才能同时获得成熟。那么，所谓“背叛”，或许仅仅是文学道德审判撒给人们的一个美丽谎言。因为真正的人性成长，本来就包含对情感的否定之否定。同样的道理，年轻气盛之时，双肩无比轻松，双脚无比轻盈，呼朋引类，错把他乡作故乡；信心满满，也激情满满，大有所向披靡的豪壮。可是，现实终归不等于幻想，有一天突然发现，已然两鬓斑白，一身油腻松弛的赘肉，表明青春早已不再。恍然间盘点草率的行踪，原来一凡夫俗子而已，于是独怆然而泣下，只能怪命。这个时候，能拍着胸部理直气壮地说是命运的错位吗？陌生的反而成了熟悉的，熟悉的却成了陌生的，兴冲冲满怀期待而来，没想到收获的竟是懊恼、沮丧、颓唐和无奈。然而，一个简单的“回去”就能了却一切吗？显然不能。

除此而外，我们见得更多的是着眼于个人内心世界五花八门的错位。个人与个人内在性的持久分裂与纠结，父子之间明明暗暗的别扭，婆媳妯娌之间微微妙妙的怨怼，兄弟姐妹之间剑拔弩张的反目，乃至错把仇怨当友情的愕然，误把坦荡澄明作阴谋狡诈的悔不该当初，如此等等，不一而足。

浏览这一类宁夏小说，能体会得到，作者煞费苦心讲这样的故事，理念似乎是正确的，就是为着通过各种个人意义的错位，撕开探照人性的口子；也通过一系列的阴差阳错，一再表明个体选择的不可预见性和结果的不确定性，叙述方向无疑也是早已被文学理论所首肯，因而没有什么可质疑的；或者更进一步，人性的飘忽，叙述的凄婉，结局的伤感，话语的情绪化，亦为着达到审美上的柔绵与忧伤，进而争取美学的份额。毫无疑问，打的正是哀而不伤、悲而不颓、凌而不厉的中庸之牌。

问题是，和情感的不自觉“背叛”一样，日常生活世界里的所谓错位，不过是个体在政治、社会、经济、文化、互联网、科技等综合系统运行中水涨船高的一个常态。表明传统的体系结构正在遭遇危机，而新的秩序尚未构建起来。然而，这一切与封闭状态下的人性实在没有多少必然联系。由此可推知，之所以在宁夏小说作者心里有那么多的人性错位，大概因为他们就认为世间存在一种永恒人性，而且认定经过情感和道德的再三洗礼与追责，人是可以回到被设定的那个永恒人性的。闭着眼睛讲述如此这般的错位故事，其明明之心虽然令人感佩，可着实不知小说人物严防死守如此，该怎样评价其与现实社会文化的关系。

第三类是荒诞故事。可以肯定，网络文学中玄幻、穿越、怪诞、荒谬细节，以及自媒体平台常见的雷人情节和梦幻般的命运跨越故事，一定给了宁夏小说作者不少启示。这些资源远胜于卡夫卡等经典现代主义作家对宁夏小说的影响，导致其荒诞故事总是那么别扭而乏味、贫血而缺钙。

大致来看，主人公多半是一种设计。所以，需要写实的地方往往显得浮夸不可信，而虚构之处却反而一本正经。这是此类小说喜欢用梦和不可靠叙述者填充客观现实内容的原因。莫名其妙之处就在于，要么人物并非来源于生活，要么设定该方法需要这等玄而又玄的人物。总之，笔者阅读到的宁夏这类小说，其荒诞性仅仅是一个多余的装置，在小说中非但发挥不了荒诞的作用，在其搅动下小说题旨反而变得异常混乱和幼稚。比如，本来某人物实际生活履历对应着特定历史时期，并且也是该历史时期最不堪生活的当然承受者。可是，作者为了变换花样，或者耽于对该经历的深入体悟，便拿出梦来衔接和过渡，结果弄巧成拙。还比如，欲通过不可靠叙述者，来承担讲述沉重故事的主角，以期让读者获得“轻逸”体验。不巧的是，在插科打诨中，人生正剧被亵渎，人生意义也在颠三倒四的个人经验中被粉碎。

荒诞之不好驾驭，难的不是怎样荒诞，实则是不得不如此变异，以及不如此变异便不足以把事情真相戳穿。之所以如此，是因为作者触碰到的是一个有价值的节点，而要跨过这一节点不至于变味，必须用开放性的形象来捕捉，这是荒诞作为一个手法出现在小说中的重要原因。如此经典事例并不鲜见，如果卡夫卡不用甲壳虫，那么，他只能袭用弗洛伊德的心理分析法，这显然大大削减了从行动上表征现代人心灵承受的烈度。当然，笔者看到的此类小说的荒诞，实与现代主义无关，不过想表达某种神神秘秘的“道”而已，是传统的极端化。

由此可见，宁夏小说的荒诞故事，并不是面向现代社会和现代文化、现代个体处境的叙述。

也许还可以继续分类下去，限于篇幅，就此打住。

现在有理由把张贤亮的文学思想遗产细化成小说，进行一些简单对比了。

首先，思想上张贤亮小说是对中国现代启蒙传统的一个延续与发展。无论他写“爱情”，还是“改革”，始终离不开人在特定社会环境中的处境，甚至他是通过社会来折射人的遭遇的，这是他笔下人物具有普遍社会共情的根本原因。尽管有些研究者喜欢从 19 世纪俄罗斯文学传统来看待张贤亮小说，这只说明张贤亮的广博，丝毫不会影响张贤亮骨子里的现代意识。这样的作家，大概不会轻易相信永恒人性论。

其次，身份意识上，张贤亮小说肯定属于典型知识分子叙述。这并不是贬低所谓“民间”“底层”视角的叙述，而是表明张贤亮小说故事中有着一种不灭的社会良知和责任担当感。通常，这种品质在他的小说里表现为自觉的审视和批判意识。因此，他笔下人物也就不那么容易给戴上标签符号的帽子，这是他能把个人故事讲成全体故事的本质所在。这样的文学理念和价值追求，不可能轻率信奉哪一类文化形态。即便在当时看来比较理想的文化形态，他也只是在经验基础上当作一种参照来用，且多有辩难、证伪成分。这样的视野，恐怕不会轻佻相信仅凭一种修道或好心态，就能改变现状。

另外，张贤亮小说大体上是自我素材作为叙述对象的，可是他的语言基调又是反个人私密化和个性情绪化的。这造成了他小说最终面向现实面向社会面向历史面向人本身发言的特点。可以说，这也是他小说具有史诗性的标志。然而，写小说的张贤亮并不首先考虑文学史定位。自由表达，是他创作的根本动机。这样的姿态，似乎也不大可能通过追逐热点、时风来换取赞誉，或者博编辑与评委的眼球以图首肯。

今日宁夏小说，肯定有自己的主要关切，也有自己时代的审美趣味。但无论如何，作为文学共同体的宁夏小说，疏离乃至背叛张贤亮小说传统，哪怕认为张贤亮是流寓宁夏没有地域文化观念、没有故乡情结、没有根深蒂固的农耕根性，可以义无反顾剪断与他的思想联系，写出有鲜明宁夏地域标记的小说才是对宁夏文学的贡献的认识，都是狭隘且不明智的。

说到底，宁夏小说的这几种突出文化表现，实际是狭隘地域文化作祟的结果。一方面总想着直接体现地域胎记，反而走到了现代文明的反面；另一方面为着极力证明地域的也是世界的，沉陷永恒人性论反而与现实社会背道而驰。如何跨越这个两难呢？只有以局外人眼光，面向现实，审视宁夏地域文化惰性和传统历史文化思维惯性，才能真正看到地域的优点，也才能使现代文化的根扎得更深更牢，从而以文学特有功能帮助构建更稳定的现代文化体系。

二、思想言说的文学批评与今日宁夏文学评论

有了张贤亮，宁夏小说自然要令外界多看几眼。但让人刮目的前提是，宁夏小说必须从根本上改变久已形成的写作惯性，和长期积淀而来的小说文化陈习。这些东西也许源自先天地域文化、生活方式的同质化，也许源自后天人为的某种有意诱导、刻意塑造。总之，产生的后果是，身处宁夏很难突破宁夏，这如同置身共同体中反而无法审视其局限一样。这倒不是质疑宁夏小说的真诚，强调的是应该换一个陌生的角度再来表达这片土地。

谈宁夏的小说，尚且有个张贤亮可资参照。谈宁夏的文学评论呢？为了避免为尊者讳，笔者只能就一点粗浅的了解，不揣浅薄先简要回顾一下经典著作给文学批评下的定义，然后略为对照，看看宁夏文学评论处在什么位置。

据笔者所阅读，文学批评这一概念，其实是现代以来关于文学研究的特殊指称，有着确指含义。现在，文学批评当然早已是一门独立的二级学科了，它隶属于中国文学旗下。学科规范只是对学科中某一倾向属性的界定，并不就此圈死该倾向。文学批评正是如此，它是文学研究中需要格外突出研究者思想倾向的一种述学话语方式和价值表达形态，审视、反思和批判是其标志性特征，这即是与文学史、文学理论和文学评论的本质区别。美国学者勒内·韦勒克、奥斯汀·沃伦合著，中国学者刘象愚翻译的《文学理论》（1949 年首次在美国出版，1963 年、1965 年分别在美国重版，1984 年中文版首次在生活·读书·新知三联书店出版，2017 年再版）一书，就把文学批评、文学史和文学理论进行了区别论述，同时也强调指出，擅文学批评者，必须同时熟悉并穿越文学史和文学理论陈见，这意味着前瞻

性和创新性是文学批评的核心品质。对比之下，什么是文学史，以及什么是文学理论、文学评论，自然就不难辨别了。对文学批评的这个内涵界定，一直延续到该学者八卷本的《近代文学批评史》（1987 年由上海译文出版社出版第一卷，在此后的 22 年时间里相继出版了后七卷，2007 年全部出齐，杨自伍翻译）。在论述 1750 年到 1950 年长达两百年百余个各国批评家时，作者始终贯彻着文学批评的理念，未曾见到他把文学批评降维成文学评论。

韦勒克等对文学批评的这些经典论述，生命力经久不息，直到 70 年后的另一英国学者的论述出现，这个基本内涵仍不见有丝毫褪色和变异，它就是特里·伊格尔顿的新著《文学批评的革命者：五位改变我们阅读方式的批评家》（上海文艺出版社 2023 年版，唐建清翻译）。只不过更进一步发展了或深化了的是，伊格尔顿所筛选的五位批评家——艾略特、理查兹、燕卜逊、利维斯和威廉斯，带着拯救文学批评危局的使命。诚如作者所言，“文学批评的一个重要传统正面临被忽视的危险”（第 5 页）。因此，所谓改变我们阅读方式的批评家，其批评不再是单纯为文学服务乃至始终依附于文学创作的模样。之所以有这样的补充，伊格尔顿有两个前提值得注意。一是他认为对于传统文学而言，当今文学，主要是文学语言，已经代表了对商业化、功利主义文明中生活和语言贫瘠的一种反应，这种文明日益受到电影、广播、大众报刊、广告和通俗小说的影响；二是即使是革传统文学命的现代主义，也感到自己面临着语言资源的急剧枯竭。伊格尔顿声称，重新界定的文学批评，是诊断这些社会弊病的一种方式，它的任务是研究一种完全不同的话语形式的运作原理，这种话语形式将语言从一个粗俗的技术社会所利用的纯粹工具性目的中解放出来。被解放出来后，“语言、人、价值观和关系本身都将被视为目的”（第 6 页）。由此可见，这时候的文学批评，其实是一种起于文学而绝不止于文学的思想言说，它是一种综合视野和跨学科知识的产物。

伊格尔顿论述的语境，也许与我们生活的现实多少有些不同。可是，从我们感受到的文学创作现实，包括文学评论花样翻新的术语来看，其逐新的猛劲，好像也一点儿都不逊色于伊格尔顿的语境。这又告诉我们，单就文学意识形态而论，我们的文学及其评论似乎早已深陷在了那种语言的贫瘠和枯竭之中了。倘若我们再深一层追问，集体性扎向传统文化，不约而同认为人精神价值上的分裂和错位在于修道不够、心态不好，以及通过荒诞穿越就能度过人本身危机的主题，说穿了这已是千百年来人们反复叙述过的老话题了。现在对此还相当振振有词，不是江郎才尽，而是误入整体贫瘠与枯竭深渊不自知罢了。

在此背景下，笔者仅就宁夏文学评论现状，提出一点批评意见，有则改之无则加勉是也，万一不妥，权且当作杞人忧天好了。

第一是工作总结式报告。调研报告当然是一种简洁明快的资政文体，遵循提出问题、分析问题和解决问题的三段论式结构。读之立场鲜明，结论清楚。可是面对文学创作这个个人意识和潜意识化比较突出的产品，这一文体就显得不那么适合了。主要是人的精神及价值状态不能被科学量化，再加上象征、隐喻、反讽等常是叙事文学的基本手段。前面两块内容倒不难驾驭，到了解决问题阶段，如果依着调研报告文体特点，就该快刀斩乱麻地得出一二三个答案，这怎么可能？倘非得如此，便只能就事论事。可是，这就能说透问题吗？不能。最关键的一点是，对于文学来说，所谓对策建议，最大的可能性恐怕只是依照热点文化思潮给出的答案，因为这些东西更方便于操作。所以这一类文体，一旦落入个体评论家之手，只会导致思想探索的浅化、窄化，无法看到文学之所以如此的历史性制约因素。长期纠缠于总结式报告的统计和归纳，文学创作就会变成某种订制式的模式生产，从此无缘回应内心的自由召唤。本来，可能性生活方式，一直是文学建构的当然任务。现在，当可能性变成了大家都沉浸其中且还能点数得清楚的生活，这是贫瘠与枯竭从评论转换到文学创作并开始起作用的最直接表征之一。

第二是正向性经验互证。经验有正向性和反向性之分，这是一般情况。然而当两者同时走向极端，正向性就变成了鉴赏、赞美、图解，反向性则容易被激越的情绪所左右，一变而成故意地说反话、唱反调，那就与理性不沾边儿了。宁夏谁的文学评论有这个特点，这个不便于说。但跟踪浏览之余，正向性经验互证的确给笔者留下了极深印象，说明这一路评论颇占上风。好处是，顺着作品阐释容易很快彰显出作品的优点；坏处是，一味顺着创作者，创作容易变成惯性制作，创作者会在一路荣耀中舒舒服服地走进死胡同。当然，评论中正向性经验互证之成立，前提必须面对的是毫无疑问的经典。哪怕把张贤亮小说作为批评对象，在思想层面看，仍然有许多进一步探讨的余地，可是仅当作一种叙事进行一般性评论，就不一样了。只要评论资源低于乃至平行于张贤亮，从小说要素上说，张贤亮绝大多数小说，的确堪称完美。此即正向性互证的致命局限，因为它有个前设不可撼动。这前提就是文学原理的惯性，评论只到原理为止，批评则才从既定原理开始。因为批评有穿越文学史、文学理论的资质，并能从更广阔的普遍性回过头来审视这既定的一切。这一层面看，这路评论长期盘踞宁夏文学中心，实在是把文学及其研究的质疑性气质一步步推向了麻木的境地，这是从文学的内部生产开始排斥异质元素进而走向同质化的表征之一。

第三是文学史规定性知识的机械填充。分开看，这种判断似乎偏于尖刻。可是如果你足够熟悉对象，其实只是一种客观陈述。一是做此事的人，基本清一色学院教师，他们所熟悉者多为文学史教材。二是学院化知识熏陶之故，“梳理知识”成了他们习惯性话语方式。这时候，就不难理解为什么动辄“从当代文学史上看”，或者“中国当代”、某个文学时期等，会那么频繁出现在他们的评论文本中了。盖因这是一种被钦定的学科行话，只有浸淫其中，似乎才具合法性。不幸的是，真正的文学批评并不以最终给假定的文学史提供资讯而自豪。我曾读过很多类似著作，美国很没有名气的当代青年学者约瑟夫·诺思的《文学批评：一部简明政治史》（南京大学出版社 2021 年版，张德旭翻译）一书就是很好的例子。打破“范式”，是该著最令人印象深刻的创新之处。在他看来每当一种批评思想耗尽之时，必然要有人站出来颠覆那种让人备感无力的知识惯性，真正的批评才得以露出头角。令人气闷又不能一下子找出原因的那个生产机制，便是范式。而当代最突出的范式，便是大同小异的文学史知识印证法，诺思称之为历史主义/语境主义批评，即把批评当作生产知识的手段的研究。回顾宁夏文学评论，致力于文学史框架内的写作，看起来是为宁夏文学立了汗马功劳，毕竟，他们在既有和假定的未来文学史中论评宁夏作家。然而，未来文学史只要不是自己亲自操刀，这种美丽承诺马上会变成一桩骗局。

因此，既然文学创作首先面向社会现实和历史现实，而不是冲着文学史，那么，文学批评就应该而且必须在幽深的历史隧道和纷繁复杂的社会现实去辩证、辨伪乃至审视文学。否则，评论中文学史知识堆积越多便越具有迷惑性。依照伊格尔顿的看法，这种评论大约只能给本来已经陷入枯竭的精神生活，多添一层莫名其妙的迷雾罢了。机械填充法不自觉堕为推动贫瘠和枯竭生活的帮手，这就走向了自己本来致力于反对的一面。宁夏文学长期处在某种低层次循环水平，不能说与这种“知识化”研究无关。应该说，以上两种评论之外，这一种模式是最隐蔽、最委婉因而最根本的误导。它以文学史的名义把有价值的基层文学经验，限定在了被层层包裹的行业圈子，为文学思想的突围设置了人为障碍，充当了精神生活走向贫瘠和枯竭的幕后推手角色。

三、结语

以上所论，仅限于宁夏文学的小说和评论，也仅是对这两种文体的批评性意见，这是需要宁夏文学的参与者，特别是小说和评论作者，多加谅解的一点。宁夏文学中的散文、诗歌、报告文学、网络文学、儿童文学等的写作，在此基本未曾涉及，原因是有些笔者已经专门写过文章，对照今日创作，其经验未必超出了笔者当年的基本判断，自然没必要再费笔墨；有的文体，笔者的确并不熟悉，也就不便贸然置评。

至于以张贤亮小说为参照，一则相信多数宁夏小说作者读过其小说，有比较深的印象，对比之下容易产生感性认知。二则希望像张贤亮那样，而不是变成张贤亮第二。像张贤亮那样，强调的是关注核心的、重大的社会现实和精神价值问题。核心的和重大的问题，不意味着不是普通个体的问题。翻遍张贤亮小说，他并没有多写一个达官显贵，恰恰相反，他写的全是底层乃至弱势小人物的遭际，全是弱势者及其阶层非自身努力而导致的苦难结局。正因为故事围绕这样的人物展开，才牵一发而动全局，文学才更有思想价值。

相比之下，论评宁夏文学评论，笔者更倾向于探讨某种宏观理念，这是因为，既然称之为评论，就说明距离文学批评还有距离。另外，据笔者所了解的宁夏文情，吃力讨好并不是一件容易的事。堪称文学批评家的高嵩、刘绍智等教授学者，因离世过早，或未来得及参与今日宁夏文学，或主要兴趣不在张贤亮之外的宁夏文学，对比已然失去有效性。当然更重要的原因在于，不管怎样界定研究的内涵，文学批评工作不是为哪个作家个体撰写功劳簿，也不是为哪种文学风格预定文学史席位，更不是量身定做符合某大奖的审美样本。从根本上说，文学批评的思想言说为的是推动真正的理想生活的实现，文学作为形象表现这种生活的话语行为，研究它的目光理应射向最基本的现实底盘。而以上所列的几种常见宁夏文学评论，显然基本属于文化热点思潮下的应景写作和文学学科内的既有知识使用，这就急需打破这种人为限制，方可从批评的角度促进作者面向实际生活言说。

总之，无论张贤亮小说启迪，还是定义成思想言说的文学批评，都是以发现真问题、关注重要精神疑难为旨归的方法论。其开放性需要从业者全部的精神投入，至少需要有面向现代人普遍诉求的切实的表达激情。否则，一切动机的投其所好、一切形式的追新逐异、一切理由的嫁接套用，本质上说，都与文学思想价值无关。

区域文化篇

QUYU WENHUA PIAN

2023年银川市文化和旅游业发展报告

罗　靖　李文犀　马晓琳

2023年，银川市坚持以习近平新时代中国特色社会主义思想为指导，深入学习宣传贯彻党的二十大精神，全面贯彻落实习近平总书记视察宁夏重要讲话、重要指示批示和关于文化旅游工作重要论述精神，结合主题教育，自觉肩负举旗帜、聚民心、育新人、兴文化、展形象的使命任务，银川市文化旅游产业强劲复苏，文化产业繁荣发展。

一、文化建设基本情况

（一）筑牢共同思想基础，凝聚团结奋进力量

一是理论武装有实效。深入开展学习贯彻习近平新时代中国特色社会主义思想主题教育，落实“第一议题”制度和“双随机”学习交流机制，采取“集中领学+专题辅导+交流研讨”等方式，召开市委理论学习中心组学习会9次、专题辅导报告3次，示范带动各级党委（党组）开展理论学习3100余场次，市四套班子领导同志先后深入分管领域或包抓联系点开展宣讲20余场。组织“牢记嘱托、感恩奋进”等宣传，深化“七进”和“三进”，打造“基层理论大篷车”“板凳会”“庭院会”“田间课堂”等宣讲

作者简介　罗靖，中共银川市委宣传部副部长、市政府新闻办主任；李文犀，中共银川市委宣传部文化发展科负责人；马晓琳，中共银川市委讲师团讲师。

品牌，广泛开展宣传宣讲4000余场，各级领导干部面向基层开展对象化、分众化、互动化宣讲1万余次。建好“学习强国”银川学习平台，举办4届“学习强国”达人挑战赛，“学思想、上强国”成为干部群众的行动自觉。持续打造市公安局、兴庆区前进街街道西塔社区等“七进”示范点8个，组织申报哲学社会科学规划项目67项。二是主线宣传有增效。聚焦“六新六特六优”产业、全国文明城市、“大美之城”等重大主题，刊播发《沿着总书记的足迹：牢记殷殷嘱托 银川阔步前行》等重点报道6200篇次，制作微视频、海报、H5等面向不同群体的多样化融媒体产品120余个（件）。举办“黄河流域生态保护和高质量发展看银川”大型主题采访活动，协调中央主流媒体多次在重要版面、重要时段推出《银川：文明之城日日新》等重点报道，有力提升银川知名度和美誉度。开展网络中国节系列网上主题宣传，累计发布相关节日图文视频1800余篇次，阅读量超250万。组织举办网络达人看银川活动，相关话题点击量超1000万。加快推进媒体深度融合，实施完成硬件运维升级项目5个，银川发布客户端累计新增活跃用户55.3万人。三是思想道德建设有收效。印发《关于建立社会主义核心价值观入法入规协调机制的实施方案（试行）》。组织开展“强国复兴有我”群众性主题宣传教育活动，开展《闪亮的名字》思想政治教育、向人民英雄敬献花篮仪式等2000余场次。深化“强国复兴有我”群众性主题宣传教育活动，结合“我们的节日”，组织各领域各行业开展各类节日文化活动2000余场次。开展道德模范、身边好人等先进模范学习宣传活动，组织杨彦锋等先进模范进基层开展先进事迹微宣讲45场次。持续深入开展爱国主义教育，制定印发《银川市爱国主义教育基地评选命名及管理使用办法》等制度，完善准入退出机制，命名宁夏无线电博物馆等5家单位为银川市第七批爱国主义教育基地，闽宁新貌展示中心等3家单位被评选为自治区爱国主义教育基地。四是精神文明建设有成效。常态化开展创建全国文明城市工作。印发《银川市道德模范、身边好人管理暂行办法》，推荐赵耐香等4人入选“中国好人榜”，朱永宏、任秀兰入选“宁夏好人”。创新打造全区唯一一档未成年人思想道德建设专题电视节目《童心向党 健康成长》，策划录制主题电视节目23期、图文宣传72篇、短视频69个。持续深化“扣好人生第一粒扣子”主题教育实践，广泛开展“传承红色基因”系列教育等活动1400余场（次）。持续深化“乡村少年宫优秀成果展演大赛”活动品牌，举办第四届乡村学校少年宫展演大赛活动，银川市127所农村学校的200多项动静态作品、1000多名学生参加比赛。选树发布市级“新时代好少年”28人，推荐获评自治区级“新时代好少年”2人，其中1人荣获全国“新时代好少年”称号。持续深化农村精神文明建设“百乡千村万户”行动，申报推进移风易俗等活动项目105个。举办“村规民约大讲堂”“移风易俗结对共建”等移风易俗宣传宣讲活动，发布宣传信息890余条，录制微视频、漫画、短剧24期，发放宣传品7.2万余件。印发《2023年全年志愿服务活动安排》，精心组织实施第二届“黄河流域生态保护主题宣传实践月”志愿服务等各类志愿服务1万余场次。

（二）坚持文化润市铸魂，精心打造文化繁荣兴盛沃土

一是文化服务提档升级。成功创建国家公共文化服务体系示范区，提升改造社区综合文化服务中心23个。完成“湖城之夏”广场文艺演出1000场、送戏下乡演出1000场，开展“结对子　种文化”等品牌文艺志愿服务100余场，服务群众近10万人次。市文化艺术馆“星萌”“星梦”公益培训班、金凤区“我们的中国梦——文化进万家”等公益性文化活动培训收获粉丝超5万人。完成公益电影放映2384场次。创新实施弘扬优秀传统文化工程，“兴庆说节气”、《梦回灵州》大型古风实景演出等系列活动深受群众喜爱。银川市范围内基本实现公共图书馆（室）资源整合和互联互通。二是文化产业活力迸发。开展2023年中央、自治区文化产业发展专项资金项目申报工作，争取2023年度中央文产项目1个、自治区文产项目5个，国家艺术基金2023年度资助项目25个。组织银川市15家文化企业单位，参加第十九届中国（深圳）国际文化产业博览交易会，展示银川文化产业发展最新成果。西夏陵顺利通过文化和旅游部国家5A级旅游景区景观质量等级评定，获评国家级文明旅游示范单位。玉泉国际酒庄旅游景区成功被评为国家工业旅游示范基地。三是精品力作接连涌现。组织开展“聚焦党的二十大　红色故事绘”等系列活动50余场次。创排歌曲《归来》、小品《花魁“招亲”》、黄河主题歌舞剧《大河唱》、非遗题材演艺剧

《山河人家》等62个新作品。其中，歌曲《宁夏，我们美丽的家园》入选全国“潮音新民歌·原创歌曲征集展播活动”。小品《马大爹的幸福生活》受邀参加第二届全国原创曲艺小品优秀节目展演。举办“水之回响·中国银川黄河文化旅游节特展”等艺术展览120余场次，受益群众50余万人次。四是文旅发展环境持续优化。成功办理“5·20”发行危害儿童非法出版物专案，实现了宁夏首例“行刑衔接”以侵犯著作权罪宣判的案件突破。全面开展文旅行业安全生产大排查大整治专项行动，常态化开展广播电视安全播出隐患排查。广泛开展银川市中小学生版权保护海报设计大赛，评选优秀作品110幅、优秀组织奖10个、优秀指导老师10人。经自治区广播电视局推荐，国家广播电视总局批准，灵武市入选全国第二批广播电视基本公共服务标准化试点市。五是群众文化生活丰富多彩。启动开展2023年“书香银川·银川书香”全民阅读暨“4·23”世界读书日系列活动，集中发布八大类23项丰富多彩的系列主题活动，开展红色故事绘、“亲子阅享云端”、“阅黄河·浓情颂”等线上线下全民阅读推广品牌活动1000余次。成功举办2023年银川市迎春大联欢晚会、百姓春晚、少儿春晚等各类文化活动，满足群众文化需求。大力弘扬中华民族传统文化，在传统节日期间开展“我们的中国梦——文化进万家”公共文化系列活动3000余场次。银川市“文化惠万家·非遗过大年”活动被CCTV-1综合频道宣传推广，“塞上湖城·诗画银川”美誉度进一步增加。

（三）深化文旅融合，提升城市知名度和美誉度

一是文旅产业促消费取得新进展。在重要节假日及周末，推出贺兰山岩画“细赏百里画廊·乐享漫山花海”首届春游会、西夏风情园“光韵塞上寻梦·宁夏”、鸣翠湖“喜庆丰收双节·趣宠乐享生活”等400余项丰富多彩的文体旅游活动。2023年前三季度银川市接待游客3193.41万人次，同比2022年增长68.30%，实现旅游收入286.34亿元。“五一”期间银川市游客接待量和旅游收入增长率居全国省会（首府）城市之首。举办“塞上湖城·大美银川”2023中国·银川第七届黄河文化旅游节、第三届中国（宁夏）国际葡萄酒文化旅游博览会，力促银川市文旅消费市场“活”起来、“火”起来。二是文旅产业线上宣传取得新亮点。面向大学生和青年群体组织开展“嗨玩五一爱尚银川”等短视频话题赛活动，银川文化旅游各类信息全网曝光量突破5.6亿次。水洞沟景区邀请网红“三喜爷爷”“宁夏牧飒”古装情景式演绎直播助力宣传推介，成效显著。兴庆区、西夏区、灵武市文旅局长参加《走遍中国》直播、CCTV-2《对话》栏目录制、“美丽中国春日行·文旅局长带你逛”十二省区大型融媒联动直播等活动，全网播放量破亿次。邀请牧飒、车车姐等网络达人开展农文旅融合大型直播活动，在线销售450余万元，累计观看人数超过800万人次。三是宣传推介活动取得新成果。启动开展“百城百站”银川文化旅游大篷车全国巡回推介活动，在京津冀、珠三角、长三角、闽粤等11省区民航直达和高铁沿线31个目标客源城市进行渠道建设和落地营销推广，达成环西部线路开发、假期旅行定制、游客互送等19项合作协议。成功举办全国旅行商大会，国内媒体代表和旅游达人等480余人齐聚湖城银川，累计签订“引客入银”及旅游市场开发合作协议27份，预期组团“引客入银”10万人次以上。四是文旅融合精品创作取得新成就。银川文化城“凤凰幻城”暨水幕秀、漫葡小镇《看见贺兰》暨《贺兰山盛典》沉浸式演艺、西夏风情园“光晕塞上·寻梦西夏”烟花瀑布、花博园大型灯展游园会、文化园国际马戏嘉年华暨夜游文化博览中心等活动成为年度银川市文旅产品新突破。《看见贺兰》沉浸式演艺6月10日开业以来，接待游客65万人次，创收超过8000万元。五是中华优秀传统文化魅力彰显。文物保护利用成效彰显新成果。银川鼓楼被推荐申报为自治区级爱国主义教育基地，截至10月底接待市民10万余人次。新增11家自治区级非物质文化遗产保护传承基地，银川市文化艺术馆（银川市秦腔传承保护基地）入选全国“最受欢迎公共文化空间”Top50。扎实推进长城国家文化公园建设，积极谋划宁夏长城非物质文化遗产展览馆、明长城横城至花马池（银川段）文化旅游廊道道路及配套保护利用设施建设项目共计29个。创新推出“文管所长说灵武”“古渠与长城的对话”等宣传品牌，理论文章《探索史前文明起源　赓续文化精神血脉》在《中国文物报》头版刊登。

二、存在的问题

一是公共文化服务与中华优秀传统文化契合度不高；二是文旅融合发展有欠缺、有短板；三是文化和旅游消费活力需进一步释放；四是文产项目资源需进一步整合，拓宽融资渠道。

三、对策及建议

（一）构建现代公共文化服务体系，提升文化服务效能

全面加强公共文化服务体系建设，统筹推进长城、黄河国家文化公园（银川段）建设。积极探索文化遗产活化的“银川路径”，推动文化遗产与教育、旅游、消费相融，讲好文物故事，组织开展长城保护宣传日、自然遗产日、非遗技艺大赛、非遗大集等活动，推进秦腔等传统文化进校园、进景区、进街区。深入推进“文化惠民·四送六进”工程，完成送戏下乡1000场，广场文艺演出1000场。擦亮“书香银川·银川书香”全民阅读品牌建设，在全社会营造多读书、读好书、好读书的良好氛围。

（二）实施“旅游+”“+旅游”行动，激活文旅融合新动能

加快推进全域旅游示范区建设，积极拓展旅游产业与文化、农业、工业、科技、教育、体育、康养等产业交叉耦合，梯次推进旅游度假区、精品景区和乡村旅游示范点建设提质升级。打响“一山一河”文化旅游节、“爱上银川·四季可游”文化旅游消费季等特色文旅IP。持续开展“百城百站”文化旅游大篷车活动，加快西安、兰州、郑州及长三角、珠三角、京津冀等重点客源城市区域旅游营销中心建设，做好吃、住、周转休息等配套服务，打造多业态旅游联合体，通过合力引流拉动区域旅游市场加快发展。全年成功创建5A级旅游景区1家，升级、创建A级景区不少于2家。

（三）做大做强特色品牌，推进文旅产业消费提质增效

加快推进国家级文化旅游消费示范城市创建，改造提升漫葡小镇、怀远夜市、文化城、敬德街、阅彩城、悠悦城等文旅商业街区和览山公园、花博园、阅海湾等公园园区，精心打造城市休闲消费新空间和夜间商文旅消费聚居区，全年创建特色文旅街区不少于2个。加快国家体育消费活力

城市建设，深入挖掘体育资源价值，大力发展“体育+”，深化体育旅游精品线路、目的地创建成果，将西夏区贺兰山体育公园、兴庆区沙漠休闲运动公园打造为户外运动休闲营地。支持枫林湾小镇、西夏风情园创建国家级文化旅游消费集聚区。

（四）挖掘文化潜力，促进文旅产业项目改造升级

积极争取自治区文化产业发展专项资金扶持项目，实施“壮西部、强东部、优中部”行动，拟计划争取实施贺兰山东麓世界级葡萄酒旅游目的地核心区基础设施建设项目、银川市长城国家文化公园（宁夏段）明长城三关口段文化旅游复合廊道建设项目等15个中央预算文化旅游专项资金项目，拟计划争取实施银川文化城凤凰幻城二期项目、览山—花博园—阅海一体化开发等35个自治区文化旅游专项资金项目，同时，争取将银川文化园道路管网配套设施建设项目、银川市图书馆危楼加固改造项目及银川市文化艺术馆贺兰山分馆建设项目等列入2024年银川市本级政府投资建设计划项目。

2023年石嘴山市文化和旅游业发展报告

李柏寰　王占芳

2023年，石嘴山市坚持以习近平新时代中国特色社会主义思想为指导，深入学习贯彻习近平文化思想和习近平总书记在文化传承发展座谈会上的重要讲话精神，在推进文化惠民、文化遗产保护传承利用发展等工作上狠下功夫，奋力开创全市文化和旅游发展新局面。

一、文化旅游业发展情况

（一）坚持文化惠民，带动文化事业取得新成效

1. 文化底蕴更加深厚

制定《石嘴山市落实国家文化数字化战略实施方案》，明确发展方向和目标任务。推出“走进石嘴山”大型历史文化讲述栏目，以地方历史沿革为脉络，小切口大主题的全景式介绍这方热土千百年来的历史、文化、经济等诸多方面的重大史实、民情民俗、风物古迹等，争取自治区文联、作家协会在石嘴山市设立首个“宁夏‘城市文学　工矿文艺’创作基地”“城市文学学会”，举办首届“宁夏城市文学”论坛、面向全国开展“爱上一座城——我和石嘴山的故事”大型群众性征文活动，收到来自21个省区

作者简介　李柏寰，中共石嘴山市委宣传部文化艺术科科长；王占芳，石嘴山市文化旅游广电局四级主任科员。

市作者投稿726篇，精选出270篇稿件编印《“爱上一座城——我和石嘴山的故事”征文获奖集（精选集）》。编印《石嘴山市城市文学丛书》（三卷本）和《名家笔下的石嘴山》，共收录188位作家、诗人430余篇作品，共计168万字，从文学角度让万千读者体味石嘴山发展历程、感知石嘴山人文历史，辨识石嘴山文学基因。

2. 产品服务供给更加丰富

开展“送戏下乡”惠民文艺演出等活动173场次，广场文化艺术节演出86场次。[①]原创广场舞《幸福宁夏》获得宁夏赛区一等奖，并参加了全国广场舞大会展演活动。承办2023年宁夏文化馆服务宣传周暨公共文化服务高质量发展现场观摩交流会活动，全面展示了石嘴山市公共文化高质量发展成效。围绕黄河文化创作的《西部畅想——华夏笛箫原创作品音乐会》《黄河颂歌》等先后在国家、自治区、市各类赛事活动中获奖。举办“点亮文学火种”石嘴山市首届校园文学作品大赛、首届“点亮文学火种”石嘴山少年作家班系列活动，从全市100所中小学选拔推荐的491名青少年文学苗子中，评选出全市十佳“校园文学之星”，100名参赛选手分别荣获一等奖、二等奖、三等奖及优秀奖。

3. 文化遗产保护传承取得实效

出台了《让文物活起来　提升石嘴山历史文化影响力实施方案》，先后在山东济宁、青海西宁、银川河东国际机场举办《千古文明——贺兰山岩画专题展》，推出“岩画中的动物世界”日历、岩画丝巾、邮票等文创产品。开展第九批市级非物质文化遗产代表性项目名录、项目代表性传承人及保护传承基地的推荐评审工作，并进行公布。

4. 激励扶持政策进一步强化

设立了宁夏首个城市文学奖，出台《“石嘴山·宁夏城市文学奖”评选办法》《石嘴山市优秀文化文艺作品奖励办法》，激励广大文化文艺工作者积极开展精品创作。开展“文学名家石嘴山行”系列活动，通过文学采风、

①数据为实际开展活动次数总和。

专题改稿会、“文学与青年”主题讲座等活动，加强全市文化文艺人才培育。举办石嘴山市文化文艺工作高质量发展培训班，将全市50名文化文艺骨干“送出去”参加专题学习文化传承发展和文艺精品创作等培训，营造有利于创作的良好环境。

（二）促进产业发展，推动文旅融合迈出新步伐

结合全域旅游示范区创建实际，制定印发《石嘴山市文化旅游产业高质量发展实施方案（2023—2027年）》《石嘴山市关于推进乡村旅游高质量发展的实施方案》等文件，明确细化产业发展目标及内容。

1. 推进影视产业发展

与北京电影学院签订战略合作协议，挂牌成立“北京电影学院石炭井影视创作实践基地”，将引入影视作品拍摄作为首要任务，成立大武口区演员公会协会，积极培训群众演员广泛参与。先后吸引《山海情》《万里归途》《青春》等40余部影视片取景拍摄。2023年已有《欢迎来龙餐馆》《大风吹》《风驰电掣》《护卫者》《天坑》等13个剧组到石炭井勘景置景拍摄，吸引游客13万余人次。[①]

2. 夯实项目建设基础

实施星海湖湿地生态修复项目。建成北域水上休闲娱乐、南域儿童游乐、双星岛垂钓、水上乐园、中域摩托艇俱乐部等项目并投入运营。持续推进宁夏石嘴山市黄河国家文化公园银河湾段黄河湿地郊野公园建设项目、惠农区黄河文化数字化体验馆布展项目、明长城（红果子段）本体保护修缮，省嵬城北长城本体保护修缮项目、银河湾景区自驾游综合服务站建设项目及惠农区滨河岸线乡村旅游风景带提升项目；实施玉皇阁环境综合整治提升工程，提升玉皇阁国家3A级景区的历史、文化品位；支持沙湖景区持续打造“宁夏二十一景”沙湖鸟国的相关配套设施；支持头闸西永惠村乡村旅游基础建设项目；支持卧龙山庄、东方明月湖产业园提升乡村旅游服务功能。完成平罗玉皇阁三清殿保护修缮项目全国级专家勘验、县内石窟寺调查工作，为落实全国文物重点保护工作开展打好基础。

①数据为立信（重庆）数据科技股份有限公司宁夏分公司测算。

3. 打造特色文旅品牌

先后举办“星海制燥季”腾讯音乐节、第四届“工业之声”音乐节、“音味有你　爱尚平罗”网络歌手大赛、“宁夏工业 1958”文化艺术美食节、沙湖国际水上运动旅游文化节、龙泉村休闲乡村文化旅游节等文旅体精品活动近百项。尤其是“星海制燥季”腾讯音乐节两天时间内，现场区域吸引观众达 3.6 万人次，外市占 41%（外省占 23%），星海湖旅游景区接待游客观众超 9 万人次，直接带动全市住宿、餐饮、景区、商贸等行业消费收入 2000 万元，拉动全市消费收入 1.3 亿元，实现音乐、旅游、文创融合。举办“大河梨园汇　唱响新时代”2023 年沿黄九省区戏曲票友展演活动，进一步擦亮“塞上灵秀地　魅力石嘴山”文旅品牌。[①]

（三）做好形象展示，助力文化事业展现新形象

1. 全方位展示石嘴山形象

全媒体推出《你好石嘴山》城市形象宣传片，编印《新时代·遇见石嘴山》城市宣传画册，引发广泛点赞，引起热烈反响，有力展示了人文石嘴山的新内涵、新形象。评选展播“石嘴山新时代乡村文化振兴十佳案例”，开展文化进万家、农村电影公益放映等活动 1960 余场次，文化惠民不断走深走实。策划推出精品旅游线路，“山水相映　诗意乡村休闲度假游”等 3 条线路入选国家文旅部主题精品线路，大武口区龙泉村入选第一批全国“一县一品”文旅融合类典型案例，惠农区宝马村入选第十二批全国“一村一品”示范村镇名单。银河村、大地天香景区、东永固村入选“山水相依　乡约石嘴山”诗画生活康养之旅全国乡村旅游精品线路；东永固村、银河村入选石嘴山“山水之情　浪漫金秋”之“橙黄橘绿乡村胜景”全国乡村旅游精品线路。平罗县举办“‘音味有你　爱尚平罗’2023 中国宁夏·平罗网络歌手大赛”，为全国网络歌手搭建文化交流的桥梁和舞台。非遗作品《钱鞭敲响山河川》，在全国五人制足球比赛平罗赛区开幕式上进行展演，进一步扩大非遗影响力，为群众提供“家门口”的文旅盛宴。

①数据为立信（重庆）数据科技股份有限公司宁夏分公司测算。

2. 加大文旅融合促消费力度

开展“2023 文旅年货消费季”“乐享五一”“缤纷夏日　快乐暑期”等线上线下文旅惠民促消费活动 7 场次，筹措资金 500 余万元，发放文旅惠民消费券，直接拉动消费 2000 余万元。前三季度全市共接待游客 667.88 万人次，旅游收入 32.80 亿元，分别同比增长 49.24%、10.51%。其中沙湖景区投资 6500 万元建成了沙湖不夜城投入运营，成为平罗夜间经济消费的新标杆。①

3. 加大文艺作品创作力度

围绕展示黄河文化创作的《西部畅想——华夏笛箫原创作品音乐会》、舞蹈《黄河颂歌》、摄影作品《黄河守护者》，围绕展示工业文化创作的《美丽石嘴山原创歌曲集》、舞蹈《工匠之歌》、歌曲《塞上石嘴山》，围绕推进文旅融合发展拍摄的电影《绿皮小火车》、器乐曲《沙湖的春天》等一批优秀作品先后在全国、宁夏、市各类赛事活动中获奖，唱响了“石嘴山好声音”，产生了积极的社会影响。

（四）扎实行业监管，保障文化市场安全

1. 安全生产工作落到实处

制定《石嘴山市大型群众性文化旅游活动突发事件应急预案》《石嘴山市游乐设施安全管理办法（试行）》等制度。常态化开展文旅行业全生产督查检查，共检查 A 级旅游景区、星级饭店、乡村旅游示范点、旅行社、网吧、娱乐场所、校外艺术类培训机构等 590 余家（次），排除问题隐患 203 个，限期整改重大事故隐患 1 个。

2. 行业评定实施动态管理

2023 年以来，共评定三星级旅游饭店 1 家，取消二星级饭店 1 家；取消 2A 级旅游景区 1 家、A 级旅游景区 1 家；1 家 2A 级旅游景区将反馈问题整改到位后提升为 3A 级旅游景区。

3. 强化文化市场综合监管

组织开展校园周边文化市场专项整治 4 次，检查各类经营单位 660 余

①数据为立信（重庆）数据科技股份有限公司宁夏分公司测算。

家（次），下架擅自销售的出版物100余本，收缴非法盗版类口袋书130余本，取缔无证经营流动书摊3家（次）。严厉打击文化市场违法行为，查处违法案件13起，查办的1起案件被自治区文旅厅评为2022年文化市场综合执法优秀案卷一等奖，1起案件被自治区党委全面依法治区委员会执法协调小组评为宁夏行政处罚优秀案卷。

二、存在的问题

（一）文艺精品创作有短板

缺乏专业文艺团体，在文艺演出节目创排、引进方面投入不够，文化惠民演出节目精品不多，高层次、高水平演出较少，与群众需求存在一定差距。

（二）产业项目资金投入不足

全市文旅项目建设多依托企业先期投入，再争取自治区相关厅局补助，补助比例不高，资金仍存在较大缺口，一些谋划项目实施困难。

（三）资源统筹整合难度较大

例如，石炭井矿区、大武口洗煤厂等具备开发优势的资产仍归属国家能源集团宁夏煤业有限公司管理，资产多处于闲置状态，权属分割，导致项目推进缓慢、招商引资困难等问题。

（四）文化文艺活动不够丰富

形式单一，创新模式、协同合作、资源共享的意识不足，体现石嘴山特色、彰显石嘴山优势、展现石嘴山形象的高质量文化活动较少。

三、对策及建议

（一）全面促进文化事业繁荣发展

广泛开展群众性文化活动，举办文艺精品创作大赛，深入推进“我们的中国梦”——文化进万家活动、文化科技卫生“三下乡”、广场文化艺术节、送戏下乡、百姓广场舞等群众性文化活动，计划开展活动200场次。高品质升级“文艺石嘴山”新媒体传播平台，强化文旅推介，联合教体等部门积极争取政策资金和国家级、自治区级体育赛事，开展国家摩托艇联赛暨沙湖水上运动节、银河湾龙舟赛、贺兰山（石炭井）大峡谷汽车越野赛、骑跑嘉年华等特色赛事活动，让“塞上灵秀地　魅力石嘴山”文旅品牌形成特色、形成规模。深度挖掘非遗资源，鼓励支持研发具有地域特色的文创产品，切实用“好资源”讲出“好故事”、做出“好产品”、传出“好声音”。

（二）强化文旅产业顶层设计

筹备召开全市文旅产业融合大会，成立推进全市文旅产业融合发展领导机构，在项目、土地、税收、奖补等方面助推文化旅游产业高质量发展。紧紧围绕贺兰山文化旅游带、黄河文化旅游带和大沙湖旅游区空间布局，着力推进贺兰东麓葡萄酒文化旅游廊道和滨河生态文旅岸线建设，积极谋划梳理重点文旅项目建设。加快推进国家5A级旅游景区创建。深度推动韭菜沟闲置军事资产盘活利用等军地企合作开发，会同市矿业集团密切与融通地产（新疆）有限公司合作交流，着力将景区打造成为集地质地貌、军事体验、贺兰山岩画、长城遗址、生态休闲等于一体的高品质景区。

（三）创新做好“文旅+”文章

重点推进龙泉村、马家湾、黄渠桥等乡村旅游重点村建设，提升碧草洲生态园、方歌农庄、卧龙产业园等一批乡村旅游示范点，发展田园观光、农事体验、乡村民宿等新业态，打造一批农文旅融合精品项目，助力乡村振兴。同时，对接国家能源集团、自治区有关厅局，协调解决石炭井矿区、大武口洗煤厂等资产处置事宜，积极探索建立地企合作机制，推动合作开发、共建共享；推进石炭井工业文旅影视小镇建设，依托大武口国家工业旅游示范基地建设契机，持续吸引影视剧组取景拍摄，努力把石炭井打造成为中国现实主义题材影视拍摄基地和西部重要的工业旅游目的地。

（四）开发核心爆款文旅产品

按照“春赏花、夏避暑、秋观叶、冬玩雪”全季活动主题，整合星海湖、贺兰山、沙湖、银河湾等优势资源，深入开展文化旅游系列活动，持续举办沙湖国际观鸟节、贺兰山赏红叶、贺兰山汽车越野嘉年华等文旅活动，结合音乐节、美食节等各类文化旅游节庆活动，积极打造“贺兰山+”等具有石嘴山特色的品牌活动，进一步扩大石嘴山文旅活动知名度和影响力。开展内容丰富的文化文艺活动，用好《石嘴山城市文学丛书》、《名家笔下的石嘴山》和《爱上一座城——我和石嘴山的故事》征文作品集等资源，以大众笔下的石嘴山故事为脚本，拍摄制作电影、电视剧、微电影、舞台剧等，丰富文艺传播形式，做好深度挖掘，形成宣传合力。

2023年吴忠市文化和旅游业发展报告

杨宗麒　袁佳慧

2023年以来，吴忠市坚持以习近平新时代中国特色社会主义思想为指导，深入学习宣传贯彻党的二十大精神，深入贯彻落实习近平总书记视察宁夏重要讲话精神，扎实履行举旗帜、聚民心、育新人、兴文化、展形象的使命任务，文艺精品创作全力推进，文化惠民水平不断提高，文旅融合成效显著提升，行业监管责任压紧压实，文化兴盛沃土加快形成。

一、文化建设基本情况

（一）坚持群众导向，文化事业稳步推进

1. 文艺精品创作硕果累累

坚持以人民为中心的创作导向，拓展文艺采风、蹲点调研、专家改稿等形式，创排秦腔现代戏《攒劲女人》、新编表演唱《老两口喜说党的二十大》、快板《党的二十大精神指航向》、音乐快板《踔厉奋发要远航》等文艺精品，新时代文明实践丛书《大河之光》正式出版。马慧娟创作小说《出路》入选“2022中国好书”，宁夏小曲《青铜峡的传说》获得自治区舞台艺术精品创作扶持，广场舞《欢乐在奋进中》荣获“引领新风尚　欢跃

作者简介　杨宗麒，中共吴忠市委宣传部三级调研员；袁佳慧，中共吴忠市委宣传部文化艺术与新闻出版电影管理科副科长。

新时代”全区群众广场舞大赛一等奖。

2. 公共文化服务网络日臻完善

高标准推进公共文化示范区创新发展复核工作，《关于吴忠市国家公共文化服务体系示范区创新发展情况的报告》获得自治区党委常委、宣传部部长李金科同志批示肯定，全市 4 家图书馆被评为“国家一级图书馆”，2 家图书馆被评为“国家二级图书馆”。持续实施文化数字化战略，吴忠市智慧旅游基础平台和数字化文化馆、图书馆、博物馆建成使用。深化全民阅读活动，为全市 503 个农家书屋配备价值 127 万余元图书。隆重举办 2023 年“全民阅读·书香吴忠”全民阅读暨版权宣传周启动仪式，红寺堡区胡静获评全国乡村阅读推广人，盐池县佟记圈村农家书屋获全国最美农家书屋，聚力打造“书香吴忠”。

3. 文化惠民活动亮点纷呈

争取中央民族歌舞团、中国曲协、中国剧协等国家级文艺院团来吴献艺，举办沿黄九省区黄河论坛吴忠分论坛、“祖国万岁”全国名家书画汇展、黄河九省区民歌会等重点文化活动 10 余场次。深入开展“文化惠民 幸福吴忠”主题系列活动，开展惠民演出 695 场次，文艺志愿服务 50 余场次。结合地域特色举办乡村桃花节、“拥抱春天 放飞梦想”罗山风筝文化节、“走·黄河岸边吼秦腔”秦腔大赛、“清明赋 家国情”诗歌朗诵等活动 100 余场次。2022 年全区“送戏下乡”惠民文艺演出列全区第一。同心县河西镇同德村春季村晚、盐池县夏季村晚被文化和旅游部评选为 2023 年“四季村晚”主会场和示范展示点。利通区秦桥村、青铜峡作家之家入选第一批宁夏文联志愿服务实践基地。

4. 文化遗产保护成效明显

全面推进三大国家文化公园建设，争取并下达项目 19 个、3.15 亿元，截至目前已完成建设 17 个。积极推进非遗名录体系建设，美雅滩羊裘皮、强家老醋等企业入选国家级非物质文化遗产生产性保护示范基地名单，李夏音等 4 人入围国家级非物质文化遗产传承人评选名录，刘三朵八宝茶保护传承基地等 14 个基地入选第八批自治区级非物质文化遗产保护传承基地名录。吴忠老醋酿制技艺、宁夏手抓羊肉制作技艺、马氏济慈堂生育药制剂3个国家级非物质文化遗产项目获得自治区党委宣传部国家级奖项获奖作品资金奖励。同心县预旺钟鼓楼西征红军瞭望塔等5处革命文物入选自治区第二批革命文物名录，盐池县博物馆159件文物进入第二批国有可移动革命文物收藏单位名录。依托“非遗过大年”、“5·18”博物馆日暨长城保护日、文化和自然遗产日、早茶美食文化节等系列活动，开展非遗文化和非遗产品宣传推广，持续推进文化遗产保护工作创造性转化、创新性发展。

（二）深挖地域文化，文旅融合成效明显

1. 着力推进全域旅游示范区创建

持续巩固青铜峡市创建成果，黄河大峡谷成功创建为国家级文明旅游示范单位，《“五全一体”新模式绘出文明旅游的“富春山居图”》被评为第一批文明旅游宣传引导典型案例。光耀美食街成功创建为国家级旅游休闲街区，灵芝生态园、青铜峡罗记农家小院等6个单位入选第二批宁夏中小学生研学实践教育基地。

2. 持续丰富文旅产品供给

突出“游在宁夏　吃在吴忠”主题，围绕“看黄河文化、观长城古堡、听红色故事、寻塞上乡情、品葡萄美酒、吃吴忠美食”6个板块推出13条精品旅游线路和5条24小时微度假主题线路、5条红色旅游精品线路，黄河金岸踏春赏花之旅、诗意夏天美丽吴忠民俗观光休闲之旅、“最美金秋漫游丰收”之旅入选文旅部“乡村四时好风光”精品线路。加快鸽子山葡萄酒文化旅游小镇、古渠首遗址公园建设，成功举办2023中国面食博览会暨第三届吴忠早茶美食文化节、黄河金岸马拉松赛、全国沙滩排球巡回赛（吴忠站）、首届乡村文化旅游节暨第六届西北革命红色旅游联盟年会等活动，各县（市、区）同步举办牡丹文化艺术节、古韵盐州长城民俗文化旅游嘉年华、乡村旅游采摘节等文旅活动，旅游产业链进一步延伸。

3. 强化惠民政策撬动消费

扎实开展“消费需求促进年”活动，开展2023年货大集活动，依托光耀美食街发放文旅消费券80万元，带动文旅消费403万元，拉动服务业实现消费收入1300万元。联合云闪付、微信针对酒店民宿、景区产品、文创非遗、乡村旅游、旅游街区、餐饮美食6个板块市场主体发放“惠享生活 乐游吴忠”文旅消费券180万元，同时推出10万张文旅“一卡通”，带动文旅消费1387万元，拉动服务业实现消费收入近1.97亿元。发放10万元乡村旅游消费券，带动东塔寺乡销售200余万斤大青葡萄，实现销售收入1237万元。

4. 加大城市品牌宣传力度

首开以“黄河明珠 美丽吴忠”为主题的“宁夏文旅”高铁专列，邀请江浙沪等地市民走进吴忠，持续打响“游在宁夏 吃在吴忠”外宣品牌。开展2023百家旅行商走进“黄河明珠·美丽吴忠”采风踩线活动，全方位推介吴忠。黄河金岸文化旅游节期间“24小时吴忠微度假，短途出游新选择”话题登上抖音全区热度前十位，在高铁沿线城市和长三角城市曝光量共计3000余万次。前三季度，全市共接待游客1200.52万人次，同比增长62.4%；实现旅游收入71.47亿元，同比增长59.3%。

（三）从严监督执法，行业秩序持续向好

1. 筑牢行业安全防线

坚持学深悟透自治区党委十三届四次全会、吴忠市委六届七次全会精神，制作发放自治区党委十三届四次全会精神宣传折页、宣传手册2万余份，提升全行业领域安全生产知晓率。组织系统行业培训20场次，参训人员2000余人次，做到政策、标准、案例、教训“四必学”。新编创作音乐快板《安全谨记在心间》、舞蹈《安全第一》、歌曲《安全生产之歌》等30余部文艺精品，开展主题巡演50余场次。部门联动开展联合督查，共检查文化旅游体育广电行业领域经营单位1317家，严格落实“查、改、督、销”闭环机制，实行清单管理、台账销号，确保问题隐患归零整改。

2. 加大行业领域执法力度

持续加强日常监管和专项行动，严厉打击娱乐场所与出版物市场等领域违法违规行为，围绕“扫黄打非”五大专项行动，完成市、县际“扫黄打非”交叉执法检查，开展“扫黄打非”专项行动和“文化市场集中整治”“校园周边环境整治”等检查50余次，共检查各类场所3600家次，下发责令改正通知书23份，办理各类案件30起。收缴各类侵权复制品447个，没收出版物16219本，罚款76000元，销毁侵权盗版及非法出版物10599册、音像制品497件。吴忠市公安局政治保障安全保卫支队被评为全国扫黄打非先进集体。

3. 守好安全播出底线

严格落实安全播出责任制，深入开展广电系统重大事故隐患专项排查整治2023行动和广播电视设施保护专项行动，对全市各级广播电视播出机构常态化开展广播电视安全大检查。牢牢把握正确政治方向、舆论导向、价值取向、审美趋向，强化重要和敏感时间节点、重大活动、重要保障期风险隐患分析研判，深入开展违规商业广告整治、非法卫星地面接收设施整治。完成吴忠市广播电视发射台搬迁及安装调试工作，审核报送吴忠市广播电视台、青铜峡市广播电视台开通高标清电视节目同播播出报批资料，积极推进市新闻传媒中心开展广播电视无线发射台站标准化建设试点工作。

二、存在的问题

（一）文艺精品创作还有差距

与人民群众的新需求新期待相比，文艺精品创作生产仍存在不小的差距，真正在群众中叫得响、传得开、留得住的精品力作还不够多，缺乏能够冲击“五个一工程”奖等全国重要奖项的作品。

（二）文化产业发展机制还不完善

虽近年来我市在文化产业发展方面做了很多工作，文化及相关产业增加值占GDP比重由1.47%上升至2.68%，但由于文化企业规模小、数量少，总体科技含量低、竞争力不强，文化软实力转化为经济硬实力还存在较大差距。

（三）公共文化设施利用率还需提高

近年来，全市的公共文化设施建设不断提质升级，但相关配套措施滞后，导致公共文化设施作用发挥不充分。一些图书室藏书量少且少有更新，借阅人数不多；一些综合文化站缺乏专业的文体培训志愿者开展培训，文化惠民的作用没有充分展现出来。

三、对策及建议

2024年，我们将坚持以习近平新时代中国特色社会主义思想和习近平总书记视察宁夏重要讲话精神为指导，巩固深化主题教育成果，强弱项、补短板、出亮点，更好担负起新时代新的文化使命，全力推动吴忠市文化旅游事业高质量发展。

（一）推进精品创作，开拓文化文艺创作新境界

深入挖掘中华优秀传统文化，全面梳理本地黄河文化、红色文化、历史文化等题材，发动社会力量办文艺，加强重点题材艺术作品生产，创作具有时代气息、群众喜闻乐见的文艺精品20部（节）以上，推动群众文艺创作演出繁荣发展。继续打磨提升原创话剧《兰花芬芳》，形成吴忠地方精品剧目，为繁荣发展文化吴忠贡献力量。

（二）夯实惠民根基，打造公共文化服务新高地

深入推进新时代文明实践与文艺志愿服务深度融合，围绕“我们的节日”等节点举办系列文化文艺活动不少于20场次，开展文化惠民送戏下乡、戏曲进乡村、戏曲进校园等惠民演出300场次，文化志愿服务培训100人次，持续开展“让文物‘活’起来，讲好吴忠故事”、“五进”品牌活动，精心举办“5·18博物馆日”、文化和自然遗产日、“5·19暨黄河文化旅游节”等黄河文化旅游系列活动，积极组织非遗骨干参加全区非遗美食、非遗作品创意大赛和非遗购物节系列活动。

（三）聚力旅游提质，擘画文旅事业发展新蓝图

压茬推进全域旅游创建，力争利通区创建成为自治区级全域旅游示范区，黄河大峡谷旅游区创建成为5A级旅游景区，加快红寺堡区、同心县省级全域旅游示范区创建步伐。举办第二届乡村文化旅游节，支持创建一批全国乡村旅游重点村、宁夏特色旅游村，推动白寺滩、牛家坊、何新庄等民宿宿集规范发展，推动乡村旅游提档升级。延伸“旅游+葡萄酒”产业链条，推动鸽子山葡萄酒小镇和肖家窑葡萄长廊项目建设，评定1家3A级旅游景区酒庄，重点打造西鸽酒庄、容园美酒庄等多条葡萄酒旅游线路产品，促进紫色旅游消费。举办第四届吴忠早茶美食文化节、“2024宁夏·吴忠黄河金岸文化旅游节”、盐州民俗嘉年华、红寺堡航空航模节。完善七大主题线路产品，丰富旅游产品供给。加强区域合作交流，积极参加各项文化旅游营销推介活动，扩大吴忠黄河文化旅游影响力。

（四）紧扣监管提能，开创行业领域安全保障新局面

深化文化旅游行业领域安全生产专项整治，坚决筑牢行业安全生产防线。深化“扫黄打非”专项整治行动，坚持“双随机”执法检查和文化市场网格化管理，强化娱乐场所和新业态的监管和执法，加大对违法违规行为的查处力度，切实保障行业市场健康有序发展。严格落实安全播出责任制，常态化开展安全隐患排查，持续加强广播电视播出（转播）、卫星电视地面接收设施的监督管理，突出抓好重要保障期安全播出，不断筑牢政治安全、意识形态安全防线。

2023年固原市文化和旅游业发展报告

司永科

2023年，固原市坚持以习近平新时代中国特色社会主义思想为指导，全面贯彻党的二十大精神，深入学习贯彻习近平文化思想，认真学习贯彻习近平总书记视察宁夏重要讲话、重要指示批示精神，全面贯彻落实宁夏第十三次党代会决策部署，立足“宁夏副中心城市”和“生态文旅特色市”发展定位，召开市委五届九次全体会议，制定《加快建设生态文旅特色市实施意见》，实施“七大行动”“四大工程”“六大计划”，着力推进文化旅游业高质量发展，为加快建设新时代文化强市、描绘全面建设社会主义现代化美丽新宁夏固原新画卷打下坚实基础。

一、文化旅游业发展情况

（一）完善体系推动文化服务顺应民意、惠及民生

1. 公共文化制度体系更加完善

先后出台《关于巩固文化脱贫成果推动公共文化服务高质量发展的意见》《固原市推进国家公共文化服务体系示范区创新发展实施方案》等政策性文件，推动公益性事业单位法人治理结构改革，完成固原市文化馆、图书馆法人治理改革，成立了文化馆、图书馆理事和理事领导班子。成立

作者简介 司永科，中共固原市委宣传部文化艺术与电影管理科科长。

国家公共文化服务体系示范区创新发展管理工作领导小组，形成了推动公共文化服务体系示范区创新发展的强大合力。

2. 公共文化资源配置更加优化

大力实施国家文化数字化战略和公共文化基础设施标准化建设工程，建成城市书房 3 个，提升改造 6 个乡镇文化站、9 个村（社区）综合文化服务中心、51 个文化惠民示范点，打造特色文化村镇 30 个。优化布局基层公共文化服务网络，建成文化馆、图书馆分馆、服务点 76 个，打造城区一刻钟、农村半小时综合文化服务圈。市县乡村四级公共文化场所全覆盖（公共文化馆 6 个、公共图书馆 6 个、公共博物馆 8 座、乡镇（街道）综合文化站 65 个、村（社区）综合文化服务中心 859 个），各级公共图书馆、文化馆均达到部颁三级以上标准，乡镇（街道）综合文化站面积达标率、独立设置率均为 100%。隆德县红崖村农家书屋被评为全国最美农家书屋。

3. 文化惠民服务基础更加坚实

强化人员培训，不断壮大文化工作队伍，全市现有公共文化服务机构从业人员 900 余人、基层文化骨干 3000 余人，文化志愿者队伍扩大至 4000 人，以广场舞、百姓“自乐班”为代表的群众性自发文化活动蓬勃发展，群众业余文艺团队达 600 多个，服务力量得到进一步加强。加强文化服务品牌建设，成功打造了群众广场舞大赛、社火大赛、秦腔大赛、花儿大赛、小戏小品大赛等地方特色文化活动品牌，形成“季季有主题、月月有亮点”的生动局面。泾源县大湾乡杨岭村、原州区彭堡镇河东村、西吉县吉强镇龙王坝村入选 2023 年全国“四季村晚”示范展示点。举办第十一届群众广场舞大赛、文旅休闲街区文艺演出、“文化进万家”、“我们的节日”和文化惠民“六进”等系列活动 2040 场次，放映农村电影 11513 万场，推动群众精神文化生活共同富裕。

（二）多措并举推动文艺事业立足高原、攀登高峰

1. 积极争取国家和自治区支持

中国作家协会党组书记、副主席、书记处书记张宏森，中国文联权益保护部主任暴淑艳等领导先后来固原市调研指导文学创作情况，并给予充分肯定和高度评价。中国作家协会授予西吉县木兰书院文学志愿服务队

"文学志愿服务优秀队伍"称号。李兴民、单小花、谢瑞3名作家入选中国作协会员。马金莲长篇小说《骨肉》、周建军歌曲《萧关夜》等7部作品入选宁夏回族自治区党委宣传部2023年优秀文艺作品扶持项目。

2. 落实文艺创作引导激励机制

持续推出文艺精品力作。创排舞台剧《映山红》《会师将台堡》，马金莲长篇小说《亲爱的人们》入选中国文联"新时代山乡巨变创作计划"，马骏散文《青白石阶》入选中国作协2023年度"铸牢中华民族共同体意识·中国少数民族文学之星丛书"，吕具生新年画作品《绿水青山》入围全国"'新生活·新风尚·新年画'——我们的小康生活美术作品创作展"。

3. 持续改善文艺发展环境和条件

顺利召开固原市文联第七次代表大会，全力扶持文艺创新，拿出20万元专项资金对第三届《六盘山》文学奖的8名获奖作家予以奖励，激发广大文艺工作者的创作活力。《六盘山》文学期刊推出"一首诗主义"，为更多本土诗歌爱好者提供展示平台。《新发现》栏目推出本土网络作家作品，加大对"文艺两新"（新文艺组织和新文艺群体）人才的扶持和引导。

（三）盘活资源推动农文旅产业提质增效、融合发展

1. 大力推进农文旅产业提质增效

探索走好"壮大一产夯基础、带动三产促繁荣、撬动二产强动力"的"一三二"产业发展新路子，着力打造宁夏向南开放的"桥头堡"。实施重大文化产业项目带动战略，谋划储备六盘山精品民宿集群、原州695"时光谷"文旅休闲综合体等招商项目14个，积极申报自治区级文化产业示范基地2个，8个文旅产业项目获得宁夏2023年文化产业专项扶持资金260万元，全市扶持项目累计达到15个。培育发展新型文化企业、文化业态、文化消费模式，隆德老巷子民俗文化村、彭阳梯田夜肆被评为省级夜间文化和旅游消费聚集区，"泾源牛街"、荣华锦汇街区、兴隆特色街区、将台堡镇夜市、闽宁特色街区等正式投入运营，城市微度假、城市夜游等新业态带动作用持续增强。

2. 持续推动农文旅融合深度发展

出台《固原市"引客入固"奖励办法》，先后在成都、西安、福州、厦门等地举办农文旅推介招商大会，推介六盘山精品民宿集群等旅游招商项目和5条文旅精品路线，签约项目资金2.5亿元。成功举办宁夏首届冷凉蔬菜节暨全国知名蔬菜销售商走进宁夏活动、2023全国钓鱼公开赛暨“大地循环杯”宁夏固原市第二届生态垂钓大赛、固原市肉牛全产业链高质量发展大会等农文旅系列活动，圆满承办全国和美乡村篮球大赛（村BA）西北赛区大区赛，固原“18℃的夏天”、固原美食美景火热出圈，极大提升了固原生态好、产品优、文旅旺、人热情的区域知名度和影响力。制定《固原精品民宿管理办法》，打造民宿聚集区3处，改造提升特色精品民宿10家，隆德锦瑟客栈通过国家乙级民宿初验。争创5A级景区1家、4A级景区2家、3A级景区2家、全国乡村旅游重点村镇1个、宁夏特色旅游乡村3个，固原“乡愁六盘·农耕固原”丝路文化体验等3条旅游线路入选全国乡村旅游精品线路，六盘山、泾源县荣获全国“避暑旅游目的地”称号，隆德县入选首批国家文化产业赋能乡村振兴试点县，固原市正式加入西北革命红色旅游联盟。

3. 全面拓展农文旅宣传工作格局

拓宽央媒宣传渠道，央视《正大综艺》栏目47分钟专题报道固原“三原色”，将生机绿、明媚黄、火热红展示给了全国；央视经济频道《最美自驾路》走进固原，推出50分钟专题片，以自驾视角泡天然氧吧、品地道美食；《光明日报》头版头条《宁夏蔬菜“出圈”的秘诀》被吉林省主要领导批示。拓展网络宣传阵地，成功举办“第十一季网络达人浪固原”“第二届固原市网络文化节”等品牌活动，发布各类信息4000余篇，话题浏览量突破6亿人次，培育马斯诺、白婳等一批本土正能量网络达人，讲好固原故事、传播固原声音。夯实安全教育基础，扎实推进安全宣传教育进企业等“十四进”活动，有序开展“千人万场”安全宣传教育培训，刊发新闻稿件1200余篇，播放标语15万频次，制作海报5000余张，全市行政村（社区）安全生产宣传栏实现全覆盖。

（四）加强保护推动文化遗产传承文脉、赓续精神

1. 黄河文化遗产系统保护进一步加强

制定《固原市（六盘山地区）文化生态保护区建设实施方案（2023—

2025)》，打造红军村、民俗村、文学村等特色文化村镇，建设固原市非遗文化展厅、非遗特色房车营地、非遗文化研学体验基地，建成国家级非遗工坊5家等，李氏针灸、六盘山区春官送福等14家非遗保护传承基地入选第八批省区级非物质文化遗产传承基地名单，固原传统建筑营造技艺传承人马振仁荣获全国第四届“当代艺匠”殊荣，非遗剪纸作品《山海情·自信路》荣获第十九届中国（深圳）国际文化产业博览交易会“中国工艺美术文化创意大赛”银奖，进一步巩固提升固原市（六盘山地区）自治区级文化生态保护区创建成效。

2. 国家文化公园建设稳步推进

实施长城、长征、黄河国家文化公园建设等项目20个，完成投资1.87亿元，占全年预算投资63.4%。战国秦长城博物馆竣工投入使用，彭阳县姚河塬遗址保护及基础设施项目完成投资1058万元，须弥山石窟5号窟大佛检测项目完成2023年预定目标任务。

3. 文物保护利用成效显著

全市共两批32处不可移动革命文物、97套（323件）可移动革命文物入选宁夏革命文物名录。挖掘整理固原龙文化和固原故事122个，在媒体开设《固原故事我来讲》专栏，在景区景点开展讲解活动，进一步讲好固原故事。

二、存在的问题

（一）规划引领不足

虽然固原市特色农业和文化旅游都编制了规划，但立足农文旅融合发展的规划还处于空白，对本地特色挖掘不足，县、乡、村三级农文旅发展同质化趋势明显，没有形成差异化发展、联动互补的格局。

（二）基础配套薄弱

“铁公机”三位一体交通网与全域旅游网衔接不够紧密，对外大通道上航空线路较少，还没有连接国家高铁网，内部微循环上“一路一景”格局还没形成，直达景区景点的客车配套不足；景区景点、旅游示范村道路、服务中心、停车场等公共设施配套不到位、运维跟不上。

（三）投资渠道不畅

文化旅游业是投资大、见效慢的长线产业，尤其对我市来说，目前还没有形成绝对规模，政府财政投入有限，加之用地难、贷款难、融资难叠加，调动社会投资积极性难度大。

（四）经营模式单一

农文旅融合还处于尝试阶段，农特产品还没有完全融入文化旅游资源产业，大部分经营主体规模偏小，经营模式传统，增收渠道单一，乡村旅游综合体、田园综合体、休闲农庄、特色民宿等，缺乏文化内涵和地方特色，仅有饮食、娱乐等简单体验，旅游人多、消费不多的现象还没根本改变。

（五）品牌影响力不高

“六盘山”系列区域公共品牌还不够响亮，全域全景全季全业全民旅游格局还没有完全形成，对农特产品、旅游品牌的宣传推介形式相对单一，还没有形成全方位、立体式、多角度的综合效应。

（六）农文旅融合产品匮乏

体验游、研学游、科普游等旅游新业态处于探索阶段，农业、文化产业与旅游“吃住行游购娱”六要素融合不够，难以满足游客多元化需求。“六盘美味”“固原好礼”等文创产品开发包装不足，没有形成品牌效应，对游客的消费吸引不够。

三、对策及建议

（一）坚持规划引领，构建农文旅融合发展新格局

推动农文旅融合发展，做好规划是纲、是龙头。要统筹全市文旅资源、特色产业、基础设施分布，强化系统观念、突出特色优势、注重示范带动，系统制定农文旅融合发展整体规划，打造特色鲜明、串点成线、连片成带的农文旅融合发展格局。

（二）坚持农业为本，塑造农文旅融合发展新引擎

推进农文旅融合发展，农业农村是核心、是关键。要坚持把优美环境作为立足点，把特色产业发展作为主攻点，把品牌创建作为突破点，把龙头培育作为着力点，突出绿色本底，抓好产业振兴，形成优美环境和特色产业互融互促的生态农业发展新格局。

（三）坚持文化为魂，激发农文旅融合发展新活力

推动农文旅融合发展，除了夯实农业发展基础，还要突出千年文化根脉赋能。要以市委五届九次全会部署实施文化“四项工程”为抓手，久久为功建设新时代文化强市。用好用活文化“聚魂、塑形、赋能”的重要作用，繁荣发展文化事业和文化产业，持续夯实文旅融合基础，以优质文化供给激活农文旅融合发展的内生动力。

（四）坚持旅游为形，开辟农文旅融合发展新赛道

推动农文旅融合发展，旅游是发力点，也是落脚点。要落实市委五届九次全会部署的旅游“六项计划”具体任务，重点在加强品牌创新、民宿创新、体验创新、消费创新和精品线路创新上下功夫、见成效，主动适应游客生活方式和消费观念的多元化转变，坚持站在游客角度谋划培育发展乡村休闲游、农事体验游、农耕研学游、农业科普游等新业态，创新开展私人定制、认养农业、特色农牧场等新模式，不断开发农文旅融合新项目、好项目，给游客一个来固原“吃住行游购娱”的“充分理由”。

（五）坚持协调联动，夯实农文旅融合发展新保障

坚持全市上下“一盘棋”谋事、“一条心”干事、“一股劲”成事，深化“四盯两提一见效”，建立党委统一领导、政府组织推进、专班牵头负责、部门各负其责、社会共同参与的齐抓共管机制，强化政策支持、项目支撑、人才保障、宣传推介，全面保障全市农文旅深度融合发展。

2023年中卫市文化和旅游业发展报告

康娟娟

2023年，中卫市坚持以习近平新时代中国特色社会主义思想为指导，深入学习贯彻习近平文化思想，全面贯彻落实全国、全区宣传思想文化和文物工作会议精神，持续实施以“守护黄河根脉”为主题的传承黄河文化基因、延续中华历史文脉推进工程，推动中华优秀传统文化创造性转化、创新性发展，推动文化事业和文化产业高质量发展。

一、文化发展基本情况

（一）以文培元，守护根脉

1. 立足“挖掘传承转化”，加快文化遗产保护利用

实施文化遗产保护行动，建立中卫市历史文化保护名录、不可移动文物基础信息系统，健全文物安全联合督查机制，对各级各类不可移动文物和可移动文物进行动态管理，有序开展中卫高庙基于预防性保护的数字化应用项目、大麦地岩画前期勘察项目，编制了中卫市博物馆馆藏文物预防性保护项目设计方案、大麦地岩画安防工程设计方案，成立了中卫市博物馆联盟。加强非物质文化遗产传承利用，对特色戏曲、民俗、传统技艺等文化遗产进行保护转化，加大泥塑、彩绘等非遗制作技艺的传承转化，广

作者简介　康娟娟，中共中卫市委宣传部文化艺术科副科长。

泛开展非遗培训、戏曲进校园、道情戏《三个女红军》基层巡演，打造了“黄河印象”文创 IP，中卫入选全国民间文艺版权保护与促进试点地区。创新文物和文化资源保护传承利用新路径，研发了黄河古瓷、黄河陶印等文创产品，提出“来自母亲河的祝福”品牌概念，助推全市文化产业发展实现新突破。

2. 突出“培育创新引领”，推进城乡精神文明建设

深入推进文明素养提升行动，大力实施文明城市创建“六大提升行动”和文明风尚“五大行动”，1 人获评“中国好人”、2 人获评“宁夏好人”、1 人获评“新时代好少年”，3 个集体入选第 21 届全国青年文明号，《以文明聚力　促景区发展》获全国第一批文明旅游宣传引导优秀案例。深入开展农村精神文明建设“百乡千村万户”行动，举办“杞程 520　情定丰安屯”“‘礼约鹊桥　情定南华’集体婚礼”等活动，编排演出《婚事》《文明乡风唱起来》等移风易俗节目 40 余个。推动新时代文明实践中心（所、站）“建、管、用、育”全面发展，全市 373 个新时代文明实践所、站因地制宜打造“爱心超市”，以文明“微积分”激发社会“正能量”，“千名文艺志愿者进基层”主题实践活动入选中宣部 2022 年度全国文化科技卫生“三下乡”活动示范项目，并在全国复制。深化“学雷锋志愿服务月”、寻找身边的“雷生勇”、“千人万场”家庭安全素养提升教育培训等活动，开展各类文明实践活动 1.2 万余场次，在中卫四小挂牌成立雷锋少年军校，全社会凝聚力和向心力极大提升。

3. 围绕“聚力铸魂育人”，筑牢民族团结思想根基

以铸牢中华民族共同体意识为主线，着力加强各民族交往交流交融的思想基础，推出歌曲《律动宁夏》、道情小戏《三个女红军》等文艺作品，推进《守护黄河根脉丛书》《中卫文物藏珍》《中国国家人文地理·中卫》《中卫市扶贫志》编撰，打造了“农民合唱团”“永乐村艺术巷”等基层文艺品牌，永乐村入选第一批宁夏文艺志愿服务实践基地。中华文化认同超越地域乡土、血缘世系、宗教信仰，渗入每个人的血脉，协拍央视《远方的家·天下黄河篇》《国家记忆·防沙治沙篇》及大型文化综艺栏目《长城长》，创作了纪录片《古韵中卫》《古味新年》，影视剧本《枸杞红了又红》

等4个作品入选自治区文艺作品扶持项目，花儿剧《不负青山》入选国家艺术基金2023年度资助项目，市委宣传部被评为“全区民族团结进步模范集体”。

（二）以文弘业，塑强优势

1. 着眼“人文生态长效”，持续增强地域文化魅力

深耕和凝练黄河文化，举办丝绸之路大漠黄河国际文化旅游节、金蛙国际艺术节、“仰望星空”自驾露营节、南北长滩梨花节、枸杞文化旅游节等文旅活动20余项，不断释放重大节庆活动的带动效应。回应群众需求，实施文化惠民工程，开展“文化进万家”“我们的中国节”“文化大篷车”“送戏下乡”等群众文化活动1300余场次，农村数字电影放映6800余场次，不断丰富群众精神文化生活。“以农促旅、以旅兴农”，打造农文旅融合发展特色品牌，大漠星空主题自驾赏花之旅、“大漠黄河星空之约”诗意田园动感之旅、“金秋丰景　瓜果飘香”之旅入选2023全国乡村旅游精品线路，“大漠流金　长河古韵”中卫非遗之旅入选全国非遗特色旅游线路，沙坡头区入选国家首批文化产业赋能乡村振兴试点，中卫市被授予“中国民宿品牌发展先行示范区”荣誉称号，地域文化魅力持续增强。

2. 聚焦“服务体验互动”，发挥公共文化阵地效能

统筹博物馆、文化馆、图书馆资源，推动形成恬静厚重文化圈。市博物馆创新开展手绘最美文物展、国家文化公园主题摄影展、文化市集展等展览展示及感受乡土文化、寻脉端午等主题研学活动，中卫市博物馆获评自治区爱国主义教育基地。市文化馆组织人文大讲堂及舞蹈、器乐、戏曲等各类培训活动，“逐梦舞蹈队”荣获全区群众广场舞大赛一等奖，并被文旅部公共服务司授予“优秀广场舞团队”称号。市图书馆组织线上阅读积分大赛、“行走的图书”、“书香润童心　阅读伴成长”等特色活动，通过经典诵读、阅读分享、好书推荐、传统文化体验等形式，推进“书香中卫”品牌建设。依托全市449家农家书屋96万余册图书资源，广泛开展全民阅读，涵育文明新风尚，公共文化空间逐渐成为讲好新时代文化故事的主阵地，在打造群众文化活动品牌中彰显活力、展现风采、贡献力量。

3. 遵循“精彩出彩添彩”，加速体育文化的城市嵌入

将文化与体育精神相融合，提出赛事与城市共成长目标，借助承办自治区第十六届运动会和首届残特奥运动会，进行“体育+人文+城市”有益探索，通过个性化的社会氛围营造，调动起广泛社会参与，给城市文化表达带来更多媒介渠道和流量支持，点亮“高光时刻”，展示城市独有魅力。举办第五届全国大漠健身运动大赛、“2023 丝绸之路电动陆冲拉力赛”、第六届宁夏体育大集中卫分会场、“海原·盖牌‘村 BA’篮球争霸赛”等赛事活动，为城市留下了知名度、美誉度及文化发展等无形资产。

（三）以文赋能，助力发展

1. 强化“带动突破提升”，推进文旅深度融合发展

强化文旅产业发展规划指导，制定《中卫市文化旅游产业提质增效行动 2023 年工作计划》《中卫市 2023 年旅游宣传营销方案》，建立全市旅游投诉处理机制部门联系人信息名录，全年谋划沙漠主题度假中心、胜金关复合廊道等文旅项目 28 个，完成投资 4.38 亿元，创新实施沙漠“沙漠传奇”“钻石酒店”等项目，建成了全国首个沙漠婚礼基地，以文化赋能旅游发展、提升旅游品位，用旅游带动文化传播、促进文化繁荣。先后赴 16 个重点客源城市开展文旅推介活动 20 场次，推出 11 条精品旅游线路，开通南京、宜昌、昆明等旅游包机，接待旅游包机 82 架次、专列 60 列次，“宁夏中卫文化旅游产业发展专家服务团项目”入选人社部 2023 年专家服务基层示范团项目，城市品牌形象更加凸显。2023 年前三季度，全市共接待游客 1190 万人次，实现旅游总收入 74.92 亿元，同比分别增长 34.74%和 43.93%。

2. 注重“品位品质品牌”，精品活动增添发展动能

广泛开展对外文化推介活动，不断提升旅游城市知名度。策划“喜迎十六运·云端游中卫”全国网络达人采风、“共话山海情·同唱协作曲”、“全国党报党刊宁夏行”等高质量发展主题调研采访活动，协调新华网等媒体开展“精彩亚运 @星星故乡”“点赞中国城”等推介活动。承办了 2023 年上半年“宁夏好人”先进事迹发布仪式、全区广场舞大赛等重要活动，举办“‘数聚中卫 算引未来’2023 云天大会”、“塞上书香节”暨

“黄河印象·中卫优品”消费季、“2023宁夏星空旅游大会星空沙漠越野音乐节”及首届“永乐风情”摄影大赛、全市书法美术摄影作品展等文化活动，首届“书香宁夏——乡村阅读论坛”获评全国示范活动，城市发展活力进一步迸发。

3. 深化“交流融入拓展”，推动外宣赋能经济发展

坚持文化搭台、借船出海，充分发挥文化交流牵引功能，CCTV-1《山水间的家》中卫特辑央视频在线播放量2700万次，全网视频播放量累计破15亿，收获270个热搜热榜，节目相关话题阅读总量超42亿。“喜迎十六运　云端游中卫”全国主流媒体暨网络达人采风活动，发布各类图文、短视频等原创新媒体作品218篇（部），相关报道经全国各地媒体刊载493家（次），总阅读（播放）量超2.1亿次，相关稿件以11个外文语种集中发布，被彭博社、欧洲新闻通讯社、雅虎财经等全球多个国家和地区的主流渠道、门户网站广泛转载，覆盖潜在受众逾9亿人。系列纪录片《古味新年》英文版被新华社、人民网等央媒及海外媒体推广，并在宁夏外事办英文网《全国两会看宁夏》专栏等平台播出，以高水平对外宣传赋能高质量发展。

二、存在的问题

（一）文化资源挖掘不充分

对古建筑、古村落等农耕文化遗产和引黄古灌区、古渡口等文化资源的挖掘利用水平还比较低，非遗市场转化能力弱，未形成应有的文化辐射效应，黄河文化区域影响力还不强，文化对经济的支撑作用还没有充分发挥。

（二）以文促旅效果不显著

以卖自然景观为主，文旅项目的文化创意不足、同质化严重，自然景观和旅游产品的文化内涵、文化价值没有得到充分体现，文化表现形式、表达方式还不够丰富。

（三）文化产业市场化、集约化程度低

发展较为粗放，集约化程度低，未形成产业集群和产业链，推出的文

创产品生产简单重复、缺乏新意特色，营销手段单一、市场竞争力弱，整体文化产业收益较低，服务经济社会能力不强。

三、对策及建议

深入学习贯彻习近平文化思想，接续实施以“守护黄河根脉”为主题的传承黄河文化基因、延续中华历史文脉推进工程，坚持以文塑旅、以旅彰文，推动文化和旅游深度融合，协同推进文艺创作生产、公共文化服务、文化产业发展、文物保护利用、非遗保护传承、文化交流传播六大体系建设，为人民群众提供更多高品质、多元化精神文化产品和服务。

（一）挖掘历史文化底蕴，提升城市文化软实力

坚持守正创新，实施好以“讲好黄河故事”为主题的黄河文化宣传阐释和推广展示工程、以“重塑黄河人家”为主题的中华文明探源工程、以“活化黄河印象”为主题的黄河文化传承创新工程、以“沉淀黄河记忆”为主题的黄河文明标识工程，守护“黄河根脉”。加强大麦地、下河沿等遗址保护利用和科研阐释，提升博物馆布展及宣教水平，加快滩羊地毯、黄河古瓷等非遗技艺传承转化，将保护传承工作融入经济社会发展、生态文明建设和现代生活，鼓励和引导社会力量广泛参与，形成有利于城乡历史文化保护传承的体制机制和社会环境，增强文化归属感和软实力。

（二）推出优质文旅产品，提升城市品牌竞争力

聚焦现代文化产业和市场体系建设，以抓项目增强产业发展后劲，以促营销提升城市旅游形象，以强标准推动全域旅游创建，以严监管筑牢安全生产防线，谋划大漠梭梭沙疗度假酒店、沙漠主题度假中心等文旅项目，开展A级景区评定、省区市级度假区创建，做好旅游景区、度假区、夜间消费聚集区等的申报评定，拓展旅游专列、旅游包机及文旅推介效应，推动文旅市场秩序规范和文旅行业安全生产。持续用好黄河农耕文明历史文化长廊等“立体教材”和亲子家庭现代化农事体验趣味园等“重点场域”，全力打造黄河农耕文化传承地，再添中卫黄河故事新坐标，让历史更加鲜活，让文化更加鲜亮。

（三）扩大优质文化供给，提升公共服务吸引力

坚持以人民为中心的创作导向，落实《中卫市文艺创作规划》，推出更多增强人民精神力量的优秀作品。全域推广“千名文艺志愿者进基层”主题实践活动，广泛开展“文化大篷车”“百姓大舞台”等文化惠民演出，加强公共文化基础设施建设，用好公共文化云、智慧广电等平台，提升农村电影公益放映质量，深入开展全民阅读活动，实施城市书房推广扩面行动，打造“书香中卫”品牌。按照体现农民主体、热在乡村、乐在群众的新时代乡村文化生活新要求，举办优秀原创剧目下基层展演、农民合唱比赛等群众文化活动，放大“大战场农民合唱团”“永乐村艺术巷”等基层文艺品牌示范引领效应，培树“百姓春晚”品牌，打造黄河中卫段精神标识、文化标识、地理标识。

（四）立足资源禀赋优势，提升城市发展推动力

对古建筑、古镇、古村等农耕文化遗产和引黄古灌区、古渡口、治河技术等水文遗产进行保护传承，持续擦亮南北长滩、黄河宿集、大漠味集等传统村落街区品牌。加快“文化+”融合发展步伐，培育发展新型文化企业、文化业态、文化消费模式，丰富黄河古瓷、黄河陶印、泥塑等“黄河印象”系列文创 IP，以独特的文化资源、旅游产业、特色产品、非遗成果等为展示内容，组织文化企业参加中国（深圳）国际文化产业博览交易会等国际国内展览展会，加强与知名文化企业交流合作，推动我市文化产业在传承创新中高质量发展。

附　录

FULU

2023年宁夏文化发展大事记

贾　峰

1月

6日　中国作家协会“新时代文学攀登计划”第二期入选项目名单公布，宁夏作家阿舍所著《阿娜河畔》和马金莲所著《骨肉》两部作品位列其中。

7日　“2022中国（郑州）黄河合唱周”评审结果揭晓，宁夏选送的四支合唱团分别获得奖项，其中宁夏大学银川校友合唱团《走咧，走咧》荣获最佳团体奖和优秀新作品奖，银川高级中学合唱团《将进酒》荣获最佳团体奖，银川实验中学合唱团《蒹葭》荣获优秀团体奖，宁夏小燕子合唱团《渴死了要喝凉水》入围团体奖。

11日　“砥砺奋进新时代　凝心聚力新征程”贯彻落实党的二十大精神全区书法美术摄影展暨第三届宁夏青年美术作品展开幕，共展出作品285幅，其中书法作品65幅、美术作品130幅、摄影作品90幅。

18日　“2022《中国国家旅游》年度臻选创新案例”正式发布。宁夏四个案例获奖，其中沙湖景区获得2022《中国国家旅游》年度臻选“生态旅游目的地”、隆德县获得2022《中国国家旅游》年度臻选“乡村振兴旅游目的地”、银川市获得2022《中国国家旅游》年度臻选“自驾旅游目的地”、中旅（宁夏）沙坡头旅游景区获得2022《中国国家旅游》年度臻选

“研学旅游目的地”。

2月

8日 2022年全区艺术创作工作会议在银川召开。

15日 由自治区文联主办，宁夏书协承办的“砥砺奋进新时代 凝心聚力新征程——贯彻落实党的二十大精神宁夏第八届书法篆刻展览”在银川美术馆开幕。

21日 “闽瓷双璧·交相辉映——福建黑·白瓷器展”在宁夏博物馆开幕。

27日 2022年度全国十大考古新发现初评结果揭晓，宁夏贺兰苏峪口瓷窑址等22个项目入围终评。

是月 文化和旅游部、人力资源和社会保障部、国家乡村振兴局公布了全国“非遗工坊典型案例”。其中，由自治区文化和旅游厅推荐的“麻编：‘编’出易地搬迁新生活”入选典型案例。

3月

1日 文化和旅游部发布公告，确定第二批国家级旅游休闲街区名单，吴忠市利通区光耀旅游休闲街区成功入选。

2日 作为文化和旅游部主办的“新时代舞台艺术优秀剧目展演”活动之一，上海昆剧团带着全本55出《牡丹亭》在银川剧院倾情上演，这不仅是全本《牡丹亭》全国巡演的第一站，也是全本《牡丹亭》走出上海的第一站。

3日 宁夏演艺集团杂技团创排的大型杂技剧《山水相依》在宁夏人民剧院首演。

8日 由自治区文联、宁夏美协、宁夏摄协主办的“中国梦 巾帼情——第八届宁夏女画家作品展、第九届宁夏妇女摄影作品展”在银川开幕。

10日 由宁夏固原博物馆和临洮县博物馆联合举办的“洮河遗韵——临洮5000年历史文物展”在宁夏固原博物馆开展。

10日至13日 贵州省黔南布依族苗族自治州2023年“好花红”文化体验行系列活动之西部山歌邀请赛在贵定县金海雪山举行。40支来自全国各地的队伍参加了比赛，宁夏民协选送的8人“塞上马兰花”原生态花儿组合荣获大赛银奖。

18日 第八届全国画院美术作品展览终评结果及进京展作品名单公布，宁夏书画院选送的美术作品有22件成功入选。其中，周一新、裴环环合作的中国画作品《一缕乡愁》、李永灵创作的中国画作品《序章》被选为进京展作品。

24日 由宁夏文联、宁夏文史研究馆、石嘴山市委宣传部、宁夏美协等单位联合主办的“宁夏大地情——山水画进京展”在北京中艺国际展览馆开幕。

25日 由自治区文化和旅游厅主办的“‘海’纳百川·‘宁’恋星空”2023宁夏文化和旅游上海市场公众路演活动在上海北外滩国客中心举办。

26日 宁夏演艺集团歌舞剧院历时5年打造的大型原创音乐剧《花儿与号手》在上海大剧院上演。

是月 住房和城乡建设部、文化和旅游部、国家文物局等6部门公布第六批中国传统村落名录，宁夏20个传统村落入选。

是月 宁夏黄河宿集作为实践案例入选全国首个“美丽中国案例文献库”，并在中国美术学院主办的“大地之歌——2023美丽中国纪事”展览展出。

4月

11日 由石嘴山市文化旅游广电局主办、石嘴山市博物馆策划的“千古文明——贺兰山岩画专题展”在山东省济宁市博物馆开幕。本次展览主要以贺兰山岩画为主线，展出不同历史时期各北方游牧民族所刻制的岩画实物6块、岩画拓片98幅、岩画照片31幅，展品共计135件。

13日 第二届大西北文旅高峰会暨黄河文化和旅游发展论坛在银川开幕。

15日 “好山好水入我手——无锡近现代名家书画精品展”在宁夏博

物馆开展。

19日 由中央音乐学院民族室内乐团演奏的原创民族室内乐套曲《聆听宁夏》在北京音乐厅奏响。

22日 第二届中国（武汉）文化旅游博览会在武汉国际博览中心开幕。此次博览会上，宁夏精心打造的贺兰公园、宁夏酒堡、大漠星空等“宁夏二十一景”主题元素扮靓宁夏展台，贺兰山东麓葡萄酒、枸杞、八宝茶、农民画、刺绣等富有浓郁宁夏风情的文化产品一一呈现。

是月 2023年“全国最具创新力博物馆”入围名单公布，全国共有34家博物馆入围，宁夏固原博物馆和宁夏地质博物馆2家单位入围。

5月

8日至10日 中国作家协会党组书记、副主席、书记处书记张宏森率中国作协调研组来到宁夏，围绕“加强和改进党对文学工作的领导，强化作协基层组织建设”主题，调研宁夏文学事业发展情况。

18日 国家文物局在“5·18国际博物馆日”中国主会场福建，公布了2023年度全国“弘扬中华优秀传统文化，培育社会主义核心价值观”主题展览项目推介名单，宁夏博物馆“天下黄河富宁夏——宁夏民俗陈列”入选。

19日 首届“宁夏城市文学”论坛暨文学名家石嘴山行系列活动在石嘴山市开幕，活动围绕“城市气质与文学精神”这一主题进行学术讨论，为石嘴山城市文学创作问诊把脉。论坛上，石嘴山市设立宁夏首个城市文学奖，同时发布新书《石嘴山市城市文学丛书》《名家笔下的石嘴山》，并出台《石嘴山“宁夏城市文学奖”评选办法》。

27日 由自治区文化和旅游厅、银川市人民政府、中国旅行社协会共同主办的2023全国旅行商大会在银川市贺兰山漫葡小镇开幕。国内知名专家学者和头部旅游企业代表，宁夏重点客源地旅游经销商和旅游采购商，国内媒体代表和旅游达人等400余人齐聚湖城银川，共同奏响全国旅商同心协作、引客入宁的新华章，共同绘就来宁投资置业、互利共赢的新画卷。

是日 第十八届中国西部民歌（花儿）歌会在银川举办。本届歌会分为开幕式、2场民歌专场比赛、2场原生态花儿专场比赛、闭幕式暨颁奖晚会、优秀节目惠民演出、歌会研讨会等板块。

31 日 由自治区文化和旅游厅主办的“2023 年黄河流域非物质文化遗产保护论坛”举行。本次论坛以“非遗奏响新时代黄河大合唱”为主题，采取主旨演讲、座谈交流、实地调研等形式进行。

6 月

7 日 以“创新融合·聚能发展”为主题的第三届宁夏国际葡萄酒文化旅游节在银川开幕。会议旨在加强葡萄酒文化旅游的集聚性、融合性和体验性，充分发挥文化和旅游部产业项目服务平台的桥梁作用，把宁夏打造成具有鲜明特色的国际葡萄酒文化旅游目的地，助推宁夏葡萄酒走向世界。

8 日 第三届宁夏国际葡萄酒文化旅游节重要分项活动——数字文旅发展论坛在银川国际交流中心举行，论坛以“主题演讲+嘉宾对话”的形式展开，旨在集聚行业智慧，为文旅产业与数字经济深度融合发展提供交流合作平台，助推宁夏文化旅游产业高质量发展。

7 月

7 日 宁夏黄河文化研究工作专班成立暨 2023 年黄河文化研究项目推进大会在银川召开。

14 日至 25 日 由文化和旅游部艺术司、山东省文化和旅游厅、聊城市人民政府主办的“2023 第二届黄河流域戏曲演出季”在聊城举办，宁夏演艺集团秦腔剧院青年演员谭芳、梁军被授予“2023 第二届黄河流域戏曲演出季表演艺术传承英才”荣誉。

19 日 自治区人民政府新闻办在银川举办水洞沟遗址发现 100 周年暨新时代宁夏考古工作新闻发布会，中国科学院古脊椎动物与古人类研究所特聘研究员、亚洲旧石器考古联合会荣誉主席高星介绍了水洞沟遗址发现 100 年来的考古发掘历程、考古研究成果及其重要意义。

28 日 丝绸之路暨北朝时期固原区域文化国际学术研讨会在固原举办，会议围绕魏晋南北朝时期丝绸之路，北朝时期固原区域文化，魏晋南北朝时期政治、经济、社会、文化及博物馆高质量发展等主题展开研讨，邀请了国内外专家学者70余人以线上、线下相结合的方式参会，其中国外学者8名，分别来自日本、美国和德国，均以线上方式参会。

是月 由文化和旅游部全国公共文化发展中心、中国文化馆协会主办的“2022‘最受欢迎公共文化空间’短视频征集展示活动”圆满结束，银川市文化艺术馆报送的“银川市秦腔传承保护基地”入选“最受欢迎公共文化空间”。

8月

7日 由宁夏文物考古研究所主持布设的“世纪华彩水洞沟——水洞沟遗址百年展”和“考古宁夏——宁夏考古成果展”在承天寺塔大院北展厅开展。

15日 来自全国的40多位知名作家、编辑齐聚银川，共同开启2023“美丽宁夏”新时代生态文学创作活动。活动通过邀请全国知名作家、编辑和媒体记者走进宁夏，聚焦新时代宁夏生态文明建设和生态环境保护取得的成就开展生态文学创作、交流和研讨等活动，以期将宁夏的生态文明建设融入全国生态文学创作和生态文化建设的大局中，推动和提高宁夏生态文学创作水平，并为银川市申报“全国生态文学创作基地”奠定良好基础。

17日 由中国戏剧家协会、自治区文化和旅游厅、自治区文联主办，《剧本》编辑部承办的“曹禺戏剧文学讲师团成立暨‘我们的山河故事’——曹禺奖获奖者宁夏行活动”在银川举办。

9月

11日 国家出版基金规划管理办公室对2022年资助项目进行绩效考评，《宁夏文学史》被评为优秀项目。

12日 由宁夏文联、宁夏书法家协会主办的“‘牢记嘱托 感恩奋进’黄河流域生态保护和高质量发展先行区基层书法作品展”在银川美术馆开幕。本次展览聚焦“黄河文化”“黄河故事”两大主题，包括主题创作和广泛征稿两大板块，共展出来自全区的书法工作者，尤其是基层书法工作者的200余件作品。

13日 首届中国群众文化品牌发展大会在成都举行，大会重磅发布了69个全国优秀群众文化品牌案例，集中展示了新时代群众文化工作的丰硕成果。其中，“中国民间文化传承发展品牌”入选10个案例、提名10个案例，盐池“游九曲”被评为“中国民间文化传承发展品牌”提名案例。

16日 由生态环境部宣传教育司、中国作家协会社会联络部指导，自治区生态环境厅、自治区文联、银川市人民政府主办的“全国生态文学创作基地（银川）授牌仪式暨2023‘美丽宁夏’新时代生态文学创作活动(第二阶段)”在银川举办，李春雷、杨海蒂、陈长吟等全国知名作家、学者、编辑与宁夏本土作家一道见证了生态文学“国字招牌”落户银川。

18日 由自治区文化和旅游厅主办的“宁夏二十一景”主题原创美术作品征集大赛启动，活动以“宁夏二十一景”为主题，面向全国征集一系列主题原创美术作品，通过美术作品、美术视角深度阐释二十一景、活化二十一景，使美景更具文化魅力，让社会各界重新发现宁夏之美、感受宁夏之奇，推动宁夏文化和旅游业发展，将“宁夏二十一景”打造成为宁夏文化旅游的亮丽新名片。

是日 由自治区文联、宁夏美术家协会主办的“黄河颂——宁夏生态文明建设主题美术作品展”在银川美术馆开展。

19日 作为第六届中国—阿拉伯国家博览会中阿旅行商大会系列活动之一，“一带一路”文旅合作推介会在银川举行。

是日 第29届全国摄影艺术展览入选作品名单公示，宁夏摄影家吕福进作品入选。

24日 由自治区文化和旅游厅、中央音乐学院主办的中央音乐学院民族室内乐团演奏的原创民族室内乐套曲《聆听宁夏》在银川剧院奏响。

是月 文化和旅游部公布2023年度文化和旅游系统青年科研人才扶持计划入选项目名单，全国共有42个项目入选，宁夏固原博物馆项目《宁夏固原北周历史文化遗存数字化保护利用与新媒体展示》入选其中。

10月

16日 由鲁迅美术学院、中国国家博物馆、人民日报社文艺部主办，中国美术家协会连环画艺委会、银川市文化旅游广电局、宁夏美术家协会承办的"'脱贫故事绘'系列连环画展览银川站巡展"在银川美术馆开幕。

25 日　"宁夏二十一景"元宇宙数字文旅营销服务平台——"元游宁夏"正式发布。"元游宁夏"以虚拟现实、人工智能、区块链等技术为支撑，以宁夏丰富的旅游资源和文化底蕴为内容，构建了一个全新的数字旅游生态系统。它将向公众提供各类虚拟体验服务，包括云游宁夏、云展馆、云演出、元主角、社交、数字藏品、大数据、电子商务、公共服务等基础服务功能。同时，"元游宁夏"还将集中"宁夏二十一景"优势文旅资源，以集群效应宣传宁夏文旅服务产品，基于元宇宙虚拟体验及交互服务特色，使服务受众以全新、便捷、智能的方式进行无差异、跨地域、个性化的多元文旅体验。

是日　由福建省文化和旅游厅主办的"'海丝起点　清新福建'文旅图片展"在银川举办。本次活动以"山海协作　福聚闽宁"为主题，旨在进一步促进福建与宁夏在文化和旅游方面的交流合作，助力福建打造世界知名旅游目的地，加快构建"11537"文旅发展格局，做大做强做优文旅经济。

11 月

3 日　由石嘴山市文化旅游广电局、西宁市文化旅游广电局主办，石嘴山市博物馆、西宁市博物馆承办的"千古文明——贺兰山岩画专题展"在青海省西宁市博物馆正式开展。本次展览以贺兰山岩画为主线，通过不同历史时期、各北方游牧民族所刻制的 6 块岩画实物，以及 46 幅岩画拓片、18 幅岩画照片，对贺兰山石嘴山段黑石峁、韭菜沟、归德沟、西峰沟等岩画遗存进行了全面翔实的展示。

3 日至 4 日　以"搭建项目投融资平台·助推产业高质量发展"为主题的宁夏"文旅+"产业项目对接大会在上海成功举办。

5 日　宁夏作家阿舍的长篇小说《阿娜河畔》研讨会在银川黄河书苑举行。

9 日　由自治区文化和旅游厅联合自治区文联、社科联及高校等部门和单位共同主办的“学习习近平文化思想　传承弘扬黄河文化”学术研讨会在银川开幕。研讨会旨在深入学习贯彻习近平文化思想和全国宣传思想文化工作会议精神，共同研究探讨黄河文化传承弘扬的时代命题、重大课题，努力让黄河生态、黄河文化、黄河精神成为沿黄九省区的亮丽名片、精神特质，转化为推动文旅融合高质量发展的“动力源”和“增长极”。

10 日　自治区文化和旅游厅（文物局）组织召开“宁夏十大考古发现”新闻通气会，发布“宁夏十大考古发现”，水洞沟遗址、鸽子山遗址、菜园新石器时代遗址、姚河塬西周城址、春秋战国北方青铜文化墓地、固原北朝隋唐墓地、西夏陵、西夏佛塔、西夏瓷窑址、宁夏长城考古调查入选。

是日　由福建省广播影视集团和宁夏广播电视台联合推出的大型电视系列访谈节目《山海有你》在福州市举行开播仪式。

13 日　宁夏作家协会第九次代表大会在银川召开，会议审议通过了题为《胸怀全局　勇攀高峰　努力推动新时代宁夏文学高质量发展》的工作报告，修订了《宁夏回族自治区作家协会章程》，选举产生了协会新一届领导机构，郭文斌当选为主席。

是日　宁夏美术家协会第八次代表大会在银川召开，会议审议通过了题为《坚定文化自信　增强文化自觉　奋力推动新时代宁夏美术事业大发展》的工作报告，修订了《宁夏回族自治区美术家协会章程》，选举产生了协会新一届领导机构，何占福当选为主席。

是日　宁夏电影电视家协会第六次代表大会在银川召开，会议审议并通过了题为《开拓创新　勇于进取　推动宁夏影视事业高质量发展新征程》的工作报告，修订了《宁夏回族自治区电影电视家协会章程》，选举产生了协会新一届领导机构，张仁汉当选为主席。

14 日　全区文物工作会议在银川召开。

是日　宁夏音乐家协会第八次代表大会在银川召开，会议审议通过了题为《坚定文化自信　坚持守正创新　为奋力推动宁夏音乐事业高质量发展努力奋斗》的工作报告，修订了《宁夏回族自治区音乐家协会章程》，选举产生了协会新一届领导机构，刘明当选为主席。

是日 宁夏摄影家协会第八次代表大会在银川召开，会议审议并通过了题为《坚持守正创新 勇担文化使命 全力推动新时代宁夏摄影事业高质量发展》的工作报告，修订了《宁夏回族自治区摄影家协会章程》，选举产生了协会新一届领导机构，李鹏当选为主席。

15日 宁夏舞蹈家协会第八次代表大会在银川召开，会议审议通过了题为《踔厉奋发 锐意进取 为宁夏舞蹈事业新发展努力奋斗》的工作报告，修订了《宁夏回族自治区舞蹈家协会章程》，选举产生了协会新一届领导机构，刘庄当选为主席。

是日 宁夏民间文艺家协会第八次代表大会在银川召开，会议审议通过了题为《守初心担使命 新征程再起航 奋力谱写宁夏民间文艺事业高质量发展新篇章》的工作报告，修订了《宁夏回族自治区民间文艺家协会章程》，选举产生了协会新一届领导机构，李政当选为主席。

是日 宁夏文艺评论家协会第二次代表大会在银川召开，会议审议通过了题为《守正创新 踔厉奋发 以新担当新作为开创宁夏文艺评论工作新局面》的工作报告，修订了《宁夏回族自治区文艺评论家协会章程》，选举产生了协会新一届领导机构，李有智当选为主席。

16日 宁夏戏剧家协会第八次代表大会在银川召开，会议审议通过了题为《开拓奋进 守正创新 努力谱写新时代宁夏戏剧事业新篇章》的工作报告，修订了《宁夏回族自治区戏剧家协会章程》，选举产生了协会新一届领导机构，柳萍当选为主席。

是日 宁夏书法家协会第八次代表大会在银川召开，会议审议通过了题为《踔厉奋发 勇毅前行 推动新时代宁夏书法事业高质量发展》的工作报告，修订了《宁夏回族自治区书法家协会章程》，选举产生了协会新一届领导机构，宋琰当选为主席。

是日 宁夏曲艺杂技家协会第七次代表大会在银川召开，会议审议通过了题为《发扬历史主动精神 踔厉奋发坚毅前行 谱写新时代曲艺杂技事业高质量发展新华章》的工作报告，修订了《宁夏回族自治区曲艺杂技家协会章程》，选举产生了协会新一届领导机构，张强当选为主席。

17日至19日 “2023中国国际旅游交易会”在昆明举办。宁夏以

“塞上江南·星星故乡”为主题的特装展精彩亮相，借国际性平台展示塞上江南的独特魅力，也向海内外朋友发出“去宁夏，给心灵放个假”的诚挚邀请。

21日 由自治区文化和旅游厅（文物局）主办，中国文物交流中心支持，宁夏博物馆、宁夏固原博物馆承办的“‘叙’写传奇——叙利亚古代文物精品展”在宁夏博物馆正式开展。该展是叙利亚文物首次来宁举办的专题展，通过“曙光：石器时代”“变革：青铜时代”“争霸：铁器时代”“融合：希腊罗马与异彩纷呈的时代”和“对话：中叙两国间的友好往来”5个单元，展示了来自大马士革国家博物馆等9家叙利亚博物馆的99件（组）珍贵文物，展品包括石器、陶器、泥塑、雕像、青铜器等，时间跨度自石器时代至18世纪，为观众系统呈现古代叙利亚地区的文明画卷。

23日 全区宣传思想文化工作会议在银川召开。

是月 由自治区文化和旅游厅组织起草的两项地方标准《葡萄酒文化旅游酒庄等级划分》《智慧旅游景区建设指南》，经自治区市场监督管理厅审查通过并正式发布。

12月

17日 《我的祖国》中国管弦乐音乐会在宁夏人民剧院上演。

28日 意大利米兰交响乐团2024宁夏新年音乐会在宁夏人民剧院上演。

注：本大事记根据《宁夏日报》、自治区文化和旅游厅网站、宁夏新闻网、宁夏文艺网、宁夏人民剧院等相关报道整理而成。